La France Conquise
Edouard VII & Clemenceau

par Emile Flourens

❦

FACHODA: QUAND LES NUEES PORTENT L'ORAGE,
PAR JACQUES CHEMINADE

❦

King Edward VII of Great Britain:
Evil Demiurge of the Triple Entente and World War I,
by Webster Griffin Tarpley

❦

Der Größte Verbrecher an der Menschheit im 20. Jahrhundert :
König Eduard VII von England,
von Reinhold Wagner

Nouvelle Édition

Collection
Livrier
2009

La France Conquise
Edouard VII & Clemenceau

© 1906 par Emile FLOURENS

Ancien Député, Ancien Ministre des Affaires Étrangères

avec

FACHODA: QUAND LES NUEES PORTENT L'ORAGE
© 1991 PAR JACQUES CHEMINADE

**KING EDWARD VII OF GREAT BRITAIN:
EVIL DEMIURGE OF THE TRIPLE ENTENTE AND WORLD WAR I**
© 1995 BY WEBSTER GRIFFIN TARPLEY

**DER GRÖSSTE VERBRECHER AN DER MENSCHHEIT IM 20. JAHRHUNDERT :
KÖNIG EDUARD VII VON ENGLAND,**
© 1914 VON REINHOLD WAGNER

Nouvelle Édition © 2009

COLLECTION LIVRIER

ProgressivePress.com
ISBN 0-930852-86-9

Quatre Temoignages

TABLE DES MATIÈRES

Avant-propos de l'éditeur,
    5 pages

Fachoda : Quand les nuées portent l'orage, par Jacques Cheminade,
    56 pages.

King Edward VII of Great Britain: Evil Demiurge of the Triple Entente and World War I, by Webster Tarpley,
    38 pages.

La France Conquise : Édouard VII et Clemenceau, par Émile Flourens,
    129 pages.

Der Größte Verbrecher an der Menschheit im zwanzigsten Jahrhundert : König Eduard VII von England, von Reinhold Wagner,
    19 Seiten.

AVANT-PROPOS
de l'éditeur

Quelle valeur des témoignages datant d'une centaine d'années peuvent-ils encore présenter aujourd'hui ?

« Ceux qui ne tirent pas de leçon de l'histoire sont condamnés à la répéter », pourrait-on répondre.

Mais admettons que cette histoire soit celle que les vainqueurs ont écrite afin de consacrer leurs victoires, des victoires qu'ils cherchent à répéter... Il resterait à écrire l'autre histoire, celle écrite par les porte-parole des vaincus. C'est ce que se proposent les auteurs de cet ouvrage.

Leur réflexion, leur regard nouveau sur le passé, nous permettent d'éclairer l'époque présente. Nous constatons que :

1. Notre planète est dominée par une clique financière anglophone.
2. Pour gagner et garder le pouvoir, elle s'est vue obligée d'employer des moyens brutaux, la force et l'intrigue ; et cela, surtout quand elle sentait son hégémonie menacée.
3. Un de ses stratagèmes favoris pour se tirer d'un mauvais pas est d'inciter des conflits entre ses rivaux.
4. La clique se trouve aujourd'hui en crise, surendettée, et en train de perdre les guerres qu'elle a suscitées pour le contrôle des ressources pétrolières. Nous entrons donc dans une période dangereuse, à un moment où la clique serait capable de tenter des manœuvres désespérées.
5. L'histoire du XXème siècle nous a démontré, par bien des exemples extrêmes, combien des chicaneries de ce genre peuvent devenir meurtrières.
6. La clique qui a fomenté les grandes guerres du siècle passé est la même qui mène des guerres d'agression délibérée aujourd'hui.
7. La guerre n'est ni nécessaire ni inévitable. Les peuples du monde n'en veulent pas.

Nous voulons tous paix, prospérité, coopération et développement. Mais contre nous, presque partout, sont des cliques corrompues en collusion avec la clique dominante. Répandre une compréhension plus universelle de ces faits est notre espoir. D'autant plus que, rangés contre toute initiative positive, se dressent aussi les médias de tout genre, les institutions actionnées par les ficelles de la finance, et les croyances depuis longtemps inculquées dans l'intérêt de la clique. Nous, le peuple et nos enfants allons hériter de la terre. Nous disons Non à un nouveau siècle de génocide, Non à toutes les provocations inventées pour le « justifier ».

Justement, nous vivons aujourd'hui une époque qui présente bien des points communs avec la fin du XIXe siècle. L'empire anglo-américain, qui domine toujours les sphères financières et militaires, se voit dans une position critique face au bond industriel prodigieux de la Chine, et une Russie renaissante – une crise qui ressemble fort à celle à laquelle l'Angleterre avait été confrontée, il y a cent ans, lorsque l'Allemagne se trouvait en plein essor industriel.

La tactique de l'empire britannique a toujours été de jouer les puissances secondaires contre l'adversaire le plus fort. Il y a cent ans, c'est le roi Edouard VII qui organise la « Triple Entente », l'encerclement de l'Allemagne qui aboutira à la guerre de 1914. La « guerre pour mettre fin à toutes les guerres », suivie du bolchevisme en Russie, du honteux traité de Versailles et de bien d'autres intrigues, mène finalement au demi-siècle le plus sanglant de toute l'histoire de ce monde – au lieu de l'ère de coopération industrielle et pacifique que les hommes d'état de la France, l'Allemagne, la Russie, la Chine et le Japon avaient souhaitée.

De nos jours, la fin de la guerre froide n'a pas non plus instauré l'ère de la paix. Depuis 1992, l'empire anglo-américain mène une guerre impitoyable pour prendre le contrôle du pétrole en Irak – une guerre qu'il veut aussi faire payer par ses alliés.

Avant-propos

On a voulu nous faire croire que Saddam Hussein était un nouvel Hitler. Regardons les choses de plus près. Dans les années cinquante, la CIA a utilisé Hussein pour renverser un gouvernement progressiste nationaliste en Iraq ; un quart de siècle auparavant, les banquiers et industriels anglophones avaient financé Hitler pour qu'il écrase la démocratie allemande. Avant cela, l'empire britannique a inventé des prétextes pour occuper Basrah en Iraq, de 1920 à 1932 ; et envahir l'Afghanistan *trois* fois entre 1839 et 1919. L'histoire se répète parce que c'est toujours les mêmes acteurs.

La chute de l'Union soviétique ne lui suffit pas non plus; ses stratèges redoublent leurs tentatives d'encerclement de la Russie. Leurs équipes de subversion, dans un style qui rappelle bel et bien celui d'Edouard VII ou Palmerston, montent des « révolutions douces » dans la périphérie russe. Et comme Edouard, ils infiltrent leurs agents aux sommets du pouvoir, des Sarkozy et Merkel en Europe, des kleptocrates dans le Tiers Monde, prêts à servir les intérêts de leurs maîtres contre leur propre peuple. Et les guerres pour les ressources de l'Afrique se multiplient.

L'ennemi de l'empire n'a jamais été le communisme, mais le rival russe. Pour Churchill, élève d'Edouard VII, il s'agissait moins d'une lutte contre le nazisme que, tout bonnement, de la destruction de l'Allemagne. L'histoire mensongère rédigée par les vainqueurs supprime ces faits honteux, mais en réalité, le bolchevisme et le nazisme ont été financés par les cercles de Londres et de Wall Street, afin que ces deux rivaux s'entredétruisent, comme nombre d'historiens l'ont révélé.

Si cet empire a su planifier un tel désastre, qui sait de quoi il serait encore capable ? Attention et mise en garde.

Tout récemment, en août 2008, l'empire anglo-américain a poussé la Géorgie, sa marionnette armée, à se lancer contre le flanc russe. L'objectif du « nouveau » régime Brzezinski-Obama est de fomenter le conflit entre ses deux grands rivaux, la Russie et la Chine. Au premier plan : le démantèlement du Pakistan et du Soudan, alliés de la Chine. Dans le nouveau siècle aussi, ce sont les peuples du continent de l'Europe qui vont payer le prix du sang et ce à prix d'or – que les « investisseurs » n'auront plus qu'à ramasser.

Comme Flourens l'écrit en 1906 :

« Pour la politique d'Edouard VII, les premières victoires contre l'Allemagne, ce n'était pas en Allemagne qu'il fallait les gagner, c'était en France ; ce n'était pas sur les champs de bataille, c'était sur le terrain électoral ; ce n'était pas à coups de canons, c'était à coup de bank-notes et de bulletins de vote. Les autres luttes plus sanglantes, ce sera notre affaire de les soutenir. »

Et dire que nous avons toujours appris que c'était l'Allemagne la fauteuse de troubles ! Curieusement, depuis 1945, les « actions militaires » se multiplient en dépit du désarmement des Allemands et des Japonais. Et c'est toujours la même clique qui en profite.

Ses porte-parole ont vite fait de répondre : « La guerre est due au déterminisme économique. Ou bien au mauvais caractère des humains. Ou encore à la géographie. En tout cas, on ne peut rien y faire. Seulement vendre des armes et se tenir prêts. »

Cependant, comment peut-on ne pas remarquer que notre époque moderne est par avance complètement « truquée » ? Depuis des siècles, dans tous les domaines, on constate l'ascendance de l'homme sur la nature, du système sur la spontanéité, de la science sur le hasard.

Mais que les gens ne réfléchissent pas trop ! Il faut que nous autres vaincus ne sachions pas que nous le sommes, que nous croyions avec Pangloss que notre monde d'après-guerre, dit « de paix », est bienveillant, voire parfait. Et que ce « nouvel ordre mondial » ne doit sa victoire qu'à la chance, l'intelligence et la supériorité morale.

Avant-propos

Pourtant, un fait est clair : le conquérant mondial est bien l'anglophonie ; sorti victorieux des grandes guerres pendant les quatre siècles de l'empire britannique ; c'est bien l'anglais qui domine les médias mondiaux, qui rédige l'histoire.

Le but de cet ouvrage est de montrer que cette évolution n'a rien d'accidentel et que, bien au contraire, elle a été délibérément planifiée ; que la clique de malfaiteurs est toujours au pouvoir ; qu'ils nous font courir des risques graves, suscitent des souffrances énormes dans les pays désemparés, et empêchent la réalisation d'innombrables initiatives constructives.

Je ne suis ni anglophobe ni germanophile, je ne nourris aucune animosité contre les peuples anglais ou américain qui ont lutté contre le fascisme et pour le progrès. Ils sont eux-mêmes la proie et l'instrument d'une clique ploutocrate qui règne sur notre planète.

Mettons alors de côté la pensée superficielle et orthodoxe. Nos quatre auteurs posent un regard « inversé » – afin de corriger l'inversion qui est la fausse histoire – sur une époque clef qui a modelé notre monde d'aujourd'hui. Et sur cette infâme devise de diviser pour conquérir. Méfions nous en et restons prudents.

L'Histoire est à réviser pour guérir
cette maladie dite diviser-pour-conquérir
et enfin réaliser notre vrai avenir.

- John-Paul Leonard,
le 1 février, 2009

Fachoda,
quand les nuées portent l'orage

Essai écrit en 1991 par Jacques Cheminade.

Mis en ligne en avril 2008 avec cette introduction, à

http://www.solidariteetprogres.org/article3994.html

Nicolas Sarkozy vient de sceller une nouvelle « Entente cordiale » avec l'Angleterre, alors même que le krach financier commence à frapper et que la City de Londres dévoie l'Europe pour qu'elle serve ses desseins de chaos.

Ceux qui connaissent l'histoire savent qu'hélas, l'« Entente cordiale » de 1904 créa les conditions d'un embrasement mondial. Hier, comme aujourd'hui, la France, dirigée par des hommes sans vision, se fit une fausse idée de sa propre grandeur, posa les jalons de sa destruction et contribua à ouvrir une ère de guerres et d'horreurs sans précédent.

C'est parce que le XXIe siècle doit être celui de la paix et du développement pour tous que nous avons décidé de rendre disponible un texte de Jacques Cheminade de 1991, « Fachoda, quand les nuées portent l'orage ». Nous sommes convaincus que cette leçon d'histoire vous donnera la ténacité si nécessaire à votre combat d'aujourd'hui.

Note de l'auteur

Emile Flourens, dans ses écrits, touche à une question fondamentale, celle de la mise en place d'un mondialisme financier. En écrivant Fachoda, j'ai voulu montrer – avec une allonge historique plus grande – ce qu'est réellement la notion d'Empire, absolument opposée à celle de République et d'Etat-Nation.

Un Empire réduit l'être humain à de la chair à canon ou à un objet d'exploitation, cependant que la République – celle de Jaurès et de Carnot – élève à la dignité d'homme tous les individus de l'espèce humaine.

Jacques Cheminade
Novembre 2008

Fachoda, quand les nuées portent l'orage

« Je n'ai jamais désespéré de la France » -- Léon Gambetta.

Le 10 juillet 1898, le capitaine Marchand atteint le Nil à Fachoda ; le 20 septembre, après avoir vaincu les « derviches » soudaniens, Kitchener lui fait face. Ils demeurent ainsi plusieurs semaines, l'arme au pied, jusqu'à ce que le gouvernement français cède et que, le 4 novembre 1898, la mission Marchand évacue Fachoda.

Cet affrontement de deux détachements coloniaux français et britannique, autour d'une forteresse délabrée, au cœur d'un continent alors à demi exploré, paraît très loin dans le temps, plus près du rivagedes Syrtes, d'un roman de Conrad ou du désert des Tartares que des tragiques soubresauts de notre propre fin de siècle.

Pourtant, c'est autour de cet événement apparemment dérisoire que s'est noué le sort de l'Europe et du monde au XXème siècle, car il a été le marqueur d'une transformation, progressive mais déterminante, de la politique extérieure française, et donc du jeu des grandes puissances en Europe.

Après Fachoda, ces « fantômes de la nuit » dont parlait Jaurès se mettent à hanter l'Europe. Après Fachoda, Delcassé remplace

Hanotaux au ministère des Affaires étrangères, pendant près de sept ans, avec pour seule obsession ce qu'il confiait dès le 29 décembre 1898 à Maurice Paléologue : « Ah, mon cher, si la Russie, l'Angleterre et la France pouvaient s'allier contre l'Allemagne ! »

Après Fachoda, la chance d'une alliance continentale européenne, fondée sur cet « édit de Nantes entre travail et industrie » que recherchait Hanotaux, autour de grands projets développant et désenclavant le continent, la faible chance s'évanouit. La politique échappe aux dirigeants, qui alors comme aujourd'hui manquent totalement de vision, et passe aux intérêts financiers qui, par le jeu des emprunts et des remboursements, se rendent maîtres des Assemblées, des Administrations et des peuples. L'idéologie dominante, unanimement acceptée, devient celle du modèle britannique : l'on joue l'un contre l'autre, l'on divise pour régner, l'on se partage l'Asie et l'Afrique, l'on n'est plus guidé que par une volonté de puissance et de possession sans dessein, le droit absolu de faire valoir sa rente, menant tout droit à la guerre. La France, en tant que République, tout comme les Etats-Unis qui entrent alors eux aussi dans le jeu, sous la présidence de Theodore Roosevelt, faillit plus que les autres en se laissant entraîner par la logique des empires, des monarchies et des oligarchies – une « logique de guerre » qui passera dans le siècle par les tranchées du Chemin des Dames, les charniers de Verdun, l'humiliation de mai 1940, l'imbécillité sanglante de nos guerres coloniales jusqu'à la soumission atlantiste d'aujourd'hui.

Après Fachoda, c'est comme une fatalité qui s'abat sur les peuples d'Europe paralysés, comme un engrenage mis en marche que rien ne peut plus arrêter, le gonflement inéluctable de ces nuées qui portent leurs nuages de fer et de feu vers le siècle à venir.

Cette machine infernale qui se met à enflammer le monde, entendons encore Jaurès en démonter le mécanisme le 25 juin 1914 au soir, à Lyon Vaise : « Si l'Autriche envahit le territoire slave, si les Germains, si la race germanique d'Autriche fait violence à ces Serbes qui sont une partie du monde slave, il y a à craindre et à prévoir que la Russie entrera dans le conflit.

Fachoda : le piège anglais

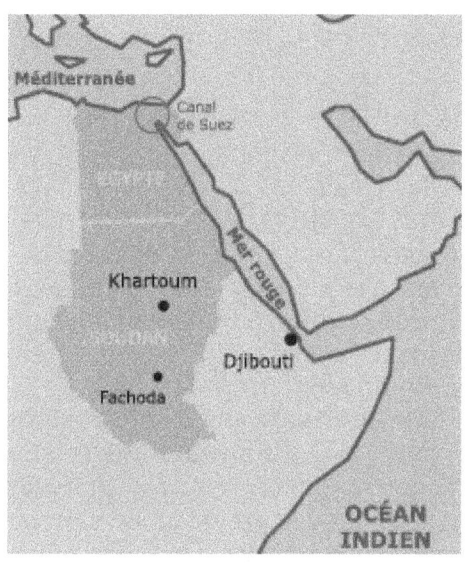

« Et si la Russie intervient pour défendre la Serbie contre l'Autriche, l'Autriche invoquera le traité d'alliance qui l'unit à l'Allemagne, et l'Allemagne fait savoir par ses ambassadeurs auprès de toutes les puissances qu'elle se solidariserait avec l'Autriche. Si le conflit ne restait pas entre l'Autriche et la Serbie, si la Russie s'en mêlait, l'Autriche verra l'Allemagne prendre place sur les champs de bataille à ses côtés.

« Mais alors, ce n'est plus seulement le traité d'alliance entre l'Autriche et l'Allemagne qui entre en jeu, c'est le traité secret, dont on connaît les clauses essentielles, qui lie la Russie à la France, et la Russie dira à la France : « J'ai contre moi deux adversaires, l'Allemagne et l'Autriche, j'ai le droit d'invoquer le traité qui nous lie, il faut que la France vienne prendre place à mes côtés. C'est l'Europe en feu, c'est le monde en feu.

« Les responsabilités... Si vous voulez bien songer que c'est la question de la Bosnie-Herzégovine qui est l'occasion de la lutte entre l'Autriche et la Serbie, et que nous, Français, quand l'Autriche annexait la Bosnie-Herzégovine, nous n'avions pas le droit de leur opposer la moindre remontrance, parce que nous étions engagés au Maroc et que nous avions besoin de nous faire pardonner notre propre péché en pardonnant les péchés des autres...

« Alors notre ministre des Affaires étrangères disait à l'Autriche : « Nous vous passons la Bosnie-Herzégovine, à condition que vous nous passiez le Maroc », et nous promenions nos offres de pénitence de puissance à puissance, de nation à nation, et nous disions à l'Italie : « Tu peux aller en Tripolitaine puisque je suis au Maroc, tu peux voler à l'autre bout de la rue, puisque moi j'ai volé à l'extrémité ». Chaque peuple paraît à travers les rues avec sa petite torche à la main et maintenant voilà l'incendie. »

Il ne manque qu'une chose au discours de Jaurès, c'est de définir le rôle de l'Angleterre, que Gabriel Hanotaux lui-même ne comprenait pas beaucoup mieux. L'élément fondamental de la situation mondiale, englobant tous les autres, est que l'oligarchie britannique ne percevait son intérêt que dans une éternelle division de l'Europe, afin que les rênes du pouvoir ne puissent jamais lui échapper. Ayant fait de Londres le centre du pouvoir financier, commercial et maritime du monde, elle espérait conserver sa mainmise par la domination des assurances, de la mer et des colonies. Cette domination était incompatible avec un développement de l'Europe, avec la continuation de l'essor industriel en France, en Allemagne et dans certaines régions de la Russie, et encore davantage avec un accord entre les nations continentales en vue d'un projet de croissance mutuelle. Aussi, l'Angleterre, le système anglais, était par sa nature même le souffle qui poussait les nuages de la guerre au-dessus des nations européennes.

Celles-ci commirent la terrible erreur, au lieu de s'allier comme le voulaient chacun à leur manière un Hanotaux ou un Jaurès, de tenter de jouer au plus fin et au plus fort sur le terrain même défini par l'Angleterre. Willy, Nicky, Poincaré etn Delcassé, agent principal de cette erreur fondamentale, voulurent faire mieux qu'Edouard VII ou que Chamberlain dans un jeu dont ils n'avaient, eux, pas défini les règles. Le résultat fut que leurs nations, leurs peuples et leurs régimes furent tous ensembles perdants, et que le monde n'est pas encore aujourd'hui sorti, malgré deux guerres mondiales, de cette logique de feu et de sang.

Ecrire sur cette époque n'a donc de sens que si c'est pour dénouer les fils qui ont alors été noués autour de nous et qui aujourd'hui encore nous paralysent. L'effondrement, dans notre siècle, des monstruosités fasciste et communiste nous ramène à Fachoda. C'est en effet là que s'est tissée la trame sanglante que nous devons reprendre de fond en comble. Si, en effet, les monstres ont pu naître et perpétrer leurs crimes, ce fut après la plus terrible des guerres qui les engendra, et dont l'on ne peut donc les accuser d'être responsables.

Ce que nous devons montrer ici, c'est la responsabilité absolue du libéralisme financier, suivant le système britannique, dans le déclenchement de la Première Guerre mondiale, et le rôle que joua la République française faute d'avoir fait son métier de République, c'est-à-dire de l'avoir combattu. Parallèlement, dans le contexte axiomatique défini par ce système dominant, à partir des manières de voir et de juger qu'il inculque, nous devons comprendre comment ont pu se trouver progressivement perverties l'idée de nation, la conviction républicaine et jusqu'aux doctrines religieuses, transformées en facteurs d'exclusion et de division alors qu'elles étaient toutes, à des degrés divers, initialement porteuses de valeurs universelles.

1904 : La France tombe dans le piège anglais

Car la « machine à exclure » est aussi « machine à pervertir », à dégrader, à vider les mots de tout sens actif. Elle ne cherche pas tant à communiquer un ou des jugements précis sur les êtres ou sur les choses, mais elle crée un environnement mental qui porte à juger l'ensemble des choses d'un même point de vue, celui de la rente financière, définissant un monde d'avoir et non d'être, malthusien, en contraction, considérant le faible, le pauvre ou même l'autre comme un fardeau – « le lourd fardeau de l' homme blanc » – et non comme une chance d'avenir, une occasion d'éveil.

Ne voyons-nous pas aujourd'hui revenir ce « vieux » monde ? Le système anglo-américain d'aujourd'hui est-il si différent du modèle britannique « d'avant 14 » ? Même machine à exclure, mêmes niveaux de taux d'intérêt favorables à la rente « perpétuelle » et défavorables à l'entreprise industrielle et agricole, même perversion générale des valeurs. Même malthusianisme triomphant partout, même conviction que l'on se trouverait mieux d'être moins pour partager le gâteau existant, au lieu de réaliser que l'humanité n'existe, n'a existé et n'existera que par sa capacité de créer des ressources et de s'accroître.

Communisme et fascisme disparus, l'histoire s'est mise à bégayer, jusqu'à répéter les mêmes noms et les mêmes mots dans les Balkans, porteurs de violences semblables. Déjà, dans les enclaves serbes de Croatie, des rues ont été rebaptisées Gavrilo Princip, l'auteur de l'attentat de Sarajevo. « La petite torche à la main » parcourt à nouveau l'Europe.

Seule, cette fois encore, une grande politique européenne, franco-allemande, serait la chance d'une reprise de l'économie continentale et du monde. La différence avec l'Europe « d'avant 14 » ou « d'après 45 », c'est que l'économie américaine, cette fois trop détruite dans ses forces vives, c'est-à-dire dans son équipement de base, est devenue incapable d'être le moteur qu'elle a pu devenir deux fois dans le siècle. La responsabilité de l'Europe est donc aujourd'hui bien plus grande qu'elle ne l'a jamais été entre 1900 et 1980. L'Europe n'est plus ni une région du monde ni un rassemblement d'intérêts, mais l'humanité elle-même.

Sera-t-elle à la hauteur de sa tâche ? Est-elle capable d'assurer la survie du monde ? A voir ses dirigeants, l'on serait tenté de répondre « non ». Ils sont eux-mêmes, autant que leurs peuples, plongés corps et âmes dans le système de penser et de voir « britannique », loin, très loin des horizons de la simple survie mutuelle. La Guerre du Golfe a été un terrible exemple de cet aveuglement et de cette médiocrité. François Mitterrand s'est dès le départ soumis à une « logique de guerre », comme si elle était inéluctable, comme si le système anglo-américain était un puits magique dont on ne pourrait jamais sortir. La télévision a asséné son bourrage de crâne mieux que toutes les presses écrites d'hier.

Quant aux pays de l'Est, nos frères européens eux-mêmes, nous ne sommes capables de leur proposer, pour prix de leur liberté, que la fermeture de leurs usines et la baisse de leur niveau de vie. Les économistes néolibéraux y sévissent, transmettant le pouvoir à une nomenklatura « communiste » reconvertie dans des spéculations bien pires que celles des années dix ou trente.

N'ayant rien appris, semble-t-il, ni rien compris, nos dirigeants ont repris leur course à l'abîme, comme après Fachoda.

Si ce que vous allez lire maintenant vous paraît comme un mauvais rêve qui se répète, vous aurez raison. Je transcris celui d'hier en espérant que, lecteurs mesurant la ressemblance, vous ferez quelque chose pour que celui d'aujourd'hui soit interrompu avant son dénouement fatal. Car la mémoire de ces grands événements du passé, et la conscience des efforts qui ont été faits depuis pour effacer toute vérité de leurs traces, constituent des facteurs déterminants, peut-être les facteurs les plus déterminants, permettant de maîtriser l'histoire d'aujourd'hui.

Gabriel Hanotaux : l'apaisement

Gabriel Hanotaux fut ministre des Affaires étrangères de la France dans les cabinets Charles Dupuy et Ribot (22 mai 1894 – 1er novembre 1895) et, après l'intermède du ministère Bourgeois, dans le ministère Jules Méline (29 avril 1896 – 15 juin 1898). Ainsi, pendant 42 mois, il s'efforça de réunir les conditions de la paix en Europe. Le seul ministre dont la longévité au quai d'Orsay dépassera la sienne fut son successeur, Théophile Delcassé (28 juin 1898 – 6 juin 1905), qui pratiqua une politique opposée et marqua de façon indélébile l'orientation de la France. Ne le vit-on pas, le 30 juin 1914, se féliciter de « sa » guerre, tout comme le provocateur russe Isvolski : « La victoire est certaine ! On m'a tout montré quand j'étais en Russie. J'ai étudié tous les chemins de fer stratégiques : la concentration sera très rapide, et dans un mois ou six semaines, les Russes seront à Berlin ! »

Ainsi, ce que nous devons ici tenter de mesurer, ce sont les efforts de Gabriel Hanotaux et les raisons de son échec.

Lorsqu'il arriva au pouvoir en 1894, Hanotaux trouve la France dans une situation particulièrement difficile. Afin de détourner le pays d'un affrontement continental direct avec l'Allemagne, Jules

Ferry et le « parti colonial », animé par le député d'Oran Eugène Etienne, un ancien collaborateur de Léon Gambetta, ont réorienté la politique nationale vers l'outre-mer. Ainsi, le protectorat sur la Tunisie sera proclamé le 12 mai 1881.

Cependant, sur le continent, les gouvernements allemands ne facilitent pas l'apaisement, en mesurant mal la blessure qu'a causé en France la perte de l'Alsace et du Nord de la Lorraine, et l'obligation de payer des indemnités de guerre élevées – 5 millions de franc-or – alors que l'économie nationale était exsangue et Paris endeuillé par la semaine sanglante de la Commune (21-28 mai 1871). L'opinion française se rappelait que les armées allemandes n'avaient libéré son territoire que le 16 septembre 1873, plus de trois ans après la chute de Sedan. Ces blessures dans la mémoire collective allaient, plus tard, jouer un rôle fondamental dans la dérive du nationalisme français.

Outre-mer, la France se heurte à l'Angleterre. Or, celle-ci vient de passer une série d'accords de partage colonial avec l'Allemagne. L'Angleterre, inquiète de ce réveil des questions extra-européennes qui depuis le XVIIIème siècle semblaient réglées à son profit, tente d'abord de jouer Berlin contre Paris – et trouve à Berlin des oreilles complaisantes. Un arrangement anglo-allemand est convenu dès le 1er juillet 1890, et c'est un traité en bonne et due forme qui est signé en août 1893. Par ce traité, il est convenu que « l'influence allemande ne combattra pas l'influence anglaise à l'ouest du bassin du Chaki, et que les pays du Darfour, du Kordofan et du Bahr el-Ghazal seront exclus de la sphère d'intérêts de l'Allemagne ». Ces clauses ne pouvaient avoir pour objet que de viser une puissance tierce, la France, afin de l'évincer du Haut-Oubangui et l'écarter pour toujours de la région du Nil.

Neuf mois plus tard, le 12 mai 1894, c'est avec l'Etat du Congo (sous la tutelle du Roi des Belges) que l'Angleterre signe un accord de délimitation d'influences, sans même songer à prévenir le cabinet de Paris. Cet accord attribue à l'Etat indépendant du Congo la partie du bassin du Congo située au Nord du quatrième parallèle et reconnue à la France par les Traités de Berlin. En contrepartie, l'Etat « indépendant » cède à bail à l'Angleterre une bande de terre entre le lac Tongongka et le lac Albert-Edouard, c'est-à-dire le passage pour le chemin de fer impérial anglais du Cap au Caire. Le traité contient une clause explicite par laquelle l'Etat du Congo reconnaît « la sphère d'influence britannique telle qu'elle est délimitée dans l'arrangement anglo-allemand du 1er juillet 1890 ».

L'Angleterre s'assure donc, en mai 1894, la possession théorique de tout le bassin du Nil, avec l'appui de l'Allemagne, de la couronne belge et de l'Italie.

L'Egypte, disputée depuis le début du siècle entre la France et l'Angleterre, reviendrait ainsi définitivement à Londres, qui établirait sa loi sur toute l'Afrique de l'Est et du Centre.

La France ne pourrait plus jamais accéder au bassin du Nil par chemin de fer ou par canal, et les liaisons interafricaines Ouest-Est seraient rendues impossibles.

La France, selon Hanotaux, est « mise sur des charbons ardents sur tous les plans à la fois ». La stratégie du ministre sera de tenter d'éteindre tous les feux en même temps.

Sur le continent européen, le 10 juin 1895, il déclare formellement à la Chambre – la rendant ainsi publique – l'Alliance franco-russe, signée dès le 18 août 1892 par le général de Boisdeffre avec le chef de l'état-major russe, sous forme d'une convention tenue secrète, et adoptée définitivement par le Tsar le 27 décembre 1893.

Suivant cet accord, les deux pays conviennent de procéder à une « mobilisation simultanée et automatique » sans « concert préalable » s'ils se trouvent l'un ou l'autre menacés par l'une des puissances germaniques.

Il s'agit d'une réponse au renouvellement de la « Triple Alliance » entre l'Allemagne, l'Autriche-Hongrie et l'Italie, en mai 1891, et à l'annonce par le gouvernement italien de l'existence, depuis 1887, d'un « accord méditerranéen » qui associe l'Angleterre, l'Italie et l'Autriche-Hongrie.

Certes, l'entrée en guerre simultanée de la France et de la Russie n'est formellement prévue qu'en cas d'attaque venant de l'Allemagne, mais le gouvernement français, pour obtenir la signature de la convention, a pris un grave risque – qui s'avérera fatal en 1914 – de mobilisation générale de l'armée française en cas de simple conflit austro-russe.

C'est pour désamorcer ce risque et apaiser l'Allemagne qu'Hanotaux rend public un accord jusque là tenu secret, et souligne en même temps son caractère « strictement défensif ». Il refuse de donner à la Russie un appui autre que diplomatique dans les questions balkaniques.

En même temps, il tente un rapprochement franco-allemand, qui assurerait la liberté d'action de la France outre-mer face à la Grande-Bretagne. Reconnaissant, selon l'historien P.Renouvin, la « nécessité d'une collaboration avec l'Allemagne », il fait envoyer par le gouvernement français, en juin 1895, des navires de guerre pour assister à l'inauguration du canal de Kiel. Ce geste d'apaisement suscite une violente réaction des nationalistes français et des radicaux, qui dénoncent « la violation du droit international lors de l'annexion de l'Alsace-Lorraine ». En Allemagne, l'on continue en même temps à faire preuve d'absence de sensibilité vis-à-vis d'un problème que l'on juge réglé par les armes, et l'on n'aide pas Hanotaux et ses amis car on veut là aussi, realpolitik oblige, garder plusieurs fers au feu.

Ainsi, un « parti colonial » français qui aurait pu être à l'origine facteur de paix, deviendra de plus en plus anti allemand, d'anti anglais qu'il était à l'origine, au fur et à mesure que la « question du Maroc » empoisonnera les rapports entre Paris et Berlin. Le Bulletin du Comité de l'Afrique française écrivait ainsi en 1898 : « Les Anglais... sont les vrais bénéficiaires de la situation créée par la question de l'Alsace... (il faut) chercher sur ce continent la sécurité ou même des appuis afin d'éviter de dangereuses aventures en Asie et en Afrique ». L'occasion ayant alors été perdue, c'est le même groupe qui, suivant avant tout ses intérêts financiers, soutiendra la politique anti allemande définie par Delcassé au Maroc, et suivie par ses successeurs entre 1905 et 1911.

Vis-à-vis de l'Angleterre, en même temps, Hanotaux tente aussi l'apaisement. Il entame une négociation d'ensemble avec le plénipotentiaire anglais à Paris, Phipps, et aboutit, à l'automne 1894, à un « aménagement général » reconnaissant à la France un débouché sur le bassin du Nil, à Khartoum. Mais le gouvernement français rejette l'accord, et le cabinet de Londres désavoue son plénipotentiaire : Londres hésite entre « s'accommoder avec la France, et transiger au sujet de l'Afrique du Nord, ou s'accommoder avec l'Allemagne, et transiger au sujet de l'Afrique du Sud. »

Début 1896, alors qu'Hanotaux n'est plus ministre – il ne l'est plus entre le 1er novembre 1895 et le 29 avril 1896 – l'Angleterre et l'Allemagne signent un nouvel accord, qui laisse à Londres les mains libres en Afrique du Sud et sur le Nil. L'Angleterre lance dès lors une expédition vers Dongola, et l'impérialisme anglais – avec le soutien implicite et explicite de l'Allemagne et de la Triple Alliance – s'élance vers le Soudan, afin d'écraser la rébellion du Mahdi et de s'assurer ainsi la mainmise sur l'Egypte et tout le bassin du Nil.

Le gouvernement français – ministère Bourgeois – décide alors de riposter en organisant une mission française vers le Haut-Oubangui, ayant pour objectif la forteresse de Fachoda, dans le Bahr el Ghazal. C'est cette mission qui sera confiée au capitaine Marchand, et qui est à vrai dire une patrouille symbolique incapable de faire face aux forces anglaises de Lord Kitchener.

Lorsque Hanotaux revient aux affaires, avec le ministère Méline (29 avril 1896), il décide le 25 juin 1896 de laisser s'embarquer Marchand vers son destin. Il pense pouvoir calmer les ardeurs belliqueuses des uns et des autres avant l'arrivée de Marchand à Fachoda. Effectivement, Hanotaux commence par signer, le 23 juillet 1897, un accord avec Berlin qui met (provisoirement) fin aux contestations franco-allemandes en Afrique. Avec l'Angleterre, malgré les diatribes du parti impérial (La Pall Mall Gazette écrit : « Il faut parler au Quai d'Orsay sur un ton de commandement. »), Hanotaux parvient à signer une « convention de délimitation générale », le 14 juin 1898, un jour avant la chute du ministère Méline, qui couvre l'Afrique dans toute sa largeur, du Sénégal au bassin du Nil. Toutes les colonies françaises d'Afrique, dès lors, l'Algérie, la Tunisie, le Sénégal, le Fouta-Djalon, la Côte d'Ivoire, le Soudan français et le Congo « communiquent avec leurs hinterlands respectifs », et le Maroc lui-même se trouve dans l'hinterland de la France.

Une seule question reste à régler : celle du débouché français sur la vallée du Nil, qui a justifié l'organisation de la mission Marchand.

Hanotaux parti, c'est Théophile Delcassé qui le remplace, le 28 juin 1895, aux Affaires étrangères et y sera inamovible pendant près de sept ans – la plus longue durée de vie à son poste de toutes les Républiques françaises ! Avec lui, notre politique étrangère changera du tout au tout : il transforme l'effort d'apaisement européen tenté par Hanotaux en mobilisation anti allemande, infléchissant l'alliance franco-russe contre Berlin et nouant les fils de l'Entente cordiale avec l'Angleterre.

Fachoda sera pour lui l'occasion de cette transformation, depuis longtemps préméditée : il est très lié au roi d'Angleterre, Edouard VII, et très proche des milieux de la presse et de la finance londoniennes.

Théophile Delcassé : la logique de guerre

Théophile Delcassé noua les fils de l'entente cordiale

Delcassé est un homme jeune – 46 ans lorsqu'il devient ministre – opportuniste, cynique, pour qui le pouvoir se prend là où il se trouve. Et le pouvoir dépendant de l'argent, il se trouve dans les banques et les sociétés financières de son pays, et au-delà dans les banques et sociétés financières les plus puissantes du monde : celles de la City de Londres. Delcassé est donc d'abord pro-anglais par intérêt ; il l'est en même temps par snobisme. Avec le quarteron de « grands ambassadeurs » qui l'entoure – Camille Barrère (à Rome), Jules (à Madrid) et Paul (à Londres) Cambon, Maurice Paléologue (sous-directeur adjoint des affaires politiques au Quai d'Orsay, avec pour attribution les « affaires réservées ») – il manifeste cette « anglomanie » propre aux parvenus de la République, heureux de se faire coopter par des Lords.

Enfin, sa vision du monde est purement territoriale et géopolitique ; pour lui, contrairement à Hanotaux (outre la prise du butin en Afrique), la réoccupation des « provinces perdues » d'Alsace et de Lorraine définit tout. Il mettra à profit l'incompréhension allemande de l'opinion française pour toujours gonfler cette « cause » jusqu'en 1914 – bien que, dès 1898, sur quinze députés d'Alsace-Lorraine élus au Reichstag, douze disent leur « loyalisme » vis-à-vis de l'empire allemand. Comme Clemenceau, son fatalisme et son pessimisme positiviste sur l'espèce humaine lui donnent une sorte d'énergie froide qui en impose aux politiciens « bongarçonnismes », influençables et vénaux de la IIIème République.

C'est donc avec cette énergie qu'il saisit l'occasion que lui fournit Fachoda pour liquider la politique de Hanotaux et imposer la sienne, c'est-à-dire celle de l'Entente cordiale. Marchand arrive à Fachoda le 10 juillet 1889. Delcassé ne l'a pas arrêté ; cependant, un homme de son intelligence sait d'une part la faiblesse de notre puissance de feu (il s'agissait d'une expédition symbolique, destinée à « marquer le coup ») et d'autre part la puissance bien supérieure des forces anglo-égyptiennes de Kitchener, qui viennent d'écraser le Mahdi. Et ce qui devait arriver arrive : le 20 septembre 1898, Kitchener est face à Marchand avec ses effectifs bien supérieurs. De Courcel, notre ambassadeur à Londres, fait valoir que « la France ne peut admettre que ses provinces de l'intérieur fussent seules exclues d'un débouché du Nil » ; cependant, mobilisé par la presse et le parti impérial, l'opinion anglaise s'enflamme. Chamberlain y parle de guerre, et la panique gagne une France divisée par l'Affaire Dreyfus et la question religieuse. Delcassé fait alors valoir à notre gouvernement l'infériorité de nos forces et la nécessité d'un retrait. Les hommes politiques pusillanimes ne peuvent qu'acquiescer ; « l'affaire est tranchée dans un sens fâcheux » le 12 octobre, et Fachoda évacué sans gloire le 4 novembre.

La France s'est inclinée face à l'Angleterre ; M. de Courcel est remplacé à Londres par un proche de Delcassé, Paul Cambon.

Delcassé obtient son pourboire des autorités britanniques le 21 mars 1899 : une convention annexe à celle du 14 juin 1898 est signée par Londres et Paris, consacrant pour la France la perte de la totalité du bassin du Nil, mais tout en lui reconnaissant « un accès commercial » au fleuve.

Dès lors, l'engrenage de l'Entente cordiale se met en place. Dès février 1898, Delcassé expose à ses collaborateurs qu'il ne doit plus y avoir contradiction entre la politique d'expansion coloniale et une politique continentale dirigée contre l'Allemagne. Pour cela, il faut s'allier – y compris militairement – avec l'Angleterre, renforcer la coordination de l'effort militaire avec la Russie, et dissocier l'Italie de la « Triplice ».

La crise éclatera très vite sur la question du Maroc : en 1898, le parti colonial fait du rattachement de l'Empire chérifien à la France son objectif numéro un, en raison de sa situation géographique, il complète la « masse » continentale française en Afrique – et de ses ressources minières. Cependant, les amis d'Eugène Etienne ne croient pas à la réalisation de leurs desseins sans le soutien allemand, étant donné les intérêts anglais à Gibraltar.

Delcassé, sur ce point essentiel, ne suit pas ses « amis », et réoriente leurs intérêts contre l'Allemagne.

Pour cela, il met à profit les divisions du « parti colonial ». Un violent conflit oppose en effet, en son sein, le capital industriel au capital financier. A partir de 1902, la Compagnie marocaine, création du groupe industriel Schneider, s'oppose à un syndicat bancaire sous la direction de Paribas. Le Quai d'Orsay choisit Paribas, capable de répondre à l'énorme emprunt que le Sultan du Maroc se trouve dans l'obligation de lancer. Lorsque Schneider trouve à son tour l'argent nécessaire en s'entendant avec la Banque de l'Union Parisienne, Delcassé règle très brutalement le conflit en faveur de Paribas. Le 9 mai 1904, il déclare au secrétaire général du Creusot qu'il ne peut tolérer que sa maison « se mette en travers d'une décision d'intérêt national ». Le Sultan signera l'emprunt le 12 juin, ruinant son pays, assurant au consortium bancaire d'énormes bénéfices et à la France une position prééminente au Maroc. L'imposition de « réformes » administratives et politiques au Sultan afin qu'il soit en mesure de rembourser sa dette servira désormais de prétexte à des interventions de plus en plus actives de Paris dans les affaires marocaines. Est-on loin des « ajustements structurels » du FMI et des « réformes » financières imposées aujourd'hui aux pays africains pour qu'ils remboursent ?

Delcassé a donc lié quasi-officiellement le gouvernement français aux intérêts majeurs du capital bancaire. L'Entente cordiale avec l'Angleterre, rendue publique par l'accord diplomatique du 8 avril 1904, consacre cette victoire du capital bancaire : Paribas était en effet la grande banque française la plus liée aux banques anglaises !

La politique coloniale française se trouve ainsi infléchie : l'Entente cordiale est un accord de troc colonial et impérialiste, par lequel la France s'engage à « ne pas entraver l'action de la Grande-Bretagne en Egypte » – c'est la renonciation définitive à ce rêve français – tandis que l'Angleterre reconnaît « qu'il appartient à la France de veiller à la tranquillité du Maroc ». Le concept de « protectorat » français est réservé aux articles secrets...

Après Fachoda : Une « logique de guerre » qui passera notamment par les tranchés de 1914

Ce partage, complété par d'autres clauses du même type, ouvre la voie à des accords diplomatiques donnant à l'Entente cordiale un caractère global.

Ce « succès » encourage Delcassé dans sa décision d'agir promptement au Maroc sans se préoccuper des réactions de l'Allemagne. Il s'agit d'obtenir dans les plus brefs délais la reconnaissance par le Sultan du protectorat français et de « mouiller » le parti colonial dans une alliance anti allemande. Il y faudra huit ans, dont sept après la chute de Delcassé, le 6 juin 1905. Aucun des successeurs de Delcassé n'abandonnera en effet un projet qui va créer progressivement une indélébile animosité franco-allemande.

Jaurès et les socialistes y dénonceront l'une des menaces fondamentales pour la paix. Jaurès écrit, par exemple, en 1908 : « Pénétrer par la force, par les armes au Maroc, c'était ouvrir à l'Europe l'ère des ambitions, des convoitises et des conflits ».

L'Allemagne, dans l'immédiat, tentera surtout de se servir du Maroc comme d'un moyen pour dénouer l'Entente cordiale en constituant une alliance continentale germano-russe à laquelle la France devrait adhérer, en échange de l'acceptation par l'Allemagne de sa liberté d'action au Maroc.

La contre-offensive allemande se manifeste alors par le « discours de Tanger » de Guillaume II, le 31 mars 1905. Convaincu que l'Allemagne « bluffe », Delcassé presse le Sultan d'accepter le protectorat, se dit certain du soutien anglais et refuse à l'Allemagne le principe d'une conférence européenne sur la question. Des préparatifs de guerre commencent à se faire, en France et en Allemagne. Le Président du conseil français, Rouvier, les socialistes et une grande partie de l'opinion radicale s'opposent alors à Delcassé. Le 6 juin, au cours d'un Conseil des ministres dramatique, Rouvier, qui vient d'avoir une entrevue secrète avec un émissaire allemand, obtient la démission de Delcassé.

Celle-ci retarde peut-être l'échéance de la Première Guerre mondiale, mais ne change rien aux rapports de force. En effet, la période Delcassé a défini les paramètres de la politique française, et les orientations profondes qu'il a mises en route continueront à se manifester sans lui. C'est l'engrenage fatal vers la guerre : de 1906 à 1913, la politique extérieure de la France va passer par des phases, des « accents » différents mais les trois piliers construits par Delcassé en forment l'essentiel : renforcement du bloc franco-anglais, lente marche vers le protectorat au Maroc contre l'Allemagne, soutien aux grandes affaires.

Cette dernière orientation, moins apparente que les autres, est sans doute essentielle. Delcassé a livré la France au capital financier, qui dirigera sa politique, quels que soient les hommes qui le représentent. Nous verrons plus loin comment marche le système ; qu'il nous suffise ici de dire que Rouvier – qui prend le ministère des Affaires étrangères à la chute de Delcassé – ou Stephen Pichon – le « favori » de Clemenceau, ministre des Affaires étrangères entre 1906 et 1909 – doivent pratiquer la même politique.

Rouvier, affairiste intelligent, compromis dans le scandale de Panama et ayant effectué un superbe numéro de rééquilibre, tente un instant de revenir sur la politique de Delcassé. Les intérêts auxquels il est lié ne le lui permettent pas.

La conférence internationale d'Algésiras (15 janvier – 7 avril 1906) donne à la France des droits particuliers au Maroc, admis par l'Allemagne. C'est une occasion éventuelle d'apaisement. Mais la logique mise en place par Delcassé est implacable : la Banque d'Etat qui va être créée au Maroc en 1907 passe essentiellement sous le contrôle de Paribas. Une partie de la presse – sous influence anglaise – présente la démission de Delcassé, en pleine crise internationale, comme un affront. Delcassé lui-même va rencontrer en Angleterre son ami Lord Northcliffe, l'unique propriétaire du Daily Mail. Une vague de nationalisme anti allemand se déclenche en France, éveillant les vieux fantômes, contre laquelle l'opportuniste Rouvier ne veut pas nager à contre-courant.

Une occasion est perdue, car aucun dirigeant politique n'a le courage et la hauteur de vue suffisants pour régler le fond du problème.

Georges Clémenceau dit le tigre

D'autres le seront encore : après avoir couvert de redoutables initiatives militaires et diplomatiques au Maroc, Clemenceau et son ministre des Affaires étrangères, Stephen Pichon, avertissent le gouvernement russe, en février 1909, pendant la première crise balkanique, que la France ne soutiendra pas militairement ses positions face à l'Autriche-Hongrie car « les intérêts vitaux de la Russie » ne sont pas en jeu. Au Maroc, un accord financier franco-allemand est signé le 9 février 1909, pour exploiter en commun le sous-sol marocain. L'Union des mines marocaines est créée dans laquelle Schneider a 57% des parts, et les firmes allemandes 20% – dont principalement Krupp.

Cependant, là encore, rien de stable n'est bâti, rien n'est résolu sur le fond : il s'agit d'un accord local, sans envergure mondiale, dans lequel l'appât d'un gain rapide dépasse tout. Les axiomes de base qui mènent l'Europe à la guerre ne sont pas remis en cause.

Un même type d'accord réglera définitivement le différent franco-allemand sur le Maroc, en 1911. La nouvelle crise est provoquée par l'initiative que prend en avril le ministère radical Monis, de faire occuper Fez en violation flagrante de l'Acte d'Algésiras. L'Allemagne répond en envoyant le 20 juillet à Agadir une canonnière symbolique. Les deux pays sont à nouveau au bord de la guerre. C'est Joseph Caillaux, devenu président du Conseil le 24 juin, qui sauve la paix. Il engage des pourparlers secrets sans en avertir son ministre des Affaires étrangères, de Selves, comprenant que la seule chance est de court-circuiter le Quai d'Orsay.

Finalement, un accord est signé, le 4 novembre. Mais c'est un accord de troc colonial, et même s'il est passé entre la République française et l'Allemagne, il est de « modèle » britannique.

L'Allemagne accepte d'avance le protectorat français sur le Maroc qui, dès lors, n'est plus qu'une formalité, et obtient en échange une part importante du Congo, entre le Cameroun et le Congo belge. Les blocs diplomatiques et militaires ne sont pas effrités par la crise, mais en sortent renforcés. Les nationalismes se sont exaspérés, aussi bien en France qu'en Allemagne.

Certes, la question du Maroc est réglée, mais la crise européenne rebondit dans les Balkans. Finalement, c'est à partir de là, par le jeu des alliances que dénonce Jaurès et qu'Hanotaux avait tenté d'empêcher, que la France et l'Allemagne se feront la guerre. La cause efficiente, immédiate, est l'attitude russe : l'ambassadeur du Tsar à Paris, Isvolski, parle de « sa guerre ». Mais la cause finale est la fatalité d'un conflit dans un univers de prédateurs, dont les règles de fond ont été définies par le libéralisme britannique : sélection du plus apte, usure financière, malthusianisme, pillage des ressources outre-mer.

A cela, ni la France ni l'Allemagne n'ont su opposer un modèle différent, une alternative, car elles se trouvaient gangrenées de l'intérieur par les mêmes intérêts et la même idéologie.

Afin que cela puisse aujourd'hui servir de leçon, nous devons examiner de plus près la nature de cette gangrène, qui n'a pas disparu et que nous devons prévenir.

La France livrée à la rente financière

Si l'on reprend l'Education sentimentale de Flaubert, livre témoin du siècle, et que l'on examine la situation de son héros, Frédéric Moreau, l'on s'aperçoit qu'il n'est rien, ne devient rien, n'exerce aucun métier : c'est un pur rentier qui consomme sa rente, et qui trouve le plus naturel du monde de vivre ainsi. L'Ambassadeur d'Allemagne à Paris, en 1878, constatait : « Le monde de la finance gouverne Paris ».

La France, à partir du milieu du XIXème siècle et jusqu'en 1914, devient en effet un pays créancier, prêteur et rentier du monde – des créances qui vont souvent se volatiliser, des prêts cesser d'être honorés et des rentes disparaître. Entre 1904 et 1914, les banques d'affaires orientent hors de France les trois quarts de leurs placements. En 1904, les investissements extérieurs totaux de la France représentent déjà 45 à 50 milliards de francs, sur 105 à 110 au total !

A l'opposé de l'Allemagne d'alors, la France détourne ses fonds de la métropole et les déplace à l'étranger. L'industrie française en souffre, et perd ses positions dans le monde : en 1880, la France représentait 9% de la production industrielle mondiale, contre 6% en 1913.

En 1914, 25% de l'argent placé à l'extérieur de la France a été prêté à la Russie, 23% a été placé en Europe occidentale et orientale et 13% dans les Balkans et l'Empire ottoman. La politique extérieure de la France tend de plus en plus à devenir une politique de gestion et de défense du revenu de ses placements. Sa « logique » se rapproche tout à fait de celle de l'Angleterre, jusqu'à se confondre parfois avec elle.

Ainsi, la Banque de France et la Banque d'Angleterre nouent des relations très étroites – au bénéfice de la Banque d'Angleterre. Lors du krach Baring, en 1890, la Banque de France consent à son « aînée londonienne » une aide généreuse – 75 millions de franc-or – et lors de la crise de 1906-1907, 120 millions en espèces, à quoi s'ajoute un escompte libéral du papier anglais.

Des « cercles financiers » se constituent à Paris comme à Londres, dans lesquels se pratiquent des « mœurs anglomanes ». La famille Rothschild exerce, sous la République comme sous l'Empire, une influence déterminante : c'est elle qui a organisé l'emprunt pour rembourser les indemnités de guerre allemandes en 1870 – sous l'œil bienveillant de Bismarck ; c'est elle qui fait échouer, en mai 1891, un emprunt russe afin de forcer le gouvernement du Tsar à signer, en 1892-1893, l'alliance franco-russe. C'est elle enfin qui a lancé Horace Finaly, le directeur de Paribas, et examine avec lui et sa branche anglaise les orientations stratégiques de la politique française.

En 1882, c'est Léon Say, dans le ministère Freycinet, qui fera tout pour accélérer le krach de l'Union générale, banque d'affaires lyonnaise patronnée par le monde catholique et légitimiste, y compris le Vatican et le comte de Chambord, et qui avait osé se heurter aux fortes positions... de Paribas en Europe centrale.

Ancien attaché au cabinet de Thomson, ministre de la Marine, et lié à Delcassé et Etienne, Laurent Atthalin deviendra secrétaire général de Paribas, consacrant « l'affairisme » du monde politique.

Ce « système financier », dans lequel Paribas et les Rothschild jouent un rôle moteur, repose, principalement, sur la mise en coupe réglée du Maroc et l'exploitation de l'emprunt russe.

L'on a vu l'infléchissement anti allemand organisé par Delcassé, avec le soutien de Paribas, dans les affaires marocaines. Un « Comité du Maroc » se constitue à la suite de ces événements, également appelé « cercle décisionnel » – fondé par Eugène Etienne, avec auprès de lui Stephen Pichon, les frères Cambon et E. Dupasseur, représentant le groupe Paribas. C'est ce groupe qui exerça sa tutelle sur la politique marocaine de la France.

Après Fachoda, l'Empire « nourricier » français au Maroc

Sur le plan politique, son expression sera un « front » extrêmement souple, rassemblé autour de personnalités comme Rouvier, Etienne, David Raynal et Jules Siegfried (le père d'André), sous le nom d'Alliance démocratique. L'Alliance – groupe-charnière type, nécessaire à toutes les majorités – recevra le soutien de tous les grands journaux d'information distillant généralement cette idéologie anti allemande contre laquelle protestait Jaurès, et une vision assez idyllique de la monarchie anglaise. L'on y trouve Le Petit Journal de Charles Prévet, Le Petit Parisien de Jean Dupuy, Le Journal, Le Matin et aussi le très influent et quasi-officieux Le Temps, d'Adrien Hébrard.

Ainsi, peut-être pour la première fois dans 1'histoire de France, le parti financier s'organise, avec un front politique, le soutien de la grande presse et une perspective pro-anglaise qui mèneront tout droit à la guerre.

C'est également ce groupe qui négociera avec Theodore Roosevelt la présence des intérêts financiers américains en Europe. Le président américain, sollicité par l'Empereur Guillaume II d'intervenir en 1905 dans le différent franco-allemand sur le Maroc prendra en effet parti pour les intérêts financiers français, et soutiendra d'abord la France à Algésiras pour intervenir finalement à ses côtés dans la guerre en 1917.

L'on ne connaît généralement pas le fondement de ce subit sentiment pro-français d'un président qui était généralement perçu comme plus attaché à l'Allemagne, y compris par Guillaume II. Eh bien, la raison en a été longtemps connue, mais opportunément occultée : en 1899, le contrôle de la Compagnie nouvelle de Panama était enlevé au financier lyonnais Jean-Marie Bonnardel, et l'affaire entière vendue aux Etats-Unis en 1904. Comme le dit alors avec un « understatement » tout britannique Rouvier, « l'attitude américaine à la conférence d'Algésiras, à propos du Maroc, n'a peut-être pas été sans rapport avec l'heureuse cession de Panama aux intérêts de Wall Street. »

Le premier emprunt russe placé en France le fut en 1888. Si à l'origine l'usage des fonds avait un but louable et nécessaire – le développement de l'intérieur de la Russie – très vite, ils furent détournés de leur objet initial.

En effet, au départ ils servirent à la construction de chemins de fer – la construction du transsibérien – et au développement de fortes positions françaises dans les mines et dans les industries de base russes : les Forges de l'Horme s'implantèrent dans les Forges et Aciéries de Huta Bankawa et de la Koma, Schneider dans les aciéries de Saint-Pétersbourg, dans l'Oural, dans le Donetz et dans des chantiers à Reval. Cependant, les banques qui orientaient les fonds et un gouvernement russe « sous influence » utilisèrent rapidement les emprunts français aux fins de bâtir la puissance militaire russe contre l'Allemagne.

L'accord signé par Delcassé avec la Russie le 9 août 1899 modifia ainsi radicalement les finalités officielles de l'alliance franco-russe : celle-ci n'a plus pour but « le maintien de la paix », mais celui de « l'équilibre entre les forces européennes ». La portée des relations financières franco-russes se modifie également : désormais « les négociations seront autant le fait des gouvernements que des financiers » – puisque les financiers contrôlent les gouvernements...

Le résultat de cette réorientation est la construction quasi systématique de chemins de fer russes pour transporter les troupes vers le front allemand, et le développement d'industries de guerre. Rééoutons Delcassé s'exclamant, à la veille de la guerre : « La victoire est certaine ! On m'a tout montré quand j'étais en Russie. J'ai étudié tous les chemins de fer stratégiques... »

Or si l'on examine la liste des banques intéressées par les emprunts russes, l'on retrouve – aux côtés du Crédit Lyonnais, de la Société Générale, d'Hottinguer, du Comptoir national d'escompte – Paribas et les Rothschild. En 1908, entre 3,6% et 5,2%, selon les calculs, de la fortune privée française s'était transformée en fonds russes.

Les « petits rentiers » constituaient dès lors la base politique de tous ceux qui, suivant l'impulsion donnée par Delcassé, avaient opté pour le tsarisme et pour l'Angleterre.

L'absence de résistance organisée

Face à cette inéluctable évolution vers la guerre, l'on doit se demander pourquoi une opposition plus cohérente défendant une alternative politique ne s'est jamais clairement levée.

La réponse, simple et tranchante, vaut pour la politique de 1991 aussi bien que pour celle de 1891 : alors, comme aujourd'hui, aucune force organisée ne s'est trouvée capable de briser le moule idéologique et financier dans lequel la France s'était enfermée. Plus que de faire un choix politique objectif, à un moment donné, il s'agissait de transformer sa manière de penser et de voir.

Pour cela, il aurait fallu un homme fort, pensant et voyant au-delà des combinaisons immédiates, et appliquant ses vues et ses idées de manière implacable.

Hanotaux, trop homme de sérail, ne pouvait être cet homme de rupture-là.

Sa pensée est beaucoup trop prisonnière, sur les questions fondamentales de culture et de jugement, de catégories « traditionnelles », qui sont celles de l'univers défini par les arrangements de la Sainte-Alliance de 1815.

Il voit dans la « paix » un accord avec chacun, qui peut être obtenu par des négociations préservant les intérêts des uns et des autres. Certes, il conçoit la menace britannique, contrairement à Delcassé, qui cherche à s'accommoder d'avec elle – mais il ne mesure pas son caractère, en profondeur, ce qui fondamentalement la définit.

Ainsi, Hanotaux, par exemple, comprend très bien l'importance des chemins de fer à l'aube du XXème siècle.

Alors qu'en Chine, c'est sur la base de l'Entente cordiale qu'est constitué, en avril 1911, un consortium bancaire dont le seul but avoué est de mettre totalement les mains sur les finances chinoises, Hanotaux pense, lui, en termes d'une entente économique et industrielle, en construisant des chemins de fer Tonkin-Yunnan-Fou et Nanning-Fou-Pakoi.

En Russie, il admire et soutient le projet du transsibérien, de même qu'il admire l'effort des compagnies américaines, et conçoit la ligne vers Vladivostok comme un « axe de développement ».

En Afrique, il voit dans le chemin de fer le « véritable conquérant » et envisage trois tracés d'une ligne transsaharienne :

- à l'Est, une liaison Bizerte-Brazzaville, par Bougrara, Ghadamès, Rhat, Belma, le lac Tchad, Songha et le Congo – c'est le projet de M. Bonnard ;

- au Centre, une liaison Biskra-Ouargla-Assiout-lac Tchad, rejoignant la précédente – c'est le projet de M. G. Rolland ;

- et, enfin, à l'Ouest, un tracé sud-Oranais-Tombouctou, visant à unir le Sénégal à l'Algérie.

Sa conception du « profit » à attendre de la construction de ces voies ferrées est même extrêmement intéressante ; c'est celle d'un « profit-infrastructure », considérant l'effet d'impact du projet, qui rompt avec la conception britannique du « profit-butin » lié aux revenus immédiats du transport.

Il écrit : « La dépense est immense, dit-on, et la rémunération sera nulle. Le trafic du désert, quelle plaisanterie (...) Que le désert ne paye pas, d'accord. Mais qu'est-ce que le désert ? C'est un obstacle, c'est une séparation. Prétendre lui demander une rémunération, c'est prendre la question à rebours. La mer aussi est un obstacle, une séparation. On n'hésite pas à la franchir, pourtant, pour relier des pays qui, sans l'initiative et l'audace des premiers navigateurs, auraient été pour toujours séparés. Et la mer non plus ne paye pas (...) Partout où le chemin de fer pénètre, la paix s'établit (...) S'il économise sur les frais d'installation, s'il économise sur les frais de ravitaillement, s'il protège militairement l'Algérie et le Sénégal, s'il dispense d'établir dans le Sud les postes échelonnés qui coûtent si cher ... s'il rend de tels services, sa création peut se justifier. »

L'Empire français expose ses "trouvailles"

Cependant, Hanotaux ne parvient pas à comprendre que le « système britannique » va à l'opposé de ce qu'il écrit, et que l'Angleterre doit être combattue dans la mesure où elle est le lieu d'implantation de ce système. Dès que son jugement est politique, historique ou culturel, Hanotaux retombe dans les catégories de la Sainte-Alliance et dans la vieille admiration que « son » ministère éprouve pour le Français de la Sainte-Alliance, Talleyrand.

Ecoutons-le parler, dans Le Partage de l'Afrique, en 1909, des « nobles qualités de la race anglo-saxonne (...) grande et noble race », et nous comprendrons que ses catégories mentales ne sont, hélas, pas différentes de celles de Londres, et de celles de toute l'oligarchie européenne marquée par le darwinisme social de Spencer. « Les plus aptes » ont triomphé, et c'est justice ; les races inférieures n'ont vocation qu'à être « prises en main » par les « nobles colonisateurs » français et britannique, qui ont certes une querelle à vider ensemble, mais une querelle de « gentlemen ».

Ecoutons-le s'exprimer dans Fachoda, article publié par La Revue des deux mondes du 1er février 1909 :

« Depuis des siècles que la France et l'Angleterre travaillent ensemble au progrès de la civilisation, il semble que les deux peuples devraient se bien connaître et se comprendre aisément. Il n'en est rien : le détroit oppose les esprits comme les rivages. La mer, qui unit d'habitude, disjoint ici. Pourtant, la similitude des origines, des idées, des intérêts, maintient, entre les deux maux, une habitude, une recherche de rapports cordiaux dont les alternatives créent un drame, parfois décevant, mais toujours animé.

« La négociation franco-anglaise est l'épreuve suprême des diplomates et le gage le plus assuré d'une paix heureuse dans l'univers : pour les hommes du métier, il est normal, et pour ainsi dire fatal, que Talleyrand ait achevé sa carrière à Londres. Entre Londres et Paris, la conversation doit être constante, si elle est parfois laborieuse ».

Et Hanotaux de se défendre d'avoir contribué à un affrontement franco-anglais : « On a attribué au ministre des Affaires Etrangères de ce Cabinet (c'est le cabinet Méline, et il parle de lui-même ...), une politique systématique, un parti pris de se rapprocher, en Europe, des combinaisons hostiles à l'Angleterre : c'est radicalement faux. »

Hanotaux n'est donc pas l'homme d'une rupture avec le système britannique ; il l'est d'autant moins qu'en matière de politique coloniale, et vis-à-vis de la population africaine, il partage les pires préjugés de son époque – à la différence d'un Faidherbe, d'un Brazza ou même d'un Livingstone.

Ecoutons-le encore – et cela en dit long sur les « républicains » de l'époque – parler de l'Afrique, de la « barbarie de ces régions immenses » peuplées par « des pauvres races inférieures » : « ...

des populations hagardes et stupides, n'ayant ni art, ni luxe, et par conséquent inaptes au commerce et à l'industrie, des agglomérations mobiles, faites et défaites selon les hasards d'une chasse heureuse ou d'une conquête éphémère, des démons noirs allumant en quelque clairière, le feu d' un festin de cannibales, des faces sinistres apparaissant ou disparaissant au coin d'un buisson, des tribus vacantes s'empiffrant de nourriture à l'aubaine de quelque bonne proie, puis, le lendemain, décimées, réduites à rien par la misère et la faim, errant le ventre creux ou plein de terre et d'insectes immondes, telle était la vie sur cette terre maudite. Et c'était cela qu'il s'agissait de coloniser ! »

Nous sommes évidemment bien plus près du « lourd fardeau de l'homme blanc » de Kipling que de l'humanisme de l'Abbé Grégoire...

Alors que l'esclavage sévit encore en Afrique, que les grands colons français en Tunisie ou en Algérie « dépossèdent les indigènes » (« l'affaire Couitéas », où Stephen Pichon, résident général en Tunisie de 1900 à 1906, n'a pas le beau rôle) et que l'armée française occupe Madagascar et écrase les troupes courageuses mais mal équipées de Samory, comment peut-on écrire, sans être un peu de tempérament anglais, tranquillement enfoncé dans son fauteuil ministériel ou académique : « Je ne sais rien de plus réconfortant que le spectacle de la lutte engagée, depuis un siècle : par les fils de l'Europe civilisée contre le système barbare (sic) qui veille sur le système africain » ?

Hanotaux est un homme conscient des intérêts immédiats de la France, féru de progrès économique, concevant assez bien les questions de la guerre et de la paix en Europe, mais c'est l'homme du Quai d'Orsay, pas l'homme d'une rupture, ou celui d'un grand dessein d'ensemble à opposer à la force impériale britannique.

Jaurès l'est bien davantage, qui voit tout de suite l'inflexion apportée par Delcassé à la politique coloniale française, et que la « question du Maroc » mène directement à la guerre. Guidé par une immense compassion humaine, il ressent – bien que défendant « l'œuvre civilisatrice de la France » lorsqu'elle se manifeste, l'outrage fait aux petits propriétaires indigènes, la mise en coupe réglée des peuples, et voit très bien se gonfler les nuages au-dessus de l'Europe.

Cependant, il est trop isolé sur la scène politique, et il sera constamment en butte, jusqu'à la fin de sa vie, jusqu'a son assassinat, à une campagne de presse qui en fait un agent allemand désigné à plusieurs reprises par la furie « nationaliste » aux balles des assassins.

Léon Gambetta : « le seul homme qui eût été capable d'éviter le pire »

En réalité, l'on peut dire que le seul homme qui eût été capable d'éviter le pire était Léon Gambetta. Dirigeant du Parti républicain et de la résistance nationale en 1870-1871, il ne pouvait être soupçonné d'être pro-allemand. Fortement attaché à la paix, il veut, lorsque l'affaire d'Egypte se présente, fin 1891, « remettre l'Angleterre à sa place ». Il constitue le fameux « grand ministère » le 14 novembre 1881, et se déclare contre un contrôle unilatéral de l'Angleterre sur l'Egypte.

Le gouvernement de Londres se dresse contre lui, et fait courir par ses agents dans la presse française le bruit que « Gambetta, c'est la guerre ».

Le 26 janvier 1882, il est « abattu par les partis des financiers ». Ceux-ci forment un groupe parlementaire, dirigé par Maurice Rouvier – déjà – qui s'oppose à l'autre grand dessein de Gambetta, la nationalisation des compagnies de chemin de fer. S'érigeant en défenseur des « compagnies » avec Eugène Etienne – le futur dirigeant du parti colonial, ce qui est significatif, Rouvier, soutient plus tard un projet, dit « projet Raynal », qui donnera un avantage absolu aux intérêts privés, liés à la haute banque. Suivant ce projet, rédigé par David Raynal, Léon Say, l'homme des Rothschild – et Rouvier lui-même, l'Etat laissera aux compagnies le soin de continuer l'exploitation et l'extension du réseau, et plus encore, donnera sa caution aux emprunts qu'elles émettront – avec la diligence de Paribas, de Rothschild et de leurs confrères – et garantira leurs dividendes !

A noter qu'en 1896, c'est également Maurice Rouvier qui, avant d'être généreusement compromis dans le scandale de Panama fera échouer l'impôt sur la rente, pourtant modéré, présenté par le ministère Méline.

Léon Gambetta tombe donc sous les coups des « affairistes » proches, à travers leurs combinaisons financières, des intérêts britanniques. Il mourra dans des conditions extrêmement suspectes, le 31 décembre 1882, livrant ainsi la République à des hommes sans caractère ou faisant le jeu du libéralisme financier.

Pourquoi cet acharnement contre Gambetta ? Précisément parce qu'il est, lui, un homme de caractère. C'est une fois qu'il est éliminé que la « douloureuse abstention de la France laissa (dans les affaires de l'Egypte) les mains libres à l'Angleterre ». Gabriel Hanotaux est un homme qu'il a recruté et formé, un collaborateur du Journal qu'il dirige, la République française.

Il est vrai, dira-t-on, que Delcassé et Etienne ont fait également partie de l'équipe de la République française, auprès de Gambetta. Mais c'est pratiquement tout ce qui comptait sous la IIIéme République qui avait été formé dans le proche entourage de Gambetta ! Il est arrivé aux Etienne, aux Delcassé ou aux Poincaré un peu ce que l'on a vu arriver aux barons du gaullisme et aux dirigeants du RPR : le général disparu, il ne reste que l'opportunisme et la connaissance des affaires, sans la flamme.

Léon Gambetta menaçait constamment les situations acquises ; avant de tomber, le 31 janvier 1882, sur une question relevant dans les apparences immédiates du mode de scrutin, il avait déclaré : « Ils passeront sous les fourches caudines, ou je les abandonnerai à leur irrémédiable impuissance ».

Comme De Gaulle après 1969, il les livra à leur « irrémédiable impuissance ». Sa culture était celle d'un « bourgeois républicain » de l'époque – Descartes, Voltaire, Montesquieu, Diderot, Proudhon, Auguste Comte.

Il détestait cependant le « rousseauisme démagogique », et entendait faire, comme il le répétait souvent, « l'éducation de la démocratie » en lui fournissant un dessein et un programme cohérent.

Il ne put donner sa mesure, mais fit passer dans la politique française de l'époque le souffle de Jeanne d'Arc, de Rabelais et des volontaires de 1792, de l'an II que, comme De Gaulle ou Malraux, il admirait.

Avec lui, il n'y aurait pas eu de place pour la folle aventure du boulangisme, à travers laquelle l'idée de nation fut d'abord pervertie, pas de brisure entre l'Eglise et l'Etat et peut-être pas d'affaire Dreyfus tant, comme son ami Scheurer-Kestner, qui joua dans l'Affaire un si grand rôle, il était passionné de justice.

Gambetta, c'était, au début de la République, le seul homme de proue. Après lui, les impuissants et les notables, obéissant à des intérêts acquis, triomphent. Là est le problème fondamental.

Car le « mal libéral », qui n'a jamais atteint Gambetta, se glisse partout après lui.

Après lui, Hanotaux, serviteur mais non dirigeant, ne peut faire que de la résistance. Pourquoi ? Parce que la dégradation idéologique, dans le climat d'affairisme et de compromission avec les forces financières qui se crée, corrompt les valeurs les plus fondamentales, l'idée de nation, la conviction républicaine et jusqu'aux croyances religieuses.

Il serait trop long de refaire l'histoire de la contre-culture qui se répand à la fin du siècle : à un nationalisme satisfait, médiocre et repu s'oppose un néo-spiritualisme qui véhicule toutes les formes d'irrationnel.

Comme aujourd'hui, ce sont les Institutions et les valeurs qui se trouvent elles-mêmes détruites, privant les hommes de repères dans leur combat pour la justice.

L'histoire de cette gangrène – dont nous ne pouvons ici que tracer les grands traits – est indispensable pour comprendre les paramètres du monde qui se met en place, ce qui détermine les choix, en fait poser les termes.

L'idée de nation avilie

Alors que l'alliance franco-russe a pu être complètement changée de sens par le parti des financiers et la stratégie de Delcassé, c'est, au-delà de l'événement transitoire, l'idée même de nation qui bascule à la fin du XIXème siècle. De son avilissement, le XXème siècle subira toutes les atroces conséquences, dont nous ne sommes, aujourd'hui encore, toujours pas guéris.

D'idéologie républicaine qu'elle était, la « religion de la patrie » s'infléchit, à travers la période boulangiste et l'affaire Dreyfus, vers l'exaltation d'un Etat à composante ethnique ou raciale homogène, reposant sur son armée, au détriment de l'universalité du respect de la vie et des droits de l'Homme. La nation se dissocie du principe républicain.

D'abord, tout au long de la période boulangiste, entre janvier 1886 et le 1er avril 1889 – lorsque Boulanger fuit à Bruxelles – c'est toute une opération de manipulation de masse qui se déroule. Le nouveau « nationalisme », un montage plus ou moins synthétique qui réunit des hommes de gauche, anciens communards, et des hommes de droite, royalistes ou bonapartistes, se pose en défenseur de l'Armée nationale, instrument d'unité, et en adversaire de l'étranger en général et du judaïsme « traître par nature ». Rappelons que la France juive d'Edouard Drumont fut publiée le 11 décembre 1886, au moment où le mythe boulangiste prend corps.

C'est en 1890 que Drumont fonde la Ligue antisémitique. En mai 1892, la Libre Parole, le journal de Drumont, commence sa provocation en publiant une enquête intitulée les juifs dans l'Armée et réclamant bien entendu leur élimination. En septembre 1892 c'est aussi la Libre Parole qui s'empare la première, dans une suite d'articles signés Minos, du scandale de Panama. Les journaux antisémites utilisent le fait que les intermédiaires (Reinach, Arton, Herz) étaient d'origine juive pour développer leur propagande. Les scandales nourrissent l'antiparlementarisme ; et l'on note que la Libre Parole et ses semblables publient des listes de parlementaires corrompus qui s'auto-gracieront – car les habitudes sont toujours les mêmes pour les hommes d'habitudes – mais sans jamais mentionner le véritable scandale, qui est celui des immenses profits faits par les banques ! Certaines preuves existent du financement de la Libre Parole et de ses consœurs par ces dernières ...

Quoi qu'il en soit, l'utilisation que fait de Panama la presse antisémite et « nationaliste » prépare le levain d'où sortira l'affaire Dreyfus.

Là aussi, coïncidence significative, la première information publiée dans la presse sur « l'affaire » le fut dans la Libre Parole du 29 octobre 1894. Dès le 1er novembre 1894, elle titrait sur toute la longueur de la page : « Haute trahison. Arrestation de l'officier juif Alfred Dreyfus »

Et l'affaire Dreyfus servit de « toile de fond » à toute la période, entre fin 1894 et le 19 septembre 1899, lorsque le président de la République signe enfin la grâce de Dreyfus. Elle exacerbera les passions, et contribuera à pervertir l'idée de nation en France.

C'est dans ces années-là, en effet, que le « nationalisme » ou le patriotisme ne sont plus l'expression d'un vouloir-vivre en commun œcuménique, fondé sur le grand dessein d'une nation, au progrès de l'histoire universelle, mais deviennent l'adhésion a des valeurs irrationnelles de sang, de sol et de race. L'antidreyfusisme est une sorte d'ersatz de l'idée républicaine de nation, fondé sur « le culte du terroir », la « mystique de la race » et le pouvoir « offert aux militaires ».

C'est dans ce contexte « national » synthétique, fabriqué, très évidemment fabriqué, – en France, mais aussi en Allemagne – que l'Alsace-Lorraine, part du sol français pour les uns, extension légitime de l'Empire allemand pour les autres, devient une question insoluble qui ne peut être dénouée que par la guerre. Au-delà de l'intervention nécessaire en faveur d'un innocent qui « représente l'humanité bafouée », le vice-président du Sénat, Scheurer-Kestner, alsacien et protestant, est l'un des rares à mesurer cette dimension historique de l'affaire.

Quant au Consistoire, loin de soutenir le courageux combat de Bernard Lazare, il décide, sous l'influence d'Alphonse de Rothschild, qu'il est urgent de ne rien faire...

L'Affaire Dreyfus – rappelons que Dreyfus est accusé d'espionnage au profit de l'Allemagne, par un faux assez grossier de lettre entre l'attaché militaire italien Pannizardi et l'attaché militaire allemand von Schwartzkoppen – entretient donc le climat anti allemand, divise la France en deux à un moment où une grande politique continentale aurait été possible et jette la majorité des catholiques dans le même camp politique que les antisémites.

« Outre la terrible injustice faite à un homme, l'affaire Dreyfus est un immense désastre politique et moral »

Le curieux commandant Esterhazy, très vraisemblablement auteur du « faux » incriminant Dreyfus, ne travaillait certainement pas que pour lui-même. Si l'on s'en tient à l'adage « à qui profite le crime », il semble bien qu'il faille répondre « aux belli–cistes français et à leurs amis britanniques ». Il a pu être ainsi soutenu que les provocateurs de l'époque – Esterhazy comme Drumont – auraient été stipendiés par le « parti britannique », voire par la banque Rothschild elle-même, thèse qui a pour mérite d'être tout à fait cohérente.

C'est en effet pendant les années de l'affaire Dreyfus que se tient le premier congrès sioniste mondial, en 1897 à Bâle. Or l'on sait le rôle joué dans ce mouvement par les services britanniques, qui espèrent tour à tour jouer la carte juive et la carte arabe au Proche Orient, et pour cela, encouragent les juifs d'Europe à s'installer en Palestine.

Les pogroms de Russie suscitent cette émigration vers une terre qu'on a décrit aux émigrants comme « déserte », et qui est l'une des – relativement – plus peuplées du Proche Orient. Mais l'on oublie la peur créée par les déchaînements racistes en France même, jusqu'aux véritables pogroms d'Alger, pendant la honteuse semaine du 18 au 25 janvier 1898.

Ce sont ainsi tous les paramètres du XXème siècle qui se mettent en place, et parmi eux le pire, celui d'une « nation » qui se définit nécessairement contre les autres, par exclusion, un « volk » irrationnel qui contribuera à jeter les nations d'Europe continentale les unes contre les autres – suivant le vœu de l'oligarchie britannique.

En même temps, dans ces années-là, sévit en France un affligeant bric-à-brac pseudo scientifique, issu du darwinisme revu par Spencer, de l'anthropologie et de la linguistique. L'anthropologie, partant de Broca et avec Vacher de Lapouge (L'Aryen, son rôle social, écrit en 1899) s'acharne à classer les races suivant les traits physiques, et la linguistique fournit le modèle de la « bipartition » entre Sémites et Aryens. L'élégant Paul Valéry fréquente les cimetières de la région de Montpellier, dont son maître Vacher de Lapouge mesure les crânes pour justifier ses thèses et répéter que « la plus belle conquête de l'homme ne fut pas le cheval mais l'esclave ». Sinistres années, où le « juif Dreyfus » travaille bien entendu pour l'Allemagne, où « Herr Jaurès mérite douze balles » et où l'on oppose les dolichocéphales aux brachycéphales, « inertes, médiocres, noirauds, courtauds, lourdauds ». On parle « d'empire mondial », de « race supérieure », de « teutons blonds » et de « fiers gaulois à tête ronde ».

L'irrationnel « nationaliste » – d'où naîtront les fascismes, rejoint alors le « militarisme », qui jouera un rôle si grand dans la grande illusion de 1940. L'on oppose le « soldat », qui « obéit d'instinct », à « l'intellectuel ratiocineur », à l'universitaire « toujours soumis à la culture germanique ».

Pour faire bonne mesure, un professeur à Sens, agrégé d'histoire, Gustave Hervé, popularise un anti-militarisme forcené au sein du parti socialiste. Ses articles dans le Pioupiou de l'Yonne et, à partir de 1906, dans La Guerre sociale, et son « antipatriotisme » lancé fin avril 1905 avec les procédés publicitaires les plus modernes, déchaînent la « réaction nationale » et le soutien à l'Armée dans le camp opposé. Ce provocateur deviendra d'ailleurs l'ennemi virulent de Jaurès et va-t-en guerre enragé en 1914...

A l'université, un retour à un spiritualisme « mystique » – par opposition au matérialisme affairiste « rad-soc » et « opportuniste » joue son rôle dans le grand orchestre « nationaliste » dont la musique reprend en 1905, s'amplifie à partir de 1911 et se déchaînera en 1914.

Blondel et Bergson en sont les figures de proue ; Bergson commence son cours au Collège de France en 1897 avec un extraordinaire succès mondain et un énorme battage journalistique : il promeut « l'élan vital » et réhabilite l'irrationnel, ouvrant la voie, comme Jaurès le pressentait, à toutes les aventures.

En même temps, un fort courant malthusien se développe et s'étend ; Bergson lui-même défend, après la guerre, en tant que président de l'institut international de coopération intellectuelle (IICI) la thèse suivant laquelle « la cause de la plus grave des guerres » est le surpeuplement. Il proposera de « frapper de taxes plus ou moins lourdes l'enfant en excédent, dans les pays où la population surabonde », de « rationaliser la production de l'homme ». C'est une erreur dangereuse, dira-t-il, « de croire qu'un organisme international (la SDN, nda) obtiendra la paix définitive sans intervenir, d'autorité, dans la législation des divers pays, et peut-être même dans leur administration ». Conception d'un impérialisme antinataliste et d'un droit d'ingérence qui incite à des rapprochements avec des faits hélas récents...

L'on est loin, très loin de « l'éducation de la démocratie » que voulait faire Gambetta. La préoccupation principale, au début du siècle, et de plus en plus au cours de ses premières années, est de ne pas briser le lien « sacré » qui rassemble les Français d'opinions différentes « au pied de la statue de Strasbourg ».

Le « parti financier » et ses tuteurs britanniques sont parvenus à créer le culte de masse qui soutient leur pouvoir, et qui mènera à la guerre.

Le christianisme bafoué

L'offensive idéologique lancée en France contre l'esprit du christianisme revêt une portée plus fondamentale encore que celle ayant finalement perverti l'idée de nation. En comprendre l'objet suppose que l'on sorte du cadre institutionnel du débat – dans lequel il est habituellement posé – et que l'on aille à l'essentiel de l'engagement humain, politique, moral et religieux.

Léon XIII, dès son avènement, en 1878, tente justement de dépasser ce cadre institutionnel, et d'instaurer une entente entre l'Eglise et la République française : il s'agit de définir, pour les catholiques, une position à partir de laquelle ils acceptent clairement le cadre de la République tout en luttant vigoureusement pour les droits de l'Eglise.

Le Pape Léon XIII

Si cette politique avait durablement réussi, c'en était fait de l'influence du libéralisme britannique en France, sinon en Europe.

Pour deux raisons : d'abord, la doctrine sociale de l'Eglise, telle qu'elle sera définie dans Rerum Novarum, était totalement incompatible avec le libéralisme économique et définissait un point sinon d'accord, du moins de convergence possible sur la « question sociale », entre chrétiens et socialistes. Le danger, pour un régime « affairiste » et probritannique, était immédiat : détaché de son enveloppe monarchiste et conservatrice, le message de l'Evangile redevenait « révolutionnaire ».

Ensuite, le message chrétien ainsi revivifié était résolument et absolument anti-malthusien ; or, le malthusianisme était une doctrine et une politique essentielle au libéralisme britannique. Remarquons, là encore, que la grande majorité des dirigeants socialistes, Jaurès en tête, étaient eux aussi résolument anti-malthusiens, contrairement aux « républicains opportunistes », aux radicaux et au mouvement de « libre pensée » triomphant dans le Grand Orient.

Plus profondément encore, comme Jaurès l'avait bien vu, la référence « chrétienne » – institutionnalisée ou pas – permet, au nom de principes fondamentaux et de l'existence en soi-même d'un « dieu intérieur », de contester les ordres et les opinions établies, et de ne pas se laisser entraîner par l'irrationnel des sectes ou des mouvements d'opinion. Or c'est bien sur la manipulation de cet irrationnel – avec toute la renaissance du spiritisme, du pseudo mysticisme et de l'occultisme – que comptaient, à Londres, à Paris et ailleurs en Europe, ceux qui entendaient imposer leur « culte de masse » permettant un contrôle social rigoureux.

Aussi, du point de vue de l'idéologie britannique, il fallait absolument empêcher cette « entente » entre la République française et l'Eglise catholique – ou du moins prévenir la diffusion d'un christianisme authentique en France.

La stratégie utilisée pour détruire l'effort de Léon XIII joua à la fois au sein de la République et au sein de l'Eglise. Au sein de la République, en excitant violemment l'esprit anticlérical, en faisant de l'anticléricalisme, pendant plusieurs années, une question obsédante et fondamentale. Une « base de masse » à cette agitation : le radicalisme, animé par le Grand Orient – qui avait supprimé dans sa constitution, en 1876, toute référence à l'existence de Dieu et à l'immortalité de l'âme – et relayé par des « sociétés de pensée » dont les buts sociaux légitimes s'unissaient à des « rituels » ridicules mais populaires : on faisait gras le Vendredi Saint pour affirmer sa liberté de conscience et on mangeait la tête de veau à l'anniversaire de la mort de Louis XVI !

Au sein du catholicisme, c'est la carte de l'irrationnel mystique qui était joué – dans lequel le bergsonisme tint un grand rôle – et des formes de dévotion populaire tout aussi irrationnelles que les laïques : miracles et prophéties, reliques et visions. En même temps, la Bonne Presse – dont le journal assomptionniste La Croix était le fleuron – dérivait dans l'antisémitisme et le militarisme forcené. Pierre Bailly y écrivait, par exemple, le 6 novembre 1894, « qu'ils (les juifs) sont maudits si nous sommes chrétiens (...) C'est un peuple déicide, qui a tué le Christ ». Cela ne pouvait que servir le projet de coupure de la France en deux, la déviation de l'idéal religieux se conjuguant à la promotion d'un nationalisme haïssant « l'autre » – juif ou allemand.

La France tombe dans le piège, après la mort de Léon XIII et la chute du ministère Méline. L'histoire mérite d'être rappelée, pour mesurer le mérite et la clairvoyance du pape, dont Jean-Paul II a repris le message aujourd'hui, en subissant des attaques venant de même origine.

A plusieurs reprises, entre 1878 et 1889, le pape avait laissé entendre que les catholiques français devaient accepter les institutions républicaines. Au lendemain des élections législatives de 1889, il intervient. Son objectif est d'affirmer la distinction du pouvoir spirituel et du pouvoir temporel – que traditionnellement les catholiques français ne font pas – rompre la solidarité des catholiques français et de la monarchie et sauvegarder le Concordat et le budget des cultes menacés par l'agitation radicale.

Léon XIII ne parvient pas, pendant plusieurs mois, à trouver un membre de l'épiscopat français qui prenne une initiative d'ouverture.

C'est finalement le cardinal Lavigerie, archevêque d'Alger et de Carthage, très actif dans les missions outre-mer, fondateur des pères blancs qui, au terme d'entretiens avec le pape, accepte de parler.

Le 12 novembre 1890, accueillant l'état-major de l'escadre de la Méditerranée, il invite, à l'énorme surprise des officiers de marine monarchistes, les catholiques à accepter la République :

« Quand la volonté d'un peuple s'est nettement affirmée, que la forme d'un gouvernement n'a en soi rien de contraire, comme le proclamait dernièrement Léon XIII, aux principes qui peuvent faire vivre les nations chrétiennes et civilisées, lorsqu'il faut, pour arracher son pays aux abîmes qui le menacent, l'adhésion sans arrière-pensée à cette forme de gouvernement, le moment vient (...) de sacrifier tout ce que la conscience et l' honneur permettent, ordonnent à chacun de nous de sacrifier pour l'amour de la patrie. »

Le « toast d'Alger » esquisse les grands thèmes du ralliement : acceptation du suffrage universel et des institutions, refus de la politique du pire, lutte contre la désagrégation sociale, et patriotisme.

Au sein du monde catholique français, et notamment bien entendu, des monarchistes, l'hostilité l'emporte. C'est à partir de ce jour-là qu'une partie du clergé français – les évêques jugent pour la plupart l'intervention du cardinal Lavigerie dangereuse et inopportune – s'engage à rester sourde au message de Léon XIII.

L'archevêque de Paris, le cardinal Richard, en donne d'abord une interprétation tout à fait détournée de son sens. Puis se crée une « Union de la France chrétienne » dont les candidats s'identifient aux comités monarchiques du comte d'Haussonville, le représentant du comte de Paris.

"La doctrine sociale de l'Église, telle quelle sera définie dans Rerum Novarum, était totalement incompatible avec le libéralisme économique"

Léon XIII doit pousser les feux. Il nomme à Paris un nouveau nonce, Mgr Ferrata, ami du cardinal Lavigerie. Les monarchistes, tout comme les radicaux, veulent faire échouer l'apaisement escompté. En février 1892, les cardinaux français récidivent : ils publient une déclaration condamnant « le gouvernement de la République » tout en « acceptant les institutions ». Le pape, pour s'adresser aux Français, décide d'avoir directement recours ... à la grande presse. Le 14 février 1892, il reçoit Ernest Judet, rédacteur au Petit journal, et lui fait d'importantes déclarations. Le 20 février est publiée, datée du 16 et rédigée en français, l'encyclique Au milieu des sollicitudes : l'Eglise n'est liée à aucune forme de gouvernement ; accepter la République n'est pas se soumettre à une législation hostile à la religion. Le 3 mai, le pape met en garde « ceux qui subordonneraient tout au triomphe préalable de leur parti respectif, fût-ce sous le prétexte qu'il leur paraît le plus apte à la défense religieuse ».

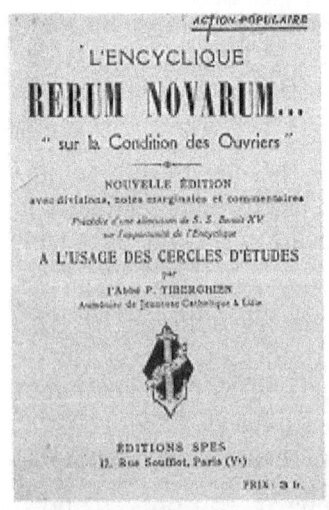

A partir de là, l'extension d'un catholicisme social, fondé sur l'enseignement de Rerum Novarum (15 mai 1891), devient possible en France.

D'autant plus que Jules Méline rejette l'anticléricalisme, où il voit – justement – « une tactique des radicaux pour tromper la faim des électeurs », car anticléricaux, les radicaux n'en sont pas moins, dans leur majorité, opposés à toute réforme sociale conséquente. Accusé alors de « pactiser avec le cléricalisme », il réplique le 10 octobre 1897, dans un discours prononcé à Remiremont, son fief : « Je désire l'apaisement dans le domaine religieux (...) car les querelles religieuses sont toujours une cause d'affaiblissement. » Louis Barthou déclare le 3 octobre 1897 à Bayonne : « Si nous respectons la religion et admettons son libre exercice, nous ne souffrons pas que la religion soit l'instrument plus ou moins déguisé des agitations et des ambitions politiques ».

L'apaisement allait-il l'emporter ? Non, car il sera rapidement balayé avec le reste, la « querelle religieuse » contribuant à cet

« affaiblissement de la France » prédit par Méline, et y faussant tout le débat politique, l'égarant dans un nationalisme destructeur.

A la mort de Léon XIII et après la chute de Méline, les relations entre la République française, les catholiques et le Vatican s'enveniment une fois de plus.

Il ne fait aucun doute qu'une majorité de la franc-maçonnerie attise la querelle, celle que Léon XIII avait dénoncée en 1884, dans l'encyclique Humanum genum, comme « le parti de Satan ». L'on assiste en effet à de bien curieuses choses en France à la fin du siècle : l'intérêt pour les « mondes obscurs » grandit, et c'est en 1889 qu'Edouard Schuré publie Les Grands Initiés. Le bouddhisme est à la mode, ainsi que l'occultisme et l'hypnotisme ; au goût morbide, ésotérique et sataniste de Huysmans ou de Gustave Moreau répondent, dans le domaine de la « décoration », une prolifération d'incubes-chandeliers et de chauves-souris-porte-manteaux. Le mage Papus triomphe dans le beau monde, et Jaurès jugera son rôle assez dangereux pour devoir le confondre. Jaurès qui, lorsque sa fille Madeleine fera sa première communion, sera mis en accusation devant tout son propre parti pour « lâcheté » et « cléricalisme » !

Ce n'est qu'en septembre 1899 que le Grand Orient s'épure de ses loges antisémites, notamment algériennes, pour bien s'insérer dans la logique de rupture entre les « deux France » ; d'un côté républicains, anciens dreyfusards, anticléricaux, libres-penseurs, et de l'autre catholiques, anciens antidreyfusards, antisémites et « nationaux ». La catastrophe, que Léon XIII avait voulu éviter et Méline vu venir, se produit, pour la plus grande satisfaction du parti britannique. Car le seul point commun de ces deux France est, comme le voulait Delcassé, l'anti-germanisme, l'irrationalisme et un militarisme cocardier – les ingrédients de la guerre.

Dans le camp qui se dit « catholique », les provocateurs ne manquent pas non plus. Nous avons vu La Croix se lancer à corps perdu dans l'antisémitisme pour servir de diversion à l'anticléricalisme, et alimentant la vague militariste et anti-dreyfusarde. La Bonne Presse surexcite les prêtres – malgré les efforts d'un abbé Pichot, d'un abbé Lemire ou d'un abbé Naudet – et les entraîne dans des chemins contraires aux intérêts de l'Eglise. Léon XIII et le cardinal Rampolla désavouent d'ailleurs des extrémistes comme le général des Chartreux ou le supérieur des Assomptionnistes – qui exploitent les passions sans mesure.

Après 1900, Delcassé étant ministre des Affaires étrangères, et les gouvernements du « Bloc des gauches » – dominé par les radicaux et la franc-maçonnerie – exerçant le pouvoir, l'affrontement devient inéluctable.

Le Bloc des gauches, sous le gouvernement Waldeck-Rousseau, dans sa loi sur les Associations du 1er juillet 1901, s'en prend d'abord aux congrégations religieuses. A la différence des autres associations dont la liberté de constitution est entière, la simple déclaration permettant d'obtenir la capacité civile, les congrégations religieuses ne peuvent se former sans autorisation législative ; les membres de congrégations non autorisées n'ont pas le droit d'enseigner et les préfets ont un pouvoir annuel de contrôle sur les biens de toutes les congrégations de leur ressort. Combers, anticlérical forcené, remplaçant Waldeck-Rousseau le 6 juin 1902, de nombreux établissements congréganistes sont fermés et les demandes d'autorisation de congrégations, jusque-là non officiellement acceptées, sont rejetées. La loi du 7 juillet 1904 supprime tout enseignement congréganiste.

A partir de là, la France et le Vatican vont vers la rupture : celle-ci est consommée le 30 juillet 1904 lorsque la France rompt ses relations diplomatiques avec Rome.

Deux choses sont intéressantes à constater. D'une part, Delcassé ne se préoccupe aucunement de cette rupture, et même s'en félicite. C'est son rapprochement avec l'Italie – qui n'a pas alors de relations diplomatiques avec le Vatican et que le président Loubet visite, ce qui est perçu à Rome comme une insulte – qui constitue l'une des causes principales du conflit. D'autre part, l'attitude de Pie X est certainement différente de celle de Léon XIII. Admirateur de l'Allemagne et Guillaume II, il est sous l'influence de son cardinal secrétaire d'Etat Merry del Val, dont la mère est anglaise, et qui est extrêmement conservateur. Pour ce dernier, la France n'est pas la « fille aînée de l'Eglise », mais un pays d'hérésie. Les milieux catholiques français que Léon XIII avait tenté de modérer, le cardinal Merry del Val les encourage. La France et le Vatican se heurtent ainsi de plein fouet, jusqu'à la promulgation de la loi du 11 décembre 1905 déclarant que « la République française assure la liberté de conscience » et « ne reconnaît, ne subventionne ni ne salarie aucun culte ». C'est la fin du régime concordaire mis en place par ... Bonaparte.

L'agitation atteindra son apogée avec la mise en œuvre des inventaires en application de la loi de Séparation. Dès février 1906, et surtout dans la première quinzaine de mars, les fidèles assemblés manifestent leur volonté de ne pas céder à la force légale. Leur volonté de résistance est enflammée par un ordre de la Direction générale de l'Enregistrement à ses agents, du 2 janvier 1906, les enjoignant de demander aux prêtres d'ouvrir les tabernacles. Ce document, rendu public dix jours plus tard, est vu par toute la presse catholique comme une incitation à la profanation. L'on sait aujourd'hui qu'il a probablement été le fait d'un provocateur.

Le 11 février 1905, après un long silence, le pape rend publique l'encyclique Vehementer Nos qui condamne la Séparation comme « profondément injurieuse vis-à-vis de Dieu qu'elle renie officiellement en posant le principe que la République ne reconnaît aucun culte ». La « véhémence » du propos encourage des réactions énergiques, le catholicisme ultramontain s'en saisit, et c'est alors les efforts du clergé français qui évitent une véritable guerre civile.

La chute du « Bloc des gauches », en 1907, et l'incroyable férocité de la répression des viticulteurs du Midi par Clemenceau mettront la question religieuse au second plan.

Toutefois, le mal est fait. Une partie active des catholiques rallie les monarchistes de l'Action Française, de Charles Maurras, athée pour qui l'Eglise et le catholicisme ne font que répondre au besoin d'une « religion d'Etat ». Et lorsque Marc Sangnier tente, avec le Sillon de lancer un mouvement catholique audacieux, dans la perspective de Rerum Novarum, il sera condamné le 25 août 1910 par Pie X, sous la pression de deux intégristes français liés à l'Action Française, l'évêque de Nancy, Mgr Turinaz, et l'abbé Barbier. Toute une partie des milieux catholiques actifs s'intègre dans les réseaux anti-républicains de La Sapinière.

La « matrice » des années 1890 aura eu un effet terrible et durable sur la France, avivant toutes les vieilles plaies et empêchant le grand dessein de Léon XIII de porter ses fruits.

La clé du ministère Méline

Jules Méline

Revenons maintenant au ministère Méline. D'une durée exceptionnelle pour l'époque – près de 26 mois – il est habituellement dépeint comme celui du « plus petit commun dénominateur ». Certes, on lui reconnaît l'ambition d'avoir voulu « la défense du travail national », mais c'est immédiatement pour ajouter que le tarif protecteur instauré par Méline constitua « une rente de situation pour les industriels et les agrariens français ».

Et si c'était faux ? Ne serions-nous pas en train de répéter, en traitant Méline avec commisération, toute l'argumentation des libre-échangistes du parti financier ? Outre sa volonté d'apaisement et l'attitude personnelle d'Hanotaux, le ministère Méline n'aurait-il pas été – potentiellement – un bien plus grand danger pour l'Angleterre qu'on a voulu le dire ? Pour comprendre tout l'enjeu, il faut se reporter à l'époque : en 1896, les jeux ne sont pas encore faits, le capital français n'est pas encore inéluctablement orienté vers la rente et les investissements à l'étranger. Une grande mobilisation industrielle et agricole est encore possible, qui aurait orienté la France vers des productions de paix et un système de développement mutuel sur le continent européen. Les chemins de fer de Gabriel Hanotaux, au lieu de devenir moyens d'amener rapidement les troupes vers les fronts à venir, auraient pu être vecteurs de croissance jusqu'au cœur de l'Europe.

Regardons de plus près qui était Jules Méline. Cet homme, si souvent moqué comme le représentant d'une agriculture de petits propriétaires rétrogrades, était président de la Commission des douanes à l'Assemblée Nationale, et, président de l'Association de ... l'Industrie française. A lire ses discours, l'on voit apparaître un homme très au fait des problèmes de l'industrie, et en particulier de la concurrence étrangère – notamment britannique. Examinons, par exemple, le discours qu'il prononça le 19 mai 1893 au palais des Consuls à Rouen. C'est un plaidoyer vigoureux et documenté contre le libéralisme et le libre-échange !

Jules Méline explique comment le tarif général de 1881 et les tarifs conventionnels de 1882, qui ont introduit presque partout des modérations de droits, ont menacé de ruiner l'industrie et l'agriculture française. « C'est une nouvelle édition, explique-t-il, des traités de 1860 » – les traités de libre-échange avec l'Angleterre. « Les industries sacrifiées par les traités ont continué à végéter misérablement » constate-t-il.

Il montre ensuite comment, au nom de la production nationale, lui-même et ses amis industriels et agrariens viennent de réussir « à arrêter la marche toujours ascendante du libre-échange ».

En effet, pour « sauver l'agriculture nationale d'un désastre irréparable », ils ont fait passer d'abord une loi protectrice sur l'industrie sucrière, puis en 1884 le relèvement des droits sur le bétail et en 1885 celui du droit sur le blé.

En 1892 ils sont parvenus à mettre en place un nouveau « tarif de sauvegarde » qui a fait pour l'agriculture et l'industrie la même chose que « précédemment vis-à-vis du sucre, du blé et du bétail ».

Le tarif de 1892 opère en effet « une majoration d'environ 25 à 30% du tarif minimum sur les tarifs conventionnels antérieurs ».

Et qui résiste, tentant d'imposer le maintien du tarif libre-changiste de 1881 ? Léon Say et Raynal – les deux hommes de la haute banque, l'un servant quasi-officiellement les intérêts des Rothschild, l'autre ceux des compagnies de chemin de fer, l'homme qui organisa en 1882 la chute de Gambetta !

A Rouen, Jules Méline dénonce virulemment « l'état-major du libre-échange qui est à Paris. Il se compose des gros bonnets de la finance, des grands importateurs et des spéculateurs qui opèrent sur les produits étrangers. » Pour un homme habituellement décrit comme « opportuniste », « modéré », « médiocrement compétent », les attaques qu'il mène contre « les chefs du libre-échange » et « les maîtres du marché financier » sont extrêmement révélatrices.

Le Jules Méline de 1881-1898, c'est l'anti-Rouvier, l'anti-Etienne, l'anti-Raynal, le défenseur de l'économie nationale.

S'il avait pu consolider son pouvoir, la force qu'il aurait constituée aurait touché aux vraies questions, en profondeur, et ne se serait pas égarée dans les conflits qu'il jugeait lui-même « affaiblissants » de l'anticléricalisme, du monarchisme, du militarisme ou du colonialisme. Il aurait pu définir un grand dessein pour la nation balayant tous ces conflits secondaires. Exagère-t-on, pris par le goût de la contradiction ? Ecoutons encore le Méline de 1893 :

« Les maîtres du marché financier, les libre-échangistes (...) se sont emparés de la grande presse pour opérer sur l'opinion publique (...) C'est leur force (...) Notre association de l'Industrie française se trouve en revanche dans un état misérable. » Il propose alors de créer un grand organe quotidien, politique et économique, capable de défendre « l'économie nationale », une « République de travail et de progrès ».

Ses paroles nous rappellent quelque chose. Un examen plus attentif confirme alors notre intuition : Méline et le parti industriel qui l'entoure ont bel et bien repris les idées du grand économiste allemand Friedrich List. Leur inspirateur est un professeur d'économie politique, Paul Cauwès, dont le souvenir a été effacé. Cauwès est président de la Société d'Economie politique nationale dont Jules Méline est le président d'honneur.

Loin d'être des esprits arriérés, « agrariens » – comme disent péjorativement les financiers de la City – il s'agit des hommes de l'époque pensant et voyant le plus loin, à qui la France doit en grande partie son essor – relatif – du début du XXème siècle. Ils sont aussi les pires ennemis du libéralisme britannique, et sans doute parmi ceux qui le comprennent le mieux en Europe.

L'œuvre de Paul Cauwès, son Cours d'Economie politique, ses notes dans la Revue d'Economie politique, en portent le témoignage. En reprenant ce qu'il défend avec passion, nous parlons pour aujourd'hui, alors que la politique de Pierre Bérégovoy, de libre-échange et de dérégulation financière, a non seulement produit tous ses ravages, mais continue à se prétendre la seule possible.

« L'économie nationale » de Paul Cauwès

Dans sa note publiée par la Revue d'Economie politique du 12 janvier 1898 – au moment du ministère Méline – Cauwès situe brillamment les idées de List dans le contexte européen et français.

Il attaque d'emblée le « doctrinarisme » qui nous vient d'Angleterre pour qui « l'économie politique est une science des choses et non de l'homme ». Cette « école libérale », continue-t-il, a commis l'erreur « d'appliquer le raisonnement purement logique à la science de l'économie ». Il voit son origine dans les œuvres de Quesnay et d'Adam Smith, avec une tonalité optimiste au départ, lorsque la rente foncière ou financière est bonne. Puis, nécessairement, cette manière de penser devient « pessimiste » car elle ne prend pas en compte la création de biens, la vie, mais le revenu sur des choses déjà existantes, qui nécessairement diminue avec le temps. Cauwès, avec un sens très clair de l'histoire, voit deux écoles « pessimistes » naître de la matrice initiale. L'une plus proprement libérale et financière, celle de Ricardo et de Malthus, conduisant directement au « malthusianisme contemporain » (de la fin du XIXème siècle, Ndlr). L'autre part également de l'analyse de Ricardo et de Smith et aboutit à un combat pour la possession des choses, qui détruit la solidarité entre producteurs ; c'est « l'école de Proudhon, de Lassalle et de Marx ».

Friedrich List a inspiré Paul Cauwès

A ces deux écoles apparemment opposées, mais en fait rameaux d'une même branche, il oppose au XIXème siècle les efforts de « Carey et de List ». C'est le « principe d'union et de solidarité des forces productives », et « en même temps celui que les gouvernements ont la mission de les protéger contre tout péril du dedans ou du dehors ». Cauwès souligne que cette « école de l'économie nationale » a pour nom « mercantilisme, tenu aujourd'hui en si médiocre estime », bien qu'il soit « à la source de l'existence de nos industries et de notre agriculture ».

Dans un siècle où Jean-Baptiste Say a tellement vulgarisé le libre-échangisme et le libéralisme en France qu'il en a fait « la seule doctrine possible » – comme c'est le cas aujourd'hui pour « l'économie de marché » – Cauwès montre que notre tradition, la vraie, se situe à l'opposé, précédant et alimentant l'œuvre de Friedrich List : « l'économie politique nationale est, en effet, la reprise d'une tradition bien française. La France est le pays de Sully et de Laffemas, de Henry IV, de Richelieu et de Colbert. » Il cite ensuite Galiani et l'enquête d'Antoine de Montchrestien sur les diverses branches de la production, soulignant que cette démarche prend appui sur deux notions :

- « l'unité économique nationale », la perception de la nation comme une entreprise productive unique ;

- et la « nécessité de l'intervention de la puissance publique dans l'intérêt de la production du pays ».

Car, pour Cauwès, « les initiatives libres et l'action gouvernementale ne sont pas antagonistes. Il restera un rôle toujours assez large à l'Etat, celui d'arbitre et de modérateur entre les intérêts opposés, celui de protecteur de nos industries contre les concurrences inégales, de centralisateur des informations économiques, de créateur d'organes complémentaires propres à stimuler et à soutenir les courages entreprenants. »

C'est cette conception qui est fondamentale – celle d'un Etat « défenseur du travail national » et qui doit « maintenir les travailleurs dans un état continuel d'entraînement » – car elle s'oppose totalement à la thèse libérale, cette « école libérale qui a semé chez nous l'idée que l'Etat est un mal nécessaire. »

Le débat était particulièrement vif à l'époque, rappelons-le, sur la question des chemins de fer. Raynal, Rouvier et Say les livrèrent aux compagnies, les concevant comme un « service » ponctuel, comme le transport tarifé de marchandises et de passagers d'un lieu à un autre lieu, revenant « naturellement » à des intérêts financiers.

Cauwès va au fond du débat, même si pour cela il doit contredire Carey, à qui pourtant il reconnaît « le titre de meilleur économiste du travail ». Pour lui, « l'industrie des transports » n'est pas un « service », mais bel et bien une « industrie productive », car « la production consiste dans toute action dont l'effet est de mouvoir la matière ». Il assimile en cela le transport aux industries extractives, qui vont chercher le minerai au sein de la terre, et le « transportent » vers l'usine.

Aussi, pour lui, les transports ne doivent pas être abandonnés à la finance qui ne peut en comprendre la « rentabilité » à long terme, l'impact infrastructurel. Dans une chronique de novembre décembre 1895, Cauwès précise que « la nationalisation d'une branche déterminée d'industries » peut devenir nécessaire à condition que « se trouvent en elle les caractères d'un service d'intérêt collectif ». Lorsqu'il y a menace de contrôle financier, l'Etat doit donc intervenir pour assurer la priorité industrielle, diffusant ses effets dans toute l'économie. Nous retrouvons ici les raisons de fond qui justifièrent l'attitude de Gambetta en 1882. Sa chute consacra donc bien le règne du « parti affairiste » lié au capital bancaire et à la coopération avec la City de Londres.

Cauwès conclut en proclamant son opposition absolue à « l'école de Smith » : « l'économie nationale a d'autres perspectives et d'autres prévisions que le programme d'acheter au meilleur marché et vendre le plus cher possible ».

Dans son Cours d'Economie politique, imprimé en 1893, il définit l'objet de son étude comme « la science ménagère des particuliers et des Etats » – la notion de Volkswirtschaft que l'on retrouve chez List. Le but de cette science est de réaliser « la puissance productive du travail » qui « n'est pas la conséquence des qualités inhérentes aux choses » mais « varie non seulement d'après l'état de l'art industriel, l'avancement des procédés mécaniques, mais aussi d'après l'énergie individuelle, les mœurs de famille, les traditions nationales, enfin d'après les combinaisons sociales – division du travail, association – tout ce qui peut resserrer ou renforcer les rapports industriels. »

C'est du point de vue de cette notion active, qui n'identifie pas l'économie à une « science des choses », à une logique morte, mais à une science de la production des choses, de la « création humaine », que Cauwès attaque H. Spencer, Huxley et Bagehot, « les chefs de cette nouvelle école en Angleterre dont les précurseurs furent Cabanis et Gall ». Il montre que la théorie de Spencer – l'idéologue du « darwinisme social » victorien – se ramène à une « sociologie biologique », à un pur « déterminisme social » qui « ne fait aucune part au libre-arbitre ». « Une théorie moderne, dit-il, qui se rattache d'un côté à la doctrine utilitaire de Bentham et de J. Stuart Mill, de l'autre à la thèse darwinienne de l'évolution, assimile la science sociale à la biologie, ce serait une simple science naturelle régie par les lois de la matière ». Il constate alors simplement que cette école britannique en vient, quoi qu'elle en dise, à assimiler le comportement humain à celui des animaux.

Cette critique – lorsqu'on pense aux ravages faits aujourd'hui par la sociobiologie de Wilson et le néo-malthusianisme social américain – est d'une absolue actualité.

Cauwès montre la mauvaise foi des malthusiens suivant leurs propres termes : « La doctrine absolue du libre-échange se rencontre chez les mêmes économistes que la théorie de la population de Malthus, si étroitement nationale... Pour les échanges, les limites territoriales des Etats ne comptent pas, tandis que pour les moyens de subsistance, l'on doit trembler devant la menace de l'over-population ».

Jean-Baptiste Colbert

Finalement, analysant l'antinatalisme systématique de Stuart Mill, il va droit au but, dévoilant tout le fondement du système britannique : « Pénaliser la croissance de la population ... est une opinion excentrique, si l'on admet que la population n'est plus réglée par les volontés libres, il n'y a logiquement qu'une seule institution qui puisse en contenir ou en activer le mouvement, c'est l'esclavage ! » (Tome II, page 63 de son Cours d'Economie politique, 1893, Larose et Forcel, éditeurs).

A l'opposé de ces conceptions « fixistes », esclavage entre êtres humains ou entre pays, Cauwès élabore sa conception auto-développante des nations :

« Les nations sont en continuel travail de transformation, de développement, il est donc inexact de les supposer passives et immobiles (...)

« Les nations normales (au sens dans lequel List emploie cette expression) sont des organisations complètes, leur système économique ressemble à la physiologie des êtres animés les plus parfaits, les parties multiples qui les constituent, ainsi les cultures, les fabriques et le commerce, sont intimement associées et soumises à une loi de croissance intérieure (inters susception) : comme les organes d'un même corps, elles languissent ou se fortifient en même temps ».

Le but du dirigeant est de « développer d'une manière harmonique les forces productives » et « de garantir l'indépendance nationale » en « augmentant les emplois productifs au profit du travail national ». Il y a donc un travail généralisé à organiser, une « grande fabrication nationale » qui n'est jamais réalisée à un moment donné, mais qui est « création continue » ; et « elle ne peut naître sans protection ».

Nous en venons donc maintenant à la nécessité et à la justification du protectionnisme tellement attaqué par les libéraux, qui prétendent n'y voir que la « sauvegarde malsaine d'intérêts », le désir de maintenir des entreprises « artificiellement », « sans concurrence ». Cauwès leur retourne l'argument en partant de l'essentiel c'est-à-dire de la nécessité de produire, de la nécessité économique et morale de ne pas laisser une population sans emploi : « sans doute, les nations doivent s'enrichir par le commerce réciproque, mais avant tout elles ont à vivre et à progresser, or, dans ce but, il faut arriver au moyen de développer les forces productives dont la nature les a douées. La vraie question est donc de déterminer quel est le régime d'échange le plus favorable à la croissance industrielle des sociétés. » Or la « liberté commerciale » risque de « dépeupler les pays dont les industries ne sont pas en état de soutenir la concurrence parce qu'ils deviennent tributaires de l'étranger ». Alors, inéluctablement, « le libre-échange aboutit à la ruine des concurrents » moins forts ou trop neufs, « donc au monopole ».

Les libre-échangistes, sous leurs théories « généreuses » et leur version fallacieuse de la liberté, ne sont donc que des hypocrites désireux de « tenir les marchés ».

Cauwès n'est cependant pas un partisan absolu de la protection opposé aux absolutistes du libre-échange ; il conçoit la « protection » comme un moyen nécessaire et non une fin ; la fin est le développement des forces productives, l'essor du travail. « La protection des industries nationales, souligne-t-il, ainsi comprise, n'est pas le plus souvent perpétuelle, c'est un régime de transition propre à favoriser l'éducation industrielle, c'est une tutelle qui doit cesser naturellement à l'âge du plein développement économique... »

Cauwès dénonce enfin, du point de vue qu'il a défini, la voie dans laquelle s'engage l'économie française à la fin du XIXème siècle : « un dernier mot, dit-il, sur l'illusion qu'il y aurait à vendre l'enrichissement en capitaux pour l'équivalent d'un accroissement de puissance ».

Il est erroné, insiste-t-il, de juger l'influence du commerce sur la richesse nationale au seul point de vue de la valeur en échange et de l'accumulation des capitaux. « Les nations ont d'autres visées que de faire fortune par la voie la plus directe ; or, un accroissement de richesse serait peu de choses s'il devait être acquis au détriment du développement progressif de la puissance industrielle. »

Rappelons que la France, grand investisseur dans le monde entier en 1914, pays dominé par la « rente » et l'idéologie du rentier, pays dont entre 3,6% et 5,2% de la fortune privée s'était en 1908, transformé en « front russe », a vu sa part dans la production industrielle mondiale passer de 9% en 1880 à 6% en 1913...

Cauwès, en défendant « un système de tutelle et d'éducation industrielle progressive », définissait donc bien la voie juste, celle qui permet d'éviter les guerres – qui aurait dû être suivie par la France, et par l'Europe à la fin du XIXème siècle, et qui devrait être suivie aujourd'hui, à l'opposé du « néo-libéralisme » des Jeffrey-Sachs, des Allison ou de leurs semblables. Le drame est que les mêmes causes nous portent vers les mêmes effets...

L'importance de relire Cauwès, à la lumière des tendances profondes de l'économie et de la politique mondiale qui se sont malheureusement définies a la fin du XIXème siècle – dans le moule auparavant construit par la Sainte-Alliance – se trouve là dans la conscience qu'il donne qu'une perspective différente, opposée existait alors, comme elle existe aujourd'hui.

Conclusion

A relire l'histoire de cette époque, ce qui frappe peut-être le plus est l'étonnante suffisance, la fatuité satisfaite des politiques, des économistes, des juges et des « savants éminents », amplement démontrée dans l'affaire Dreyfus ou, à un autre niveau, dans l'affaire Deprat. C'est, dans ce contexte, la marche inéluctable à la guerre, voulue par des dirigeants prédateurs, dont l'aventure coloniale témoigne de l'aveuglement et de la férocité, et acceptée progressivement par des peuples manipulés, réduits à la haine, car les valeurs positives de nation, de République et de religion se trouvaient systématiquement avilies.

C'est surtout, dans l'ordre économique et culturel, l'immense ignorance de tous, portant sur les conceptions fondamentales de la science, de la morale et de la philosophie, et l'absence de compassion quasi-absolue des « élites » vis-à-vis des conditions de vie des populations : Clemenceau, supposé progressiste, faisant tirer sur les viticulteurs et les petits fonctionnaires du Languedoc, les travailleurs outragés de Chalon-sur-Saône, de Courrières ou de Fourmies sont autant de symboles.

C'est enfin la rupture totale qui est faite entre la politique intérieure, le « bourrage de crâne » du peuple par la grande presse et la politique radicale – dans lequel l'anticléricalisme joua un rôle fondamental – et la politique extérieure, livrée aux affairistes, aux banques et aux Delcassé.

Si, marqués par ces profondes impressions et conscients du sang par lequel tant d'aveuglement et de médiocrité allaient être finalement payés, nous portons maintenant nos regards sur notre époque, une angoisse légitime nous saisit.

L'histoire bégaye

De Croatie, de Bosnie-Herzégovine et de Serbie monte une rumeur terrible et familière. L'on dira que les moyens de destruction accumulés sont trop grands, que deux guerres mondiales ont appris aux peuples et aux dirigeants à être moins aveugles, que la prédation est limitée par des règles, que les Empires sont morts et que l'on ne se baigne jamais deux fois dans les mêmes eaux. Outre que de semblables paroles, tout aussi rassurantes, s'entendaient déjà en 1913, nous ne pouvons qu'être frappés – au-delà des différences de forme – par les similarités de fond.

Le libéralisme britannique – sous les couleurs anglo-américaines et le nom « d'économie de marché » – triomphe une nouvelle fois dans le monde. Les Etats-Unis, comme la France, et bien pire que la France de 1914, ont laissé ruiner leur économie intérieure au profit d'aventures extérieures, et transformer leur économie en machine prédatrice, en machine à exclure, incapable de développer ou même de maintenir sa propre infrastructure nationale. « L'économie financière » domine le monde, du Japon au Portugal, et de l'Argentine à l'Australie. En France même, M. Bérégovoy a pratiqué une politique de dérégulation financière et de combinaisons affairistes qui le fait ressembler non à M. Pinay, mais à M. Rouvier. Et M. Balladur est son double.

Les valeurs de nation, de République, de morale et de religion se trouvent, une fois de plus, bafouées et une contre-culture s'impose, plus abêtissante encore que celle d'avant 1914, avec le naufrage des instituteurs et des corps enseignants non seulement en France, mais dans le monde, et avec le règne de la télévision. La guerre du Golfe nous a donné un avant-goût de ce que peut faire la machine lorsqu'elle se trouve en état de fonctionnement politique.

Bertillon et Broca examinaient hier les crânes, espérant y trouver une réponse à la vie, et Spencer, Haeckel ou Vacher de Lapouge répandaient leur « sociologie biologique » qui allait enfanter les monstres du siècle suivant. Aujourd'hui, nous avons aux Etats-Unis, en Angleterre, en Russie et ailleurs, des équipes de recherche qui examinent le cerveau avec le même désir dérisoire de manipulation et de domination que les Broca ou les Bertillon, mais avec des moyens techniques autrement plus développés. La sociobiologie devient sociogénétique, et l'homme se met, une fois de plus, à jouer à Dieu.

Le malthusianisme l'emporte, avec les mêmes perspectives raciales qu'à l'époque.

Les intérêts financiers tentent, comme alors, d'imposer leur monopole par l'abaissement des tarifs, cette fois au sein du GATT.

Un système mondial d'usure financière, lié à la gestion des dettes et à la concentration du capital de l'assurance et de la banque est lui aussi dominant.

Dans la science elle-même apparaît, après un matérialisme borné, un courant néo-spiritualiste semblable à celui de la fin du XIXème siècle, qui coupe la réflexion et la recherche fondamentale de ses réalisations technologiques et industrielles pour l'avantage du plus grand nombre.

Les « élites » politiques, aujourd'hui comme à la fin du XIXème siècle, ont perdu tout sens de compassion pour les humiliés et les offensés du monde. Le « charity-business » aura été la flèche du Parthe, précédant l'abandon.

Alors, il reste Cauwès, il reste Colbert, il reste – plus profondément – Leibniz, il reste la chance immense d'un plan de développement de l'« hinterland » est-européen, le plan que nous défendons, celui du Triangle européen Paris-Berlin-Vienne.

Hier, le capitaine Marchand ne reçut pas les moyens de réaliser la liaison Dakar-Djibouti, qui aurait coupé la ligne anglaise du Cap au Caire.

Aujourd'hui, nous avons l'instrument stratégique qui permet de couper la ligne anglo-américaine de New York à Londres et à Moscou. Ce sont nos transports ferroviaires rapides, notre technologie moderne, permettant d'unir Lisbonne à Vladivostok, et d'abord Paris à Varsovie, coupant les lignes anglo-américaines.

Chassons pour incompétence les Sachs, les Allison et leurs semblables.

De nouveaux Marchand sont prêts à partir ; de leur succès, tout le siècle à venir dépend.

Contre la Sainte-Alliance, contre un monde défini par le monopole financier, Cauwès déjà s'exclamait : « unis dans une même idée, dans une commune aspiration, notre devise sera : par la science, pour la patrie ».

Vers un XXIe siècle de développement mutuel ?

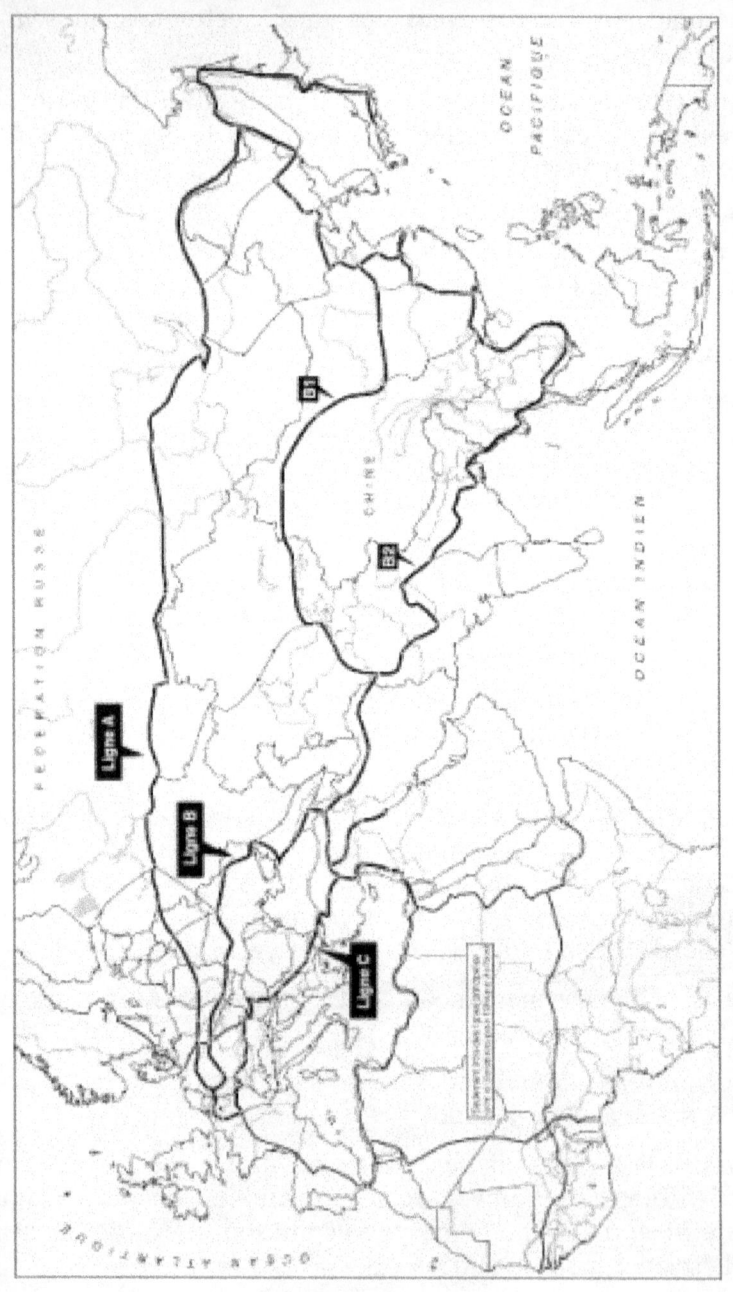

Fachoda, Flourens et Edouard VII: Une Anthologie
2.ème partie

King Edward VII of Great Britain: Evil Demiurge of the Triple Entente and World War I

by Webster Griffin Tarpley
Published March 1995.
Online at http://www.abjpress.com/tarpb5.html

"For long years, King Edward wove, with masterly skill, the Nessus robe that was to destroy the German Hercules."
- Leipziger Neuste Nachrichten, after the death of Edward VII, May 1910

"What neither Azincourt nor Poitiers could do, the genius of Edward VII realized." - Emile Flourens, La France Conquise, 1906

"There are no frictions between us, there is only rivalry." – Edward VII to State Secretary von Tschirschky of the German Foreign Ministry, at the Cronberg Anglo-German summit, 1906

BACKGROUND: THE GREATEST TRAGEDY OF MODERN TIMES

The Triple Entente is the name given to the alliance among Great Britain, France, and Russia which was formed during the first decade of this century, and which led to the outbreak of the First World War. This Triple Entente was the personal creation of King Edward VII of Britain. The Triple Entente was King Edward's own idea.

The Triple Entente and World War I were the response of Edward VII's British oligarchy to a series of challenges to the continued world domination of the British Empire, which at the beginning of our century embraced about one-quarter of the land area and population of the entire planet. The threat profile against the British Empire and its brutal colonial exploitation was not a matter of military aggression, but rather involved the extension of European railroad and other infrastructural technology into the colonial sector, breaking the monopoly of British sea power.

During the 1890s, each of the leading continental states possessed a more or less prominent institutional grouping which was seeking to implement proposals for infrastructural development. In France, there were such figures as Foreign Minister Gabriel Hanotaux and Ferdinand de Lesseps, the builder of the Suez Canal. In Russia, there was Finance Minister Sergei Iulevich Witte, the builder of the Trans-Siberian railway, and his ally, the eminent scientist Dmitri Ivanovich Mendeleyev. In Germany, there was Georg von Siemens of the Siemens concern and the Deutsche Bank, who was laying track for the Berlin to Baghdad railway. Some of these groups were also in touch with railroad-building industrialists in the United States and other countries. Some, like Hanotaux, cooperated with the anti-oligarchical Pope Leo XIII.

The strategic thinking of Witte and Hanotaux converged on a continental European coalition of France, Germany, and Russia, based on a community of interest in world economic development, capable of reaching out to the United States and other powers, and above all capable of putting an end to the divide and conquer "balance of power" machinations of the British imperialists. There were a number of occasions during the 1890s when this continental league could have been assembled; one golden opportunity came in the wake of the 1898 British-French Fashoda confrontation, at a time when the British aggression in south Africa, commonly called the Boer War, exposed both the malicious evil and the stunning military weakness of London. The 1899-1902 Boer War united the governments of the world in their abhorrence of British policy. By this time Hanotaux was out of office, replaced by the raving anglophile Theophile Delcassé. A more serious obstacle was posed by Kaiser Wilhelm II of Germany, not because he was the bloodthirsty monster of Entente propaganda, but rather because he was a pathetic fool obsessed with his personal inferiority complex in regard to the British monarchy. The Kaiser's track record was one of erratic duplicity, with the constant danger that he would succumb to the next overture from London.

The failure to bring Germany into a community of principle with the France of Hanotaux and the Russia of Witte by 1902 at the latest amounts to a great lost opportunity, a turning point of world history in the sense of Friedrich Schiller's *punctum saliens*. Lost here was the chance for the twentieth century to become a true renaissance age of reason and world ecomomic development, to the vast benefit of all mankind. What came instead, courtesy of London, was symbolized by the bloody stalemate of Verdun.

It was King Edward who set up the British alliance with Japan, the Russo-Japanese War, and the 1905 Russian Revolution. It was King Edward VII, acting as the autocrat of British foreign policy, who engineered the Entente Cordiale between Britain and France in 1903-04, and who then went on to seal the fateful British-Russian Entente of 1907. It was King Edward who massaged Theodore Roosevelt and other American leaders to help bring about the U.S.-U.K. "special relationship," which dates from the time of his reign. This diplomatic work was masterminded and carried out by King Edward VII personally, with the various British ministers, cabinets, round tables, and other apparatus merely following in his wake. Edward had a geopolitical vision in the Venetian tradition, and it was one of brutal simplicity: the encirclement of Germany with a hostile coalition, followed by a war of annihilation in which many of Britain's erstwhile "allies" - notably France and Russia - would also be decimated and crippled.

Edward VII died in May 1910, before he could see his life's work carried through to completion. But he had created the war alliance of Britain, France, Russia, and Japan, with support from the United States, that would take the field in August 1914. He had created the nightmare world of crossed mobilizations among Germany, France, and Russia. And he had created a network of cothinkers, agents, and dupes in every chancery in England, Europe, and America, who would, when the time came, push the mobilization buttons and launch the war. The madmen of 1914 - Sir Edward Grey, Izvolski, Sazonov, Delcassé, Clemenceau, Poincaré - were all agents of Edward VII's influence. It was Edward's crowd that made sure that the lights went out across Europe, not to be re-illuminated for a generation and more.

Edward VII was also Casanova with a crown, a satyr and sodomist on the throne of England, the royal rake of Edwardian legend. All of this provides useful insight, but is finally beside the point. Edward VII, far more than any other single human being, was the author of the First World War, and thus brought about what is probably the most destructive single event in the history of western civilization. Without Edward's exertions, the war could never have occurred. The Lord of the Isles, as he appeared in Scottish costume at a ball in 1871, was the Lord of the Flies.

And why should we be concerned with these matters today? The main things that have gone wrong with the twentieth century are demonstrably rooted in World War One. World War One opened the door both to the Communism of Lenin and Stalin and to the fascism of Mussolini and Hitler. World War One made possible the entire Versailles system, including reparations, which produced the Great Depression. And finally, World War II, with its greater scale of destruction, was essentially the prolongation of the First World War after two decades of fitful truce.

[In our lifetime, the Cold War with Russia, the festering crisis of Zionism vs. the Arab world, the barbaric pillaging of Iraq and Afghanistan, endemic resource wars and most recently, the spectre of a financial collapse and depression, are all part of the same legacy.]

I. THE ANATOMY OF A MONSTER

EDWARD VII, AUTOCRAT

Edward VII has been hailed by the British as the greatest political activist of the House of Windsor, and as the greatest monarch since William the Conqueror in 1066. He represents the case in which the monarch and the leader of the oligarchy are united in the same person. The result was an autocrat more absolute than the Kaiser or the Czar.

Edward VII's role as dictator of British foreign policy before the war, although denied by recent biographers, was a matter of common knowledge through the 1920s. During the last months of Edward's life, Robert Blatchford, the editor of the Clarion, wrote in the Daily Mail of Dec. 14, 1909 that: "The king and his councilors have strained every nerve to establish Ententes with Russia and with Italy; and have formed an Entente with France, and as well with Japan. Why? To isolate Germany." (Farrer, p. 261)

J.A. Farrer, writing after the cataclysm of World War I, commented that Edward's: "whole reign was a preparation and education for a war accepted as inevitable.... It is now plain that [Edward's] policy, though achieving peace in some directions, was in essence a policy of war, and one that ended in war. The panic of a German invasion, sustained by the Press during the whole decade, failed of such discouragement as might have prevented a needless enmity to arise between us and Germany.

The king seems to have shared the popular belief in the will and power of Germany to invade us." (Farrer, p. 5, pp. 261-262)

The leading ambassadors and ministers of the Belgian Ministry of Foreign Affairs clearly recorded their understanding of Edward's project. Here is the view of Baron Greindl, the Belgian ambassador to Berlin, as expressed in April 1906: "One is driven to the conclusion that British foreign policy is directed by the king in person ... there is undoubtedly in England a court policy pursued outside and alongside that of the government." In 1907 Greindl added: "The king of England's visit to the king of Spain is one of the moves in the campaign to isolate Germany that is being personally directed with as much perseverance as success by his Majesty King Edward VII." (Middlemas, pp. 173-174)

Austrian sources confirm the essential view of Edward the Encircler (Eduard der Einkreiser) as the architect of the Entente system. The following example is from the Vienna Neue Freie Presse of April 15, 1907, and came in response to Edward VII's overtures to Russia: "Who can fail to receive the impression that a diplomatic duel is being fought out between England and Germany under the eyes of the world. The king of England ... is no longer afraid of appearing to throw the whole influence of his personality into the scales whenever it is a question of thwarting the aims of German policy. The meeting at Gaeta [of Edward VII with the king of Italy] is another fact connected with the burning jealousy between England and Germany. Already people are asking themselves everywhere: 'What is the meaning of this continual political labor, carried on with open recklessness, whose object is to put a close ring around Germany?'" (Brooke-Shepherd, p. 283)

Born in 1841, Edward VII had the typical Saxe-Coburg-Gotha mug, like the current heir apparent. Edward VII was a pupil of Lord Palmerston, with whom he discussed a Russian alliance during the mid-1860s. The young Edward was also close to Palmerston's stooge Napoleon III, and the Empress Eugenie.

I. Anatomy of a Monster

In that 1866 war, Edward's mother, Queen Victoria, sympathized with Prussia. But Edward supported Austria, even when Austria was crushed by Prussia at Königgrätz. In 1866, Edward favored what he called an Anglo-French Entente to contain Prussia. This was already the germ of the London-Paris Entente Cordiale of nearly 40 years later. Hostility to Prussia and later to Germany is thus the one fixed point of Edward VII's career. What is reflected here is classical Venetian geopolitics as applied by the British. For centuries, London's maxim has been to ally with the second strongest continental power to destroy the strongest continental power. Until 1870, the British perceived Russia to be the strongest land power. In the 1870s that abruptly changed with the emergence of a united Germany. Edward VII was quicker than other elements of the British oligarchy to take note of that momentous shift.

Edward visited Canada and the United States in the fall of 1860, helping to give a final push to secession and civil war. In 1862 he was in Egypt and the Middle East. In 1875-76 Edward visited India, where he helped to prepare the Afghan war of 1878, which was waged against the influence of Russia. One of the members of Edward's party on this tour was his fellow rake, lifelong friend, and political ally, Lord Carrington.

Edward's apprenticeship for the monarchy was a long one. In 1861 his father, Prince Albert of Saxe- Coburg- Gotha, died. Edward's mother, Queen Victoria, went into deep mourning and did not emerge from it during the 40 remaining years of her life.

[Here in the original text a discussion of the dubious mores of the royals follows, involving occult and sexual practices of the Queen, and indications that the serial killer "Jack the Ripper," who was never caught, was actually Edward VII's son Prince Eddy. See http://american_almanac.tripod.com/edwvii.htm or http://www.wlym.com/~oakland/brutish/EIREdward7.pdf .]

8   *Edward VII, Demiurge of the Bloodiest Century*

King Edward VII. 1901-1910.   **Queen Victoria, 1837-1901**

KING EDWARD VII OF ENGLAND: World War I was caused, not by Germany, but by him and his agents.

II. THE HOMICIDAL UNCLE OF EUROPE: EDWARD VII'S NETWORK

During these years, Edward VII built up an unparalleled personal network of politicians and others who owed their careers to him. They are historically significant because they constituted the international war party up through 1914, and have remained in power through two world wars and the cold war, into the Balkan crisis of the 1990s.

THE CHURCHILL FAMILY

One of the habitués of Edward's Marlborough House fast set and a rising member of Parliament during the Disraeli era of the 1870's was Lord Randolph Churchill. Randolph was clearly headed for a great political career when he died of syphilis. Randolph's son was Sir Winston Churchill, who was promoted by Edward VII to a post in the Privy Council. Winston considered himself King Edward's protégé; Edward had urged him to pursue a career in politics and writing. For a time Winston sent the king a daily letter summing up the activities of the House of Commons.

THE CHAMBERLAINS

Another of Edward's most important political operatives was Joseph Chamberlain. Chamberlain had been mayor of Birmingham and known for his anti-royalist rhetoric, but he soon became a member of the Marlborough House set. When Edward VII wanted to start the Boer War, he did so through Joseph Chamberlain, who was the Colonial Secretary between 1895 and 1903, serving for years in Lord Salisbury's cabinet. Chamberlain was an architect of the Fashoda crisis with France and of the Boer War. Chamberlain was also the point man for Edward's deception operation of an alliance with Germany. Edward also used Chamberlain to propose the Entente Cordiale to the French. Those who don't know Joseph Chamberlain may know his son, the later Prime Minister Sir Neville Chamberlain, the author of the Munich sellout of 1938.

SIR EDWARD GREY

A family servant of Edward VII was Sir Edward Grey, the British Foreign Secretary who actually started World War I. Grey's father was an army officer who had joined the household of Edward VII when he was Prince of Wales. The elder Grey was an equerry, or master of the royal horses. Edward VII was Edward Grey's godfather, and did the traveling while Grey stayed in the Foreign Office to do the clerking. Grey's problem later, in August 1914, was to make Germany think that England would not go to war until the war had actually started. This he did with the help of King Edward's surviving son, George V. At the same time, Grey had to convince the Russians and the French that Britain would indeed honor the Triple Entente and go to war in support of Russian aggression. In his effort to start the war, Grey also had to lie to his own prime minister and cabinet. He finally had to sell the entire result to the House of Commons. Grey was *Perfide Albion* with an Edwardian pedigree.

HOW EDWARD GREY STARTED WORLD WAR 1

By 1914, even after decades of British geopolitical machinations, it still required all of Sir Edward Grey's perfidy and cunning to detonate the greatest conflagration in world history by exploiting the diplomatic crisis surrounding the assassination of the Austrian heir apparent Archduke Franz Ferdinand on June 28, 1914 in Sarajevo, Bosnia.

Sir Edward Grey had learned an important lesson in the Moroccan crisis of 1911, when Germany sent the warship Panther to Agadir to secure German interests there, which were in conflict with those of France. This lesson was that if Germany clearly perceived in a crisis that there was a direct risk of Anglo-German war, Berlin would back down, frustrating the war party in London. In the Agadir crisis, the British minister Lloyd George had delivered a clear public warning to Berlin, and Germany had replied at once that she was not seeking a permanent presence on the Atlantic coast of Morocco; the crisis was soon resolved.

The German chancellor from 1909 to 1917, Dr. Theobald von Bethmann-Hollweg, was an anglophile and a crony of the Kaiser's student days, anxious to make concessions to London in

II. The Homicidal Network

order to secure peace. Sir Edward Grey declared in 1912 that any differences between England and Germany would never assume dangerous proportions "so long as German policy was directed by" Bethmann-Hollweg.

During the Balkan Wars and the Liman von Sanders affair of 1913, Grey cultivated the illusion of good relations with Germany. By mid-1914, Anglo-German relations were judged by Sir Edward Goschen, the British ambassador to Berlin, as "more friendly and cordial than they had been in years." But it was all a trick by Perfidious Albion.

Some weeks after the assassination of Archduke Franz Ferdinand, the Austrian government, blaming Belgrade, addressed a very harsh ultimatum to Serbia on July 23 demanding sweeping concessions for investigating the crime and the suppression of anti-Austrian agitation. The Russian court slavophiles were demanding war against Austria and Germany in defense of Serbia; these slavophiles were madmen on the strategic offensive who sought a general European war. In Vienna, the leading minister, Count Berchtold, and the chief of staff, Conrad von Hoetzendorff, were determined to use the crisis to smash Serbia, which they saw as a threat to the survival of their empire. Berchtold and Hoetzendorff were madmen on the strategic defensive, even if they assumed the tactical offensive against Serbia. Their aggressive intentions involved Serbia, but not other great powers. When Serbia issued a conciliatory reply to the Austrian ultimatum, Kaiser Wilhelm II and others were relieved and thought that the war danger had receded; but the Vienna madmen seized on minor refusals by Serbia to declare war on July 28.

If Sir Edward Grey had sincerely wished to avoid war, he could have pursued one of two courses of action. The first would have been to warn Germany early in the crisis that in case of general war, Britain would fight on the side of France and Russia. This would have propelled the Kaiser and Bethmann into the strongest efforts to restrain the Vienna madmen, probably forcing them to back down. The other course would have been to warn Paris and especially St. Petersburg that Britain had no intention of being embroiled in world war over the Balkan squabble, and would remain neutral. This would have undercut the St. Petersburg militarists, and would have motivated Paris to act as a restraining influence.

Grey, a disciple of Edward VII, did neither of these things. Instead he maintained a posture of deception designed to make Germany think England would remain neutral, while giving Paris hints that England would support Russia and France. These hints were then passed on to Russian Foreign Minister Sazonov, a British agent, and to Czar Nicholas II. In this way, French revanchistes and Russian slavophiles were subtly encouraged on the path of aggression.

Grey's deception of Germany meant assuming the posture of a mediator rather than a possible party to the conflict. In early and middle July, Grey proposed direct conversations between Vienna and St. Petersburg to avoid war, but dropped this when French President Poincaré, a war-monger, responded that this would be "very dangerous." On July 24, Grey shifted to a proposal for mediation by other great powers of the Austrian-Russian dispute. On July 26, Grey proposed a conference of ambassadors from England, France, Italy, and Germany, which was declined by Germany for various reasons. Grey's charade of war avoidance contributed to complacency in Berlin and a failure to do anything to restrain the Vienna crazies, since, the Kaiser thought, if England did not fight, France and Russia were unlikely to do so either.

Edward VII's son King George V made a vital contribution to the British deception. Late on July 26, King George V told the Kaiser's brother, Prince Henry, who was visiting England, that Britain had "no quarrel with anyone and I hope we shall remain neutral." This was seized upon by the pathetic Kaiser as a bind-

II. The Homicidal Network

ing pledge of British neutrality for which, he said "I have the word of a king; and that is sufficient for me." The gullible Kaiser Wilhelm was kept thoroughly disoriented during the last critical period when Germany could have forced Vienna to back down and avoid general war, before the fateful Russian and Austrian mobilizations of July 30 and 31.

THE DECLARATION OF WAR

It was late on July 29 before any warning of British armed intervention in the looming conflict was received in Berlin. When German forces entered Belgium in the context of the Schlieffen Plan (the German plan for a two-front war against France and Russia), Grey declared war at midnight Aug. 4-5, 1914.

The British were the first of the great powers to mobilize their war machine, in this case the Grand Fleet of the Royal Navy. On July 19, the British had already staged a formidable naval demonstration with a review of the Grand Fleet at Portsmouth. On the afternoon of July 28, Winston Churchill ordered the fleet to proceed during the night at high speed with no lights from Portsmouth through the Straits of Dover to its wartime base of operations at Scapa Flow, north of Scotland. On July 29, the official "warning telegram" was sent out from the Admiralty; the British fleet was now on a full war footing.

The first continental state to mobilize had been Serbia, on July 25. The order of general mobilizations was Serbia, Great Britain, Russia, Austria, France, and, finally, Germany.

ADMIRAL JACKIE FISHER

A leading proponent of preventive war against Germany was Edward's protégé Adm. Jackie Fisher, the man who introduced the new battleship called the Dreadnought. Fisher owed his entire career to Edward's patronage. As First Sea Lord after 1904, Fisher was constantly talking about the need for a sneak attack to destroy the German Navy. He called this the need to "Copenhagen" the German fleet, referring to British attacks on the Danish fleet in Copenhagen harbor during the Napoleonic wars. Fisher caused a war scare in November 1904, during frictions with Germany involving the Russo- Japanese war. At this time, his demand for Copenhagening leaked out. During the first Moroccan crisis of 1905, Fisher was at it again, telling Edward that the Royal Navy could "have the German fleet, the Kiel canal, and Schleswig- Holstein within a fortnight." (Magnus, p. 340) In the Balkan crisis of 1908, Fisher again called for Copenhagening. Fisher once expressed his gratitude to Edward for protecting him from his many enemies who, he said, "would have eaten me but for Your Majesty." (Magnus, p. 442)

Nobody in Europe, not the Austrian crazies Berchtold and Hoetzendorf, not the even crazier Russian Grand Duke Nikolai Nikolayevich, was so outspoken a warmonger as Fisher.

SIR ERNEST CASSELL

Sir Ernest Cassell typified another group that Edward VII cultivated assiduously: Jewish bankers. As Prince of Wales, Edward had to live on a limited allowance, and he was deeply in debt. Edward accordingly allowed a series of Jewish bankers to buy their way to presentability at court by their benevolent management of his personal finances, with the proviso that Edward would always make a handsome profit. The first of Edward's financial advisers was Baron von Hirsch of Vienna. Then came Sir Ernest Cassell, knighted by Edward. Edward also cultivated the Rothschild and Sassoon families. In short, Edward's personal household finance agency was identical with the leading lights of turn- of-the-century Zionism. Cassell was also a political operative for Edward, becoming the head of the Ottoman National Bank - the Banque Ottomane - at the request of the Young Turk regime in 1909.

II. The Homicidal Network

BATTENBERGS AND BASTARDS

Edward was also a close friend of Prince Louis of Battenberg, who married Princess Victoria, the daughter of Edward's late sister Alice, in 1884. This marks the entrance of the Mountbatten family, including Lord Louis and Prince Philip, onto the British royal scene. Asquith, Balfour, and Lloyd George were all more or less Edward's stooges. Edward's influence also lived on through his bastards, one of whom, Sir Stewart Menzies, was a boss of British secret intelligence who betrayed vital U.S. secrets to the Soviets.

CLEMENCEAU

Edward's French network was extensive, and included royalists and oligarchs. The common denominator of Edward's network was la revanche, the need for France to exact vengeance from Germany for the loss of the provinces of Alsace and Lorraine in 1871. The central figure was a leftish radical, Georges "Tiger" Clemenceau, France's wartime premier and the chairman of the Peace Conference at Versailles. Clemenceau's talents for overthrowing governments gave the Third French Republic some of its proverbial instability. Clemenceau was attacked from 1892 on as a British agent and paid spy of the British Embassy.

Former French Foreign Minister Emile Flourens saw that the Dreyfus affair was concocted by Edward VII and his agents in order to break French institutional resistance to a dictatorial regime of Clemenceau. Flourens wrote that: "Clemenceau is the pro-consul of the English king, charged with the administration of his province of the Gauls." (Flourens, 1906) Flourens argued that the friends of the late French leader Leon Gambetta were determined to resist Clemenceau. At the same time, in Flourens's view, the French Army simply hated Clemenceau. According to Flourens, Edward VII used the 1890s Panama scandal to wreck the Gambetta political machine, and then unleashed the Dreyfus affair in order to break the resistance of the French Army to Clemenceau.

Flourens also showed how Edward VII was the mastermind of the post-1904 anti-clerical hysteria in France, which included the confiscation of Catholic Church property and the break of diplomatic relations with the Holy See. For Flourens, Edward VII was seeking to shut down the French Catholic foreign missions, which had proved a barrier to British colonial expansion. Edward VII's ultimate goal was to create a schismatic church in France on the Anglican or Presbyterian model, wrote Flourens. "As the schism in England dates from the reign of Henry VIII, so the schism in France will date from the reign of Edward VII." (Flourens, pp. 155-156)

THÉOPHILE DELCASSÉ

Delcassé was Edward's partner in the British- French Entente Cordiale of 1903-04. Delcassé had taken office in the British-French confrontation around the Fashoda crisis, when London and Paris had been on the verge of war. Delcassé's view was that France could survive only as a very junior partner of the British.

When Kaiser Wilhelm made his famous visit to Tangier, Morocco in March 1905, France and Germany came to the brink of war. At this time, Edward VII was vacationing on board his yacht in the Mediterranean. During the debate on the Moroccan question in the French National Assembly in April 1905, Delcassé came under heavy attack because of his refusal to seek a modus vivendi with Germany; one of Delcassé's severest critics was the socialist leader Jean Jaurès. When Delcassé was about to be forced into resignation, Edward VII docked his yacht, the Victoria and Albert, at Algiers, and asked the French governor-general to send a telegram to Paris. This was a personal message to Delcassé dated April 23 in which Edward announced that he would be "personally distressed" if Delcassé were to leave office. Edward "strongly urged" Delcassé to remain in office,

II. The Homicidal Network

because of his great political influence but also because of England. As in the case of Alexander Izvolski, Edward VII was not reticent about standing up for his own puppets.

But it became clear that Delcassé had been acting as Edward's minister, not the republic's, and that he had been lying to his ministerial colleagues about the actual danger of war with Germany. Delcassé fell as foreign minister, but stayed on in other posts. Other members of Edward's network in France included Paul Cambon, for many years the French ambassador in London, and Raymond Poincaré, the wartime President and a leading warmonger.

ALEXANDER IZVOLSKI

"A plumpish, dandified man, he wore a pearl pin in his white waistcoat, affected white spats, carried a lorgnette, and always trailed a faint touch of violet eau de cologne." So wrote a contemporary of Alexander Petrovich Izvolski, the Russian foreign minister who was Edward's partner for the Anglo-Russian Entente of 1907, which completed the encirclement of Germany. Edward first proposed the Anglo-Russian Entente to Izvolski in 1904, and at that point Izvolski entered Edward's personal service. Izvolski was made Russian foreign minister in May 1906, after Russia's defeat in the Russo-Japanese War; he served under Prime Minister Pyotr Stolypin. With Izvolski, Russian diplomacy gave up all interest in the Far East, made deals with the British for Iran, Afghanistan, and Tibet, and concentrated everything on expansion in the Balkans - the approach that was to lead straight to World War.

When Izvolski's position as Russian foreign minister became weakened as a result of his Buchlau Bargain adventure, Edward VII took the singular step of writing to Czar Nicholas II to endorse the further tenure in office of his own agent. Edward wrote: "You know how anxious I am for the most friendly relations between Russia and England, not only in Asia but also in Europe, and I feel confident that through M. Izvolski these hopes will be realized." (Middlemas, p. 170)

Izvolski had to settle for Russia's embassy in Paris, where he used a special fund to bribe the Paris press to write that France should go to war. In July 1914, Izvolski ran around yelling that it was his war. As Lord Bertie, the British ambassador to Paris, confided to his diary: "What a fool Izvolski is! ... At the beginning of the war he claimed to be its author: C'est ma guerre!" (Fay, I, p. 29)

Izvolski was succeeded as Russian foreign minister by Sazonov, another British agent who played a key role in starting the fateful Russian mobilization of July, 1914.

THEODORE ROOSEVELT

Edward VII's favorite pen pal was U.S. President Theodore Roosevelt, who was handled from day to day by Cecil Spring-Rice of Sir Edward Grey's Foreign Office. Edward can hardly have been ignorant of the British role in the assassination of President William McKinley. Starting in 1904, Edward wrote Teddy letters about how the two of them had been placed in command "of the two great branches of the Anglo-Saxon race." Teddy wrote back about the need for "understanding between the English-speaking peoples," and discussing his race theories about "our stock." Teddy wrote to Edward his view that "the real interests of the English-speaking peoples are one, alike in the Atlantic and the Pacific." Roosevelt served Edward's goals in his mediation of the Russo- Japanese War, in his support for the British at the Algeciras Conference, and in raising naval disarmament at the Hague Conference. Behind his back, Edward's envoys mocked the U.S. President as a semi-savage who gave primitive lunches at Oyster Bay. Later, Sir Edward Grey exerted a decisive influence on Woodrow Wilson through the intermediary of his key adviser, Col. Edward House.

Edward was called the Uncle of Europe - Uncle Bertie - because so many of Queen Victoria's other children married into the various royal houses, making one European royal family. Thus, Kaiser Wilhelm of Germany was Edward's nephew. Czar Nicholas II was also his nephew, married to Edward's wife's niece. After 40 years as Prince of Wales, Edward knew Europe like a book. He was personally acquainted with every crowned head, every prominent statesman and minister, and "he could accurately gauge their influence, their processes of thought, their probable action in a given emergency."

IDEOLOGICAL MANIPULATION

Emile Flourens found that Edward owed his triumphs primarily to himself, to his "profound knowledge of the human heart and the sagacity with which he could sort out the vices and weaknesses of individuals and peoples and make these into the worst and most destructive of weapons against them." Edward's empire was built on "eternal human folly," on the "intellectual and moral degradation" of the subject populations. Flourens praised Edward's practical understanding of French ideology. Edward knew how to exploit the chauvinism of the Alsace- Lorraine revanchards to incite France against Germany. He knew how to play upon the fascination of the Russian slavophiles with the Greater Serbia agitation in the Balkans. He knew how to use the hatred of the Italian irredentisti against Austria to detach Italy from the pro-German Triple Alliance. He knew how to drive wedges between Germany and Austria by evoking Vienna's resentments of the 1866 war and Prussian preeminence, and their fear of Serbia. He could exploit an American racist's eagerness to be, like the king, a member of a mythical Anglo-Saxon race. He could use the aspirations of Japanese militarists, for the greater glory of the British Empire. Much of Edward's personal magnetism was exercised during his incessant state visits, where he was able to unleash highly orchestrated outbursts of "Bertie-mania." Those who recall the equally implausible Gorbymania of some years back will find the phenomenon familiar.

KAISER WILHELM II

Edward's mastery of psychological and ideological manipulation is most evident in his relation with his pathetic and unstable nephew, Kaiser Wilhelm. Edward made a detailed study of Willy's psychological profile, which he knew to be pervaded by feelings of inferiority and incurable anglophilia. As Flourens noted: "Edward VII made an in-depth study of the defects of Wilhelm II. He counted them as his most precious allies." (Flourens, p. 58)

The British and Entente demonization of Wilhelm as the world's chief warmonger was always absurd. Wilhelm felt inferior to British royalty. Wilhelm's greatest secret desire was for acceptance by the British royals. Edward could modulate his own behavior to get the desired result from the Kaiser. If he wanted a public tantrum, he could get that. One British writer, Legge, reports that Edward punched the Kaiser and knocked him down in a meeting.

But if Edward needed to be friendly, he could do that too. During the Boer War, in November 1899, when Britain's diplomatic isolation was at its height, Edward was able to con the Kaiser into making a state visit to Britain. The Boxer Rebellion in China, with its overtone of white racial solidarity against the "yellow peril," was also made to order for duping the Kaiser. In

II. The Homicidal Network

Wilhelm's dockside harangue to the German contingent setting out for Peking, he urged his soldiers on to cruelty against the Chinese:

"Give no quarter! Take no prisoners! Kill him when he falls into your hands! Even as, a thousand years ago, the Huns under their King Attila made such a name for themselves as still resounds in terror through legend and fable, so may the name of Germans resound through Chinese history a thousand years from now." (Cowles, p. 177) This "Huns" speech has provided grist for the London propaganda mill for almost a century, from World War I to the Margaret Thatcher- Nicholas Ridley "Fourth Reich" hysteria of 1989. Not just once, but again and again, the Kaiser muffed opportunities to checkmate Edward's plans.

Edward also played on the Kaiser to sabotage the Berlin to Baghdad railway. At Windsor Castle in 1907, Edward demanded that the British keep control of a section of the railway between Baghdad and the Persian Gulf as a "gate," supposedly to block German troops going to India. The Kaiser was ready to grant such a gate. Otherwise, Edward demanded that all talks about the Baghdad railway should be four-way, with France, Russia, Britain, and Germany involved, so that German proposals would always be voted down 3 to 1.

When the war was finally over, and the Kaiser had lost his throne, the first thing he wanted in exile from the Dutch host was a cup of real English tea.

Edward joked with his French friends that while many prayed to an eternal father, he alone seemed to have an eternal mother. Queen Victoria finally died in 1901, and Edward began his drive to world war.

III. TAILORING AND FITTING THE NESSUS ROBE

Edward's problem as the twentieth century began was rooted in old Lord Salisbury's policy of British "splendid isolation." On the continent of Europe were two main alliances, the Triple Alliance of Germany and Austria- Hungary, with Italy as an adulterous partner, and opposite to this the Dual Alliance of the France of Hanotaux with the Russia of Count Witte. Britain was a member of neither one. British relations with all the continental powers was bad. Russia had been traditionally hostile since the Crimean War of mid- century. With France, Britain had just been to the brink of war in the Fashoda affair. War had been avoided, but French resentment was very great. Relations between Britain and the United States of President Grover Cleveland were traditionally also bad; a dangerous flare-up had come in the 1895 boundary dispute between Venezuela and British Guyana, when the US had invoked the Monroe Doctrine and forced the British to accept arbitration. Edward had tried to quiet that one with the help of his asset Joseph Pulitzer.

THE BOER WAR CRISIS

L'impudique Albion

In the midst of all this, Edward and Joseph Chamberlain had started the Boer War against Transvaal and the Orange Free State, two small states dominated by the Dutch-speaking settlers of the Cape area of South Africa. The British attempt to force the Afrikaners to knuckle under led to the celebrated "Black Week" of December, 1899, with a stunning series of British military defeats on the ground.

III. Encirclement: Setting the Trap for Germany

A wave of anti-British hatred swept the world as press accounts from the front showed that the bullying imperial colossus had feet of clay. German, French, and Russian newspapers fulminated against London. The Russian government asked Paris and Berlin if they might not consider an intervention to stop the British. Agitation increased when the British responded to their defeats with increased atrocities. The British set up the century's first concentration camps where Afrikaner children were systematically starved to death. [French sentiments about the Boer War are shown in this 1901 cartoon.]

A CAMBRAI DANGER FOR THE BRITISH EMPIRE

As a good Venetian, Edward recognized what he was dealing with. It was a Cambrai moment. In 1509, the Venetian oligarchy, after centuries of geopolitical perfidy, had been faced with a united front of virtually every other power in Europe, all wanting to destroy Venice. Edward himself had seen something similar in 1863, when Russia and the United States seemed about to combine to crush the British Empire. Between 1899 and 1902, public opinion in every country, including the US, demanded measures against the British lion. Britain risked a continental league or continental coalition, a new League of Cambrai against the new Venetians in London. Edward's official biographer Sir Sidney Lee makes the danger perceived by London in those days explicit enough:

"The year 1901 and the first part of 1902 found all unofficial Europe sympathizing with the enemies of Great Britain in South Africa, and any serious diplomatic mistake on the part of Britain in those days might have resulted in European swords being flung into the balance act against her." [Lee II. 731] "...there was always a chance, although a remote one, that jealousy of Britain, from which no great European power could be reckoned quite free, might be so stimulated by circumstances as to bring the members of the two alliances together in a combined challenge to Britain's place in the world. Britain was thus isolated, friendless, and engaged in a none too successful or popular war when King Edward ascended the throne.... Lord Salisbury, King Edward's first Prime Minister, had long been wedded to that policy of 'splendid isolation' which had been the constant British tradition through the last forty-five years of Queen Victoria's long reign. Persistence in that policy offered little opportunity of improving the foreign situation as it existed in 1901, and might actually have exposed Britain to the risk of a hostile combination on a well-nigh overwhelming scale." [Lee, II. 116-117]

Gasparo Contarini and the Venetian patricians of his time had responded to the War of the League of Cambrai by launching the Protestant Reformation and the wars of religion. Edward responded to the isolation of the British Empire by launching World War One.

PERFIDE ALBION

The first imperative for Edward was a deception operation, designed to dupe and neutralize Germany, the natural centerpiece of any continental coalition against England. This was the mission of Joseph Chamberlain, a member of Lord Salisbury's cabinet. In his celebrated speech at Leicester in November, 1899, Chamberlain said, "No far-seeing statesman could be content with England's permanent isolation on the continent of Europe.... The natural alliance is between ourselves and the German Empire.... Both interest and racial sentiment unite the two peoples, and a new Triple Alliance between [sic] Germany, England, and the United States would correspond with the sentimental tie that already binds Teutons and Anglo-Saxons together." [Lee, II. 117]

The rhetoric of a racist alliance was designed to entice the Kaiser, who was so eager to be accepted among the Anglo-Saxons. Wilhelm was advised by the Chancellor, Prince von Buelow, who was slippery as an eel, and by the grey eminence of the German Foreign Ministry, Baron von Holstein. Were these men

III. Encirclement: Setting the Trap for Germany

British agents or British dupes? Were they part of a homosexual court cabal? In any case, Berlin sought an Anglo-German deal, but with hard bargaining. The Berlin consensus was that Britain needed Germany, and as time went on the price that London would have to pay for German help would only increase. The Kaiser's policy was to move slowly towards a deal with London. Von Buelow and Holstein stressed that a British alliance with either France or Russia was simply impossible, given the existing frictions.

And so, Wilhelm and his advisors let slip the great opportunity for a continental bloc, which would have meshed with the efforts of Hanotaux and Wittle. Wilhelm was chasing the chimera of an accord with London which was nothing but a racist deception ploy. In January, 1901, in town for Queen Victoria's funeral, the Kaiser was still proposing an "Anglo-German alliance, [the British] to keep the sea and [Germany] the land; with such an alliance, not a mouse could stir in Europe without our permission...." Even after 1918, the Kaiser was still repeating that he had saved Britain from a French- German- Russian combine during the Boer War.

THE RUSSO-JAPANESE WAR AND 1905 RUSSIAN REVOLUTION

The Kaiser was constantly babbling about the "yellow peril" in the Far East, but the first ally Edward got for himself was Japan. Edward wished to use Japan as his Asian torpedo against Russia. The Japanese wanted Russia to stop encroaching on what they considered their sphere of influence in China and Korea. But sections of the Russian oligarchy hostile to Witte refused to respect Korea, and the Japanese were looking for an ally. The critical moment came when the former Prime Minister, Marquis Ito, visited London in December, 1901. Edward saw to it that Ito was socially lionized and decorated, and an Anglo- Japanese treaty was signed within a month. Both partners were in a hurry because Witte's Trans-Siberian railway was nearing completion, and that would vastly increase Russian power in the Far East. The key clause was that if Japan went to war in the Far East against a single power, Britain would observe a benevolent neutrality. This meant that if Japan and Russia came to war, the British would prevent any other Europeans from helping Russia. This gave Japan a free hand for Admiral Togo's sneak attack on the Russian base of Port Arthur in early 1904.

King Edward did everything but go to war against Russia. When Russia lost their fleet in the Far East, they embarked on the desperate gamble of sending their Baltic squadron around the world to fight the Japanese. In October, 1904, the Russian ships, steaming through the North Sea, fired on some British fishing trawlers, sinking one of them. The Russian admiral thought they were Japanese torpedo boats. In this Dogger Bank incident, Edward at first went to the brink of war and demanded that the Royal Navy stop the Russian ships, seize the Russian admiral, and punish him. Later, Edward backed down.

In order to reach the Far East, the Russian fleet required logistical assistance, since there was nowhere to get coal. The Kaiser was now in the mood to court Russia, so German ships did the coaling. The British press thereupon demanded that the Royal Navy stop the Germans from delivering the coal. At the same time, Admiral Fisher began popping off about Copenhagening the Germans. But this was all a circus, set up by Edward for his diplomatic aims. The Russians came out of the war with one capital ship left. But Edward wanted a disaster, not just a defeat, for Russia - a disaster that was beyond the power of Japan to inflict. To procure the disaster he wanted, Edward unleashed British intelligence and all of its assets - boyars, democrats, communists, Zionists, the works. This produced a civil war which went on into 1906, crippling Russia as a military power.

In the meantime, Edward had sealed his pact with France.

III. Encirclement: Setting the Trap for Germany

THE ANGLO-FRENCH ENTENTE CORDIALE OF 1904

At first Edward was not popular in France, because of centuries of conflict, and because of Fashoda, for which he was blamed personally. Indeed, for a time Edward's image in the Paris press was decidedly bad. Joseph Chamberlain, who had terrified the French with his pro-German line, took the message to the French: Edward was willing to trade Egypt for Morocco to get a deal with France. This was a very unequal barter. Since the 1880's, the British presence in Egypt had been officially temporary, ostensibly a matter of restoring order in the name of the other European powers; the British would then get out. They had no intention of getting out, but instead wanted the whole Nile Valley. But the French, the builders of the Suez Canal, still had some rights. However, if the French caved in, the British position in Egypt would be unassailable, at least by Europeans. Morocco was much different. The Moroccan government was stronger, and there were strong competing claims by Germany and Spain. In fact, the idea of French preeminence in Morocco placed France on a collision course with Germany once again.

But French society had been weakened by Edward's Dreyfus affair, and with the help of Delcassé, Clemenceau, and Cambon, the deal was signed. Edward also contributed a tour de force of personal diplomacy, his visit to Paris in the spring of 1903. Here Bertie turned on the charm, with speeches in French about friendship while recalling his own sentimental association with Paris, Biarritz, and the Riviera. With the press doubtless well paid, the Parisian dandies and gratins turned anglophile overnight in an explosion of Bertiemania that was crowned by Edward's appearance at Longchamp, the race track, with President Loubet, of puppet of Clemenceau. This Bertiemania started France on the road that led to Verdun, with 6 million casualties, proportionally the highest of any belligerent.

Edward had designed the Morocco gambit in the hope that Germany would quickly take the bait and challenge the new French domination in Morocco. Prince von Buelow gave Edward exactly the crisis he needed. Von Buelow told the Kaiser that Germany should challenge France in Morocco, both to defend commercial interests and to show France that the British alliance was worthless. If France was the continental dagger now in the hands of England, von Buelow argued, it was time to knock that dagger out of British hands. Von Buelow convinced the witless Kaiser to undertake the lunatic adventure of a visit - like Uncle Bertie - but to Tangier, Morocco, where the Kaiser landed in March, 1905. This led to the predictable confrontation between France and Germany. Delcassé decided to hang tough and go to the brink. When the real immediate risk of a war with Germany became clear to Delcassé's colleagues in the government, Delcassé was fired. But this crisis succeeded in heating up the revanche syndrome in France once more, and directing all the hatred against Germany. Especially because their ally Russia was crippled, and still at war with Japan, the French were thrown completely into the arms of Edward. At the same time, secret conventions were signed for a division of labor between the British and French fleets, and planning was begun for the future British Expeditionary Force.

This first Moroccan crisis was a serious attempt by Edward to start war, despite the fact that France's ally, Russia, was crippled. Edward may have had a promise of support from Denmark, as well. It is certain that Edward was urging France to go all the way. Under the Dual Alliance, Russia would have had to join France in war like it or not. But the French cabinet pulled back.

BJOERKJOE: THE IMPOTENT REVOLT OF TWO DOOMED NEPHEWS

In the midst of all these events, Kaiser Wilhelm and Tsar Nicholas II met at Bjoerkjoe, a Baltic fjord in Finland. This was a poignant moment, the last abortive revolt of the two doomed nephews of Edward VII - the revolt of cousin Willy and cousin Nicky. Nicholas was very unhappy with his French alliance,

III. Encirclement: Setting the Trap for Germany

since France had done nothing to help him against Japan, and had concentrated on courting Uncle Bertie. The Kaiser had momentarily returned to his continental league sloganeering. As the two conversed, it became clear to the Kaiser that they shared a common ground of resentment against Uncle Bertie. Here is the Kaiser's narrative, as sent to his chancellor, von Buelow:

"Our talk then turned on England, and it very soon appeared that the Tsar feels a deep personal anger at England and the King. He called Edward VII the greatest 'mischief-maker' and the most dangerous and deceptive intriguer in the world. I could only agree with him, adding that I especially had had to suffer from his intrigues in recent years. He has a passion for plotting against every power, of making 'a little agreement,' whereupon the Tsar interrupted me, striking the table with his fist: 'Well, I can only say he shall not get one from me, and never in my life against Germany or you, my word of honor upon it!'" [Fay 175]

The Kaiser proposed that the two cousins join in a "little agreement" of their own to stymie Edward. The Tsar accepted, and signed a draft treaty of mutual defense which the Kaiser pulled from his pocket. The two tearfully pledged friendship. But these two borderline psychotics were unable to imagine a community of principle based on economic development, since that would have contradicted oligarchism, and both demented cousins were oligarchical to the core.

Still, if the idea of Russo-German cooperation had been exploited, the World War could not have occurred in the form which it finally assumed in 1914. But when the Kaiser told von Buelow about his talks, the chancellor threatened to resign, in response to which the Kaiser threatened to commit suicide if jilted. The Russian response was more complicated, but the opportunity drifted away. Within 2 years, Russia would be England's ally.

AIMING AT ENCIRCLEMENT

Edward VII left no stone unturned in his efforts to isolate Germany. Edward VII was a prime mover in the dissolution of the personal union of the crowns of Norway and Sweden which gave rise to an independent Norway under British sponsorship in 1905. To underline his point, Edward saw to it that his son in law, the Danish Prince Charles (who had married Edward's third daughter, Maud) became King of the newly independent Norway with the name of Haakon VII. Because of his marriage with the anti-German princess Alexandra, Edward was confident that no support for Germany would be forthcoming from Copenhagen.

Spain was an important country with an ancient grievance against the British: Gibraltar, which the redcoats had occupied since 1704 and the War of the Spanish Succession. In a general European war, there was a clear potential for Spain to join Germany against the Entente. In the face of modern artillery, the British would have been hard pressed to defend Gibraltar. If Spain had also conducted hostilities against France, there was the threat that many French divisions might be tied down in costly attacks on the natural fortress of the Pyrenees. In this latter case, France would have been encircled and confronted with a two-front war. Edward VII pacified Spain by marrying one of his nieces to the Spanish King; this niece converted to Catholicism for the occasion.

To Portugal, Britain's oldest ally, Edward gave worthless promises about British support for the integrity of the Portuguese colonial empire. Portugal duly entered World War I on the side of the British.

THE ANGLO-RUSSIAN ENTENTE

On the same day in April, 1904 on which the Anglo-French entente had come into effect, Edward VII had met with his agent Izvolski to propose an Anglo-Russian combination. The big

III. Encirclement: Setting the Trap for Germany

crises of the Russo-Japanese war were still months ahead, but Edward moved fast. With the help of Izvolski, Edward cut a deal with Russia that divided Iran into spheres of influence, while Afghanistan and Tibet were both neutralized, much to the disadvantage of Russia. The Russian Slavophiles got nothing tangible about their eternal goal of Constantinople.

The Anglo-Russian entente was signed in September, 1907. In June, 1908, Edward VII sailed to Reval for an ocean-going state visit to Tsar Nicholas. Admiral Jackie Fisher was there, urging Stolypin to build up his land forces facing Germany. The meeting of uncle and nephew was the grimmest of portents, foreshadowing Russia's nine million casualties in World War I - the most of any belligerent - with more than three quarters of all Russian soldiers ending up killed, wounded, or missing. This set the stage for the revolutions of 1917 and the Bolshevik regime.

But for Edward, the important thing was that Germany was now encircled. The ring had been closed. Bismarck's old nightmare of the coalitions (le cauchemar des coalitions) and a two-front war was now reality. With the help of Izvolski, Edward embarked at once on a new attempt to start general war. This started with Izvolski's Buchlau Bargain with Austria, made in September, 1908, and revealed a month later. By this deal Austria was given the go-ahead to formally annex Bosnia-Herzegovina, which had been occupied by Austria after the Congress of Berlin, but not annexed. In exchange Russia was supposed to get the right to send warships through the straits, but this was blocked by the British. But when Austria annexed Bosnia-Herzegovina, Serbia, which wanted Bosnia-Herzegovina, protested. Austria and Serbia went to the brink of war, mobilizing their armies. Germany restrained Austria, and Russia felt too weak for war. Germany actually mediated the dispute. But Edward's agents soon concocted a legend that Germany had humiliated Russia with the threat of war.

As a result of this Balkan crisis of 1908-1909, the Russian Slavophiles turned their rage more and more against Germany, which they saw as blocking their desired path of expansion into the Balkans. The greater Serbia agitators went wild. The Austrian government concluded that Serbia was a threat to its existence, and had to be crushed. This was the pattern which, after a second Moroccan crisis of 1911 much like the first, and after the Balkan wars, led to war in 1914.

Behind the Buchlau Bargain and the Balkan crisis of 1908-1909 was - King Edward. Russian war with Germany had been on his agenda with the Tsar in Reval. In August, 1908, Edward had met with Izvolski and Clemenceau at Marienbad, just before Izvolski made the bargain. During the same month Edward also met with Franz Joseph, the Austrian Emperor, in Bad Ischl. Edward had every reason to start a crisis. If Germany had repudiated Austria, Germany would have emerged totally isolated, with no allies at all left. If Germany supported Austria, the result would be either immediate war, or increased tensions that could turn into war soon.

SPLITTING THE TRIPLE ALLIANCE

One of Edward's last memorable outings was his 1909 visit with King Victor Emmanuel, held at Baiae near Naples on April 29, 1909. Here Edward VII briefed his agent, Italian Foreign Minister Tittoni on what he saw as the alarming growth of the Austro-Hungarian fleet, the navy of a power to which Italy was theoretically allied, but to which it was in reality a rival.

This was the meeting in which Edward VII made his famous toast to the "alliance" between Italy and Britain. Modern pedantic scholars have portrayed this as a blundering gaffe by Edward VII, allegedly proving that the King was a bungler in diplomacy. In the light of subsequent history, it is clear that Edward VII's toast to an Anglo-Italian alliance was perhaps a boastful indiscretion, but it was an error that came from knowing too much,

III. Encirclement: Setting the Trap for Germany

not too little. It is likely that during this visit, Edward VII had secured from the Italian monarch and ministers commitments which rendered Italy's participation in the Triple Alliance wholly inoperative - commitments which withstood the test of 1914, and which were followed by Italy's entry into the war on the side of the Allies in May, 1915, in return for compensations purveyed by Theophile Delcassé. Edward's achievement meant that World War I would be fought not by three powers against three, as the alliance patterns might have suggested, but by four powers against two.

If Edward VII had had his way, it would have been five powers against an isolated Germany. Edward VII never abandoned an Austrian option, which, if it had succeeded, would have left Berlin with no allies at all. An official in the entourage of Austrian Emperor Franz Joseph was Baron Albert Margutti, who was on hand for each of the Bad Ischl meetings between Franz Joseph and Edward. Margutti wrote that, starting with the 1905 meeting, Edward VII began trying to entice Franz Joseph away from his German alliance, offering a series of vaguely defined compensations if he were to do so. [See Margutti, The Emperor Franz Joseph and His Times, pp. 259-261.] The last of these Bad Ischl meetings came in August, 1908, just before the Buchlau Bargain. At this conference, Edward is reported to have pressed Franz Joseph to intercede with Berlin to stop the planned German fleet expansion. After this meeting, Franz Joseph is reported to have muttered, "After all, I am a German prince."

The war would come soon, but not soon enough for Edward. The old roué died in May, 1910. At the time a Leipzig newspaper wrote that he had skillfully woven the Nessus robe to destroy the German Hercules. Recall that in the old Greek myth, the hero Hercules could not be killed by any living man. But Hercules was killed by the centaur Nessus, who had tried to rape Dejaniera, the wife of Hercules. The dying Nessus told Dejaniera to soak Hercules' robe in his centaur blood, and dress him in it if he should ever seem unfaithful. Dejaniera later did this, and the poisoned blood of Nessus, the sex-crazed old centaur, finally killed Hercules.

For a few moments during early August, 1914, the Kaiser realized what had happened:

"England, Russia, and France have agreed among themselves... after laying the foundation of the casus foederis for us through Austria... to take the Austro-Serbian conflict for an excuse for waging a war of extermination against us.... That is the real naked situation slowly and cleverly set going by Edward VII and... finally brought to a conclusion by George V.... So the famous encirclement of Germany has finally become a fact, despite every effort of our politicians and diplomats to prevent it. The net has been suddenly thrown over our head, and England sneeringly reaps the most brilliant success of her persistently prosecuted anti-German world policy against which we have proved ourselves helpless, while she twists the noose of our political and economic destruction out of our fidelity to Austria, as we squirm isolated in the net. A great achievement, which arouses the admiration even of him who is to be destroyed as its result! Edward VII is stronger after his death than am I who am still alive! And there have been people who believed that England could be won over or pacified, by this or that puny measure!!!" [emphasis added; in Cowles, p. 347, from Kautsky Documents]

In 1915 a pamphlet was issued in Berlin by the military writer Reinhold Wagner. The pamphlet was entitled "The Greatest Criminal Against Humanity in the Twentieth Century: King Edward VII of England." With admirable conciseness, Wagner formulated his indictment of the deceased British monarch: "The greatest criminal against humankind which the twentieth century has seen so far was King Edward VII of England. For he was the one, he was the one, who has instigated the world war of today." Despite everything that has happened in this tormented world since 1915, Wagner's case is still overwhelmingly compelling.

III. Encirclement: Setting the Trap for Germany 35

From Edward's time to our own, the British monarchy has successfully weathered three storms. One was the "republican" agitation of circa 1870, reflecting the dissatisfaction with Victoria as a royal recluse, and with Edward, the heir apparent, as a rake. Then came 1916-1918, when British troops began to die in large numbers on the western front in King Edward's World War I, which caused a wave of hatred of all things German, including the royal family, which had to take the absurd name of "Windsor" to cover up their German origins. This was when George V refused to accept the Tsar, because of the fear of an even greater political reaction. Then came the Edward VIII crisis of 1937, which reflected the fact that the King was a Nazi. Now, since 1991-92, we have the Charles-Diana crisis, which reflects a deeper breakdown in the Versailles system. There is no reason to assume that the British monarchy, having weathered all these storms, will be easily swept away. We must rather conclude that the royals will stop at nothing, including a military coup, a fascist dictatorship, or World War III, to avoid giving up power.

The historical truth about Edward VII simplifies the question of what and who caused World War I. The world war was caused by Edward VII, his geopolitics, his diplomacy, his agents, and his alliance system. A clause in the Versailles treaty specifies that Germany bears the entire guilt for World War I. This is a patent absurdity. The world war was caused by Edward VII, as we have seen. The dismantling of the Versailles system must therefore include the revision of the treaty to specify British war guilt in the person of Edward.

France, Russia, Japan, the United States, and other great nations were used by Edward VII as geopolitical pawns, and they have suffered immeasurably as a result. Ninety years after Edward's ententes, citizens and statesmen must learn the lesson of how the British monarchy and oligarchy orchestrated the catastrophe of 1914.

THE WAR GUILT CLAUSE OF THE VERSAILLES TREATY, 1919

The entire international public order of the post-1919 era, including the League of Nations and, by extension, the United Nations, has been based on the absurd lie that Germany was solely responsible for the outbreak of World War I. This finding was officially reported to the Paris Peace Conference at the close of the war by a "Commission on the Responsibility of the Authors of the War," which was chaired by the American Secretary of State, Robert Lansing. Lansing refused to allow any Germans to take part in his deliberations, and the commission ignored a new "German White Book" compiled in 1919 by Hans Delbrueck, Professor Mendelssohn- Bartholdy, Count Montgelas, and Max Weber, which contained enough evidence to show that the thesis of exclusive German war guilt was untenable. The kernel of Lansing's conclusions was as follows:

"The war was premeditated by the Central Powers together with their allies, Turkey and Bulgaria, and was the result of acts deliberately committed in order to make it unavoidable. Germany, in agreement with Austria-Hungary, deliberately worked to defeat all the many conciliatory proposals made by the Entente Powers."

This false verdict was then incorporated into the infamous Article 231 of the Treaty of Versailles, which alleges:

"The Allied and Associated Governments affirm, and Germany accepts, the responsibility of Germany and her allies for causing all the loss and damage to which the Allied and Associated Governments and their nationals have been subjected as a consequence of the war imposed upon them by the aggression of Germany and her allies."

The German delegates were coerced into signing the Versailles Treaty by threats of renewed war and by the economic blockade

III. Encirclement: Setting the Trap for Germany

still imposed on Germany after the armistice by the fleets of the Entente. The thesis of exclusive German war guilt was required by the Entente as a premise for the Carthaginian peace imposed on the Central Powers, which included the demand for more than $32 billion in war reparations, especially to France, plus interest for servicing this debt over decades into the future.

In the years after the war, documentary evidence was published which further undermined the Big Lie of Versailles. This included Karl Kautsky's "Out break of the World War" (New York, 1924), the Soviet "Materials for the History of Franco-Russian Relations from 1910 to 1914" (Moscow, 1922), the "Austrian Red Book of 1919," and the diary of Baron Schilling of the Russian Foreign Ministry (edited by W.C. Bridge, London, 1925).

The false verdict of Versailles had already become a scandal in America during the 1920's, when historians like H.E. Barnes and others demanded the revision of the war guilt clause. Typical is this conclusion from the academic historian Sidney B. Fay of Harvard in 1930: "...the verdict of the Versailles Treaty that Germany and her allies were responsible for the War, in view of the evidence now available, is historically unsound. It should therefore be revised. However, because of the popular feeling widespread in some Entente countries, it is doubtful whether a formal and legal revision is as yet practicable. There must first come a further revision by historical scholars, and through them of public opinion."

Now, after fascism, a second world conflict, the cold war, and the fall of the communist regimes in Europe, the time has come to reopen the Versailles Treaty. The Treaty must be revised to specify the war guilt of an international conspiracy masterminded first by King Edward VII of England, and after him by Sir Edward Grey, of which figures like Izvolski, Sazonov, and Clemenceau were participants. The center of war guilt must be fixed in London.

BIBLIOGRAPHY

David Abrahamsen, "Murder and Madness: The Secret Life of Jack the Ripper" (New York: Fine, 1992)

Theo Aronson, "The King in Love: Edward VII's Mistresses: Lillie Langtry, Daisy Warwick, Alice Keppel and Others" (New York: Harper & Row, 1988)

Gordon Brook-Shepherd, "Uncle of Europe: The Social & Diplomatic Life of Edward VII" (New York: Harcourt Brace Jovanovich, 1975)

Virginia Cowles, "The Kaiser" (New York: Harper & Row, 1963)

J.A. Farrer, "England Under Edward VII" (London: George Allen and Unwin, 1992)

Sidney Bradshaw Fay, "The Origins of the World War" (New York: Macmillan, 1930)

Emile Flourens, "La France Conquise" (Paris: Garnier, 1906)

Christopher Hibbert, "The Royal Victorians: King Edward VII, His Family and Friends" (New York: J.B. Lippincott, 1976)

Sir Sidney Lee, "King Edward VII: A Biography" (New York: Macmillan, 1927)

Keith Middlemas, "The Life and Times of King Edward VII" (New York: Doubleday, 1972)

Philip Magnus, "King Edward the Seventh" (New York: E.P. Dutton, 1964)

Frank Spiering, "Prince Jack" (New York: Doubleday, 1978)

Reinhold Wagner, "Der Groesste Verbrecher an der Menschheit im Zwanzigsten Jahrhundert: Koenig Eduard von England - Eine Fluchschrift" (Berlin: Verlag Karl Curtius, 1915)

Stanley Weintraub, "Victoria: An Intimate Biography" (New York: E.P. Dutton, 1987)

Emile FLOURENS
ANCIEN DÉPUTÉ
ANCIEN MINISTRE DES AFFAIRES ÉTRANGÈRES

La France Conquise

EDOUARD VII
&
CLEMENCEAU

Cinquieme Edition

PARIS
GARNIER FRERES, LIBRAIRES-EDITEURS
6, Rue des Saints - Pères, 6
1906

LA FRANCE CONQUISE

Tous droits de traduction et de reproduction réservés pour tous pays.

Émile FLOURENS
Ancien Député
Ancien Ministre des Affaires étrangères.

LA
FRANCE CONQUISE
EDOUARD VII ET CLEMENCEAU

TABLE DES MATIÈRES

Chapitre
I. L'avènement d'Edouard VII 3
II. Edouard VII et la Russie 14
III. Edouard VII et l'Allemagne 35
IV. Edouard VII et la France. 67
V. Edouard VII et le Catholicisme 92
VI. Conclusion: La Dictature de Clemenceau 114

LA
FRANCE CONQUISE

EDOUARD VII ET CLEMENCEAU

CHAPITRE PREMIER

I. L'avènement d'Edouard VII

Depuis que la France a été affaiblie par nos désastres de 1870, dont, quoi qu'en dise l'amour propre national, nous ne nous sommes pas encore relevés, l'étranger a pris une telle part dans la direction de nos affaires intérieures et extérieures, que si nous voulons nous rendre compte de notre situation et comprendre notre politique, c'est à l'étranger qu'il faut l'étudier.

A la mort de la reine Victoria, personne ne se doutait du rôle prépondérant qu'allait assumer son successeur dans la direction des affaires du monde, ni surtout de la suprématie qu'il exercerait sur le gouvernement de la République française.

Certes la grande personnalité qui disparaissait de la scène, reine de Grande-Bretagne et d'Irlande, impératrice des Indes, dont les domaines, étendus sur l'un et l'autre hémisphère, ne voient jamais se coucher le soleil, avait occupé une place considérable dans l'histoire contemporaine, nul n'osait le contester, mais ce que nul ne prévoyait c'est à quelle apogée de domination sur les peuples, et sur les gouvernements, sur les hommes et sur les choses son fils devait porter cette prépondérance britannique.

Le prince de Galles s'était interdit scrupuleusement d'intervenir dans la politique de son pays, il s'était toujours tenu soigneusement à l'écart, avec une fermeté, une constance de caractère qui n'avaient pas été assez remarquées, des luttes de partis, des compétitions des ministres et des hommes d'État. Il n'avait assumé la responsabilité d'aucun grand commandement dans les armées de terre ou de mer, d'aucune mission diplomatique. Il n'avait recherché aucune occasion de se signaler par une action d'éclat; bien plus, quand ces occasions s'étaient offertes à lui, il les avait évitées et détournées de son chemin. En un mot, il n'avait donné à l'enthousiasme du peuple anglais, si prompt à s'enflammer quand il s'agit d'un membre de la famille Royale et surtout de l'héritier présomptif du trône, aucun sujet de s'exalter. Ni les hasards de la guerre ne l'avaient tenté, ni le jeu des chancelleries, pour lequel, cependant, son esprit si fin, si délié, si flegmatique et si pénétrant semblait, à ceux qui l'approchaient de plus près, merveilleusement doué.

Si ce prince, qu'attendaient de si hautes destinées, n'avait pas su ou pas voulu donner au monde la mesure de sa valeur politique, s'il était resté à cet égard un sphinx, un mystère insondable, même pour ses amis, sa physionomie d'homme privé était connue de tous. A Paris, elle était familière au monde élégant qui fréquente les clubs et les cercles, les sports et les coulisses, les restaurants et les cabinets particuliers; elle était populaire jusque dans les centres ouvriers.

Pour obéir aux exigences de son rôle d'héritier du trône, il s'était triomphalement promené par tous les pays du globe; il s'était laissé exhiber, en grande pompe, à tous ses sujets, depuis ces colons britanniques, dont la vie, débordante d'activité, ne connaît pas une minute d'oisiveté, jusqu'aux noirs indolents de l'Afrique, jusqu'aux Bouddhistes de l'Inde, dont l'existence s'écoule dans la contemplation de leur nombril, mais le coin du monde où il revenait le plus volontiers, celui qui était l'objet de ses préférences secrètes et avouées, c'était notre vieux Paris. Ce n'est qu'à Paris qu'il était à son aise et chez lui qu'il était lui-même.

I. L'avènement d'Edouard VII

Des anecdotes, parfois quelque peu scabreuses, avaient mis en lumière tous les traits de ses mœurs, même les plus intimes, avaient souligné tous ses goûts, tous ses penchants, toutes ses habitudes. De toutes les physionomies britanniques c'était, certes, la plus sympathique au Parisien. C'était un hôte si assidu, si aimable, de si belle et galante humeur qu'il exerçait un réel ascendant sur toutes les classes même les plus réfractaires à la gentilhommerie.

L'opinion était donc faite sur son compte, parmi ses amis comme parmi ses ennemis. On était d'accord pour confesser que c'était un voluptueux raffiné, un jouisseur exquis, un mondain, cachant sous une apparente bonhomie, une morgue toute britannique. Les plus chauds partisans de son avènement étaient ses créanciers. Ce n'était pas sans inquiétude, en effet, qu'ils voyaient s'avancer son âge et décliner ses forces; soucieux, ils se demandaient si, alors que la vertu de la reine Victoria ne lui avait jamais permis de connaître les écarts de son fils, pendant sa vie, son économie lui permettrait de reconnaître ses dettes, après sa mort.

Edouard VII montait sur le trône à l'âge où, si l'on consulte les statistiques, 75% des rois sont déjà descendus dans la tombe. Il sortait d'une longue oisiveté pour entrer dans la vie active à l'époque où, dans toutes les carrières et fonctions publiques, les hommes font valoir leurs droits à la retraite.

S'il y avait un conseil de révision pour les rois, comme il y en a un pour les conscrits, il eût été déclaré impropre au service.

L'obésité déformait son corps, alourdissait sa marche, semblait, sous le développement des tissus adipeux, paralyser toute activité physique, toute force intellectuelle. Sa figure, contractée par la douleur, trahissait, par moment, les souffrances qu'une volonté de fer s'efforçait de maîtriser, pour dissimuler aux yeux de ses sujets, la maladie qui, à cet instant même, menaçait sa vie.

A voir sa corpulence maladive, on ne pouvait s'empêcher de se rappeler les paroles que Shakespeare met dans la bouche d'un de ses ancêtres à l'adresse du fameux Falstaff, le compagnon dissolu des égarements de sa jeunesse: « Songe à travailler, à diminuer ton ventre et à grossir ton mérite. — Quitte ta vie dissolue! — Regarde la tombe, elle ouvre, pour toi, une bouche trois fois plus large que pour les autres hommes! »

De tous côtés, les lanceurs de prédictions, depuis le fameux archange Gabriel jusqu'à la non moins fameuse Mme de Thèbes, s'accordaient pour entourer son avènement des plus sinistres prévisions, pour annoncer sa fin prochaine et l'imminence d'une nouvelle vacance du trône d'Angleterre.

Symptôme plus grave! Les oracles de la science n'étaient pas moins menaçants que les prophéties des devins. Deux fois, les pompes de son couronnement durent être décommandées, deux fois les fêtes ajournées et les lampions éteints. Les hôtes princiers, convoqués à grands frais de tous les points du globe, pour participera ces réjouissances, attendirent, dans l'angoisse, l'annonce d'une cérémonie plus lugubre.

Les médecins, effrayés par le souvenir des excès de la jeunesse du prince, par réchauffement du sang, par la corruption de la chair, d'une part, reculaient devant la responsabilité de l'opération, de l'autre, refusaient à leur malade l'autorisation d'affronter la fatigue des cérémonies publiques qu'ils ne le croyaient pas en état de supporter impunément.

La volonté d'Edouard VII triompha de toutes ces résistances. Il déclara avec une indomptable énergie que, coûte que coûte, il était décidé à ne pas descendre dans la tombe avant d'avoir posé sur sa tête, avec tout l'éclat, avec toute la solennité traditionnels, aux yeux des représentants émerveillés de tout son vaste empire, aux yeux de l'Univers jaloux, la couronne de ses Pères, sa double couronne de Roi et d'Empereur, que les mains avides de la mort semblaient vouloir lui disputer.

Quelle était, à l'époque du couronnement d'Edouard VII, la situation de ce trône, dont le nouveau monarque gravissait les marches d'un pas si chancelant? Il était, peut-être plus chancelant encore.

L'Empire semblait presque aussi malade que l'Empereur.

L'Angleterre sortait, à ce moment, de la guerre du Transvaal. Elle en sortait victorieuse, sans doute, mais meurtrie. Elle en sortait amoindrie dans son prestige moral, annulée dans son prestige militaire. En dehors de l'Angleterre, tout le monde disait hautement, au sein même de l'Angleterre, tout le monde s'avouait secrètement qu'elle n'avait échappé à un désastre certain, dans une guerre injuste, que par la lâche connivence de l'Europe qui, après avoir prodigué aux Républiques Sud-Africaines de décevants encouragements, les avait abandonnées à regorgement.

Vous vous rappelez l'époque qui semble déjà si éloignée de nous et dont, pourtant, quelques années à peine nous séparent, où l'annonce des victoires des Boers provoquaient, dans nos cités et dans nos campagnes, autant d'enthousiasme qu'en aurait provoqué l'annonce de victoires françaises, où l'on se disputait les journaux publiant les défaites, les déroutes, les fuites éperdues des troupes britanniques, où les noms des Kruger, des Joubert, des Delarey, des Botha, des Viljoen, des Villebois-Mareuil et de tant d'autres héros, dont le souvenir s'efface déjà des mémoires inconstantes et qui mériteraient de figurer dans l'histoire à l'égal des gloires les plus pures de la Grèce et de Rome, volaient de bouche en bouche, non seulement en France, mais hors de France, non seulement dans l'ancien, mais dans le nouveau continent, mais dans le monde entier.

A ce moment, les peuples, étonnés de tant d'exploits, avaient senti vaciller sur sa base le colosse britannique, ce colosse aux pieds d'argile, qui pèse sur les nations trop crédules par le bluff, par l'arrogance, par la rapine, par l'insatiable rapacité, qui, déjà, enserre le globe comme une pieuvre gigantesque et suce sa moelle par les innombrables tentacules de son commerce jusqu'au jour où il l'asservira à sa domination, à moins qu'il ne rencontre dans sa marche un microbe destructeur plus puissant qui l'arrête et qui le tue.

Ah! si l'Empereur Nicolas II fait un retour sur lui-même, dans sa retraite de Tzarskoë-Sélo, plus semblable aujourd'hui à une prison qu'à un palais, il doit pleurer des larmes de sang, sa funeste résolution de fermer l'oreille à la voix prophétique du président Kruger, de lui refuser la parole libératrice. S'il avait envoyé, sur les frontières de l'Inde, quelques-uns des régiments qu'il a expédiés à une mort certaine, sans profit et sans gloire, dans les plaines glacées de la Mandchourie, il n'aurait pas permis à l'Angleterre d'étouffer le Transvaal sous le poids de ses armées du Bengale et du Népal, il n'aurait pas vu son empire, écrasé sous une série ininterrompue de désastres sur terre et sur mer, agité par les convulsions d'une révolution terrible dont on ne prévoit ni le but, ni la fin, menacé de dislocation.

Les sympathies populaires pour les ennemis de l'Angleterre, alors, en ébullition chez toutes les nations civilisées sont oubliées aujourd'hui. Elles palpitaient encore au moment où Edouard VII a posé sur sa tête la couronne Impériale. Au delà du péril passé et de ses émotions poignantes, le regard du nouveau souverain, avec une sûreté de coup d'œil qu'aucun piège ne pouvait égarer, percevait le péril à venir, plus poignant encore. A l'Occident, le péril allemand, à l'Orient, le péril japonais, deux nations jeunes et pleines de sève, prêtes à nouer contre l'Angleterre, avec les mécontentements qu'elle a semés partout sur sa route, les plus formidables coalitions.

Le plus proche péril de l'Angleterre, c'était l'Allemagne. Sur tous les points du globe, l'Allemagne engageait contre l'Angleterre une lutte commerciale gigantesque.

Sur tous les points du globe, par le bon marché de ses produits, par l'activité de son négoce, par la souplesse insinuante de ses courtiers, dans cette lutte commerciale, l'Allemagne était victorieuse. Au sein des colonies même de la Grande Bretagne et jusque dans l'empire des Indes, le produit Allemand supplantait le produit Anglais.

Après lui avoir disputé le commerce du Monde, l'Allemagne s'apprêtait à lui disputer l'empire des mers.

Appuyée sur une armée victorieuse, la plus forte du continent par le nombre comme par la discipline, entraînée par un élan patriotique sans défaillance, consciente de sa puissance et de la grandeur de son but, méthodique et raisonnée non moins qu'enthousiaste, l'Allemagne travaillait sans relâche à se créer une flotte de guerre, redoutable par ses perfectionnements scientifiques, par son unité, par sa cohésion, par l'entraînement de ses équipages.

Assurée, déjà, sur le continent, de l'alliance de l'Autriche et de l'Italie dont les forces navales ne sont pas à dédaigner, elle faisait à la France des avances non dissimulées. Qu'elle fut assez habile, assez heureuse pour réussir, même au prix des plus grands sacrifices, dans ses tentatives de rapprochement avec son ancien ennemi héréditaire, elle gagnait facilement du même coup la Russie, enchaînée toujours à la Prusse par la complicité du partage de la Pologne. Elle réalisait alors, contre l'Angleterre, cette coalition continentale, dont le plan avait toujours obsédé le génie de Napoléon. Le rêve qu'il avait vainement poursuivi sur les champs de bataille d'Iéna, de Wagram et d'Austerlitz, dans les plaines brûlantes de l'Egypte comme dans les steppes glacées de la Moscovie, dans tant de lieux immortalisés par ses prestigieuses victoires, était accompli. La tyrannie britannique succombait enfin sous l'effort combiné de tant de nations jalouses de reconquérir la liberté des mers et la maîtrise de leurs destinées coloniales.

Jamais un nuage plus gros de tempêtes ne s'était élevé à l'horizon de l'Angleterre. Jamais elle n'avait couru un si pressant danger.

A l'autre extrémité de l'ancien monde surgissait une nation, nouvelle venue à la civilisation, dont la puissance militaire éclatait, tout à coup, aux yeux de l'univers étonné, avec la soudaineté d'une explosion volcanique et lui révélait une accumulation extraordinaire d'électricité humaine, emmagasinée depuis des années avec un soin jaloux dans le mystérieux silence de l'Orient.

Pour l'accomplissement de ses vastes desseins, pour la satisfaction nécessaire de la force d'expansion qui s'était manifestée en lui, le Japon recherchait un allié parmi les grandes puissances occidentales. Après avoir attentivement étudié la carte du Monde, il avait jeté son dévolu sur la France.

Plein de rancune contre la Russie et contre l'Allemagne qui, après l'avoir privé du fruit de ses victoires, par le traité de Shimonoseki, s'étaient cyniquement approprié les dépouilles de la Chine; méfiant vis-à-vis de l'Angleterre dont la prépondérance dans les mers de l'Extrême-Orient lui semblait déjà trop exclusive et trop despotique, il cherchait dans l'alliance de la France un contrepoids nécessaire.

Le Japon avait appris à connaître la France par les exploits de la flotte de l'amiral Courbet. Il avait admiré le talent éminent du commandement, la supériorité tactique des mouvements, la discipline, l'endurance, la hardiesse des équipages. Il avait contemplé, avec surprise, d'abord, avec un enthousiasme mêlé de crainte et de jalousie, ensuite, ce tour de force inouï d'une faible escadre de quelques unités navales, mal soutenue et mal entretenue par une patrie indifférente et sceptique, sinon hostile, tenant en échec ce vaste empire qui, par la masse innombrable de sa population, l'immensité de son territoire, inspirait le respect à tous les peuples environnants, leur imposait la sujétion d'une suzeraineté au moins nominale et entravait leur essor. Il avait vu cette poignée de braves mater cette force écrasante, vaincre sa résistance obstinée et lui dicter sa loi.

Il s'était juré que la leçon ne serait pas perdue pour lui, qu'il saurait la mettre à profit et montrer au monde ce que pouvaient le courage et la science militaire soutenus, cette fois, par le patriotisme ardent d'un peuple tout entier.

Il s'était tenu parole. Déconcerté lui-même par la rapidité et par la facilité de son triomphe, il avait laissé une coalition de convoitises lui ravir le fruit de ses victoires. Il fallait reconquérir ses conquêtes, il saurait bien le faire, mais, pour assurer sa victoire, quel meilleur allié que la patrie de l'amiral Courbet et de ses héroïques marins, cette France, maîtresse de la presqu'île Indo-Chinoise, si riche en bases navales d'une valeur incomparable pour l'Empire du Soleil Levant en cas de conflit maritime avec les grands empires de l'Occident ?

Que la France et le Japon s'unissent par les liens d'une solide alliance, et cette duplice nouvelle devenait maîtresse sans conteste des mers de Chine. L'Angleterre était reléguée au second plan. Les deux confédérés se partageaient le marché chinois, le plus vaste et le plus peuplé du monde, le seul qui reste encore à conquérir, l'objectif des ardentes convoitises de toutes les nations commerçantes. La puissance navale des flottes alliées en tirait un incomparable essor et une force irrésistible.

I. L'avènement d'Edouard VII

Observateur attentif et sagace, connaissant à fond le fort et le faible de tous les hommes politiques de l'un et de l'autre continent, ayant percé, de l'orient à l'occident, le secret de toutes les cours, les mystères de toutes les chancelleries, Edouard VII se faisait, moins que personne, illusion sur les difficultés du présent, sur les dangers de l'avenir.

Il courut, aussitôt, au plus pressé. — Brouiller la France avec l'Allemagne, d'une part, avec le Japon, de l'autre; mettre aux prises l'empire du Mikado, dont il connaissait la force, avec la Russie dont il connaissait les causes secrètes, intimes et profondes de faiblesse et de décomposition, compléter, ensuite, par la révolte intérieure de ce pays, ses désastres extérieurs et le mettre, ainsi, pour longtemps hors de combat, telle devait être son entrée de jeu.

Son plan fut conçu avec une netteté de vue sans pareille, accompli avec une méthode, une simplicité, une sûreté d'exécution qui, si elles ont été égalées, n'ont, certes, jamais été surpassées.

Dans le but d'éveiller, contre la France, la méfiance du Japon et, en même temps, d'attiser sa haine contre la Russie, il fit accréditer, à Tokio, le bruit que les gouvernements de St-Pétersbourg et de Paris s'étaient secrètement mis d'accord, au lendemain du traité de Shimonoseki, alors que les escadres de ces deux puissances, appelées dans le golfe du Petchili afin de protéger les intérêts respectifs de leurs nationaux, se trouvaient encore réunies dans les mers du Japon, pour expédier à leurs amiraux l'ordre de tomber à l'improviste sur la flotte nipponne, stationnant, à ce moment, sans méfiance dans la baie de Yokohama, la torpiller et l'anéantir. Ce plan de destruction n'avait échoué que par un retard ou une erreur de transmission, due, peut-être, à un scrupule de l'amiral français chargé de l'exécution.

Vrai ou faux, il n'entre pas dans mon plan de le rechercher en ce moment, ce qu'il y a de certain c'est que le bruit fut répandu à profusion, c'est qu'il fut habilement exploité par l'Angleterre qui s'en fit un instrument pour aliéner les sympathies du Japon en notre faveur et porter à son paroxysme son animosité contre la Russie. — La surprise de l'escadre russe, torpillée par l'amiral Togo, en rade de Port-Arthur, avant toute déclaration de guerre, n'a été, dans la pensée du gouvernement nippon, que la juste représaille du projet de destruction de la flotte japonaise.

Il faut reconnaître que, sur ce point, l'habileté d'Edouard VII a été grandement secondée par l'ignorance de notre chancellerie. Notre foreign-office s'obstinait à considérer le Japon comme une quantité négligeable et, jusqu'au désastre de Moukden, il a persisté à prédire l'écrasement final de ce pygmée par le colosse moscovite.

Telle n'était pas l'opinion d'Edouard VII. Ce monarque hardi se permettait, sur ce point, de ne pas partager l'avis de son ami Delcassé. Aussi, dès qu'il eut réussi à creuser entre la France et le Japon un fossé et qu'il put se flatter de l'avoir rendu infranchissable, il s'empressa de mettre la main sur ce même Japon, isolé, désormais, en face des envahissements incessants de la Russie, de l'hostilité sourde de l'Allemagne, de la jalousie des États-Unis, et de s'en faire un allié.

Le Japon était, dans sa pensée, la torpille dont il allait se servir contre ce géant du Nord, dont le prodigieux développement continental, les aspirations hardies à un partage de l'empire des mers, la marche incessante vers les frontières des Indes avaient, tant de fois, hanté l'imagination inquiète et troublé le sommeil de ses prédécesseurs, pour le faire sauter, le jeter à la côte comme une épave, épave encore utilisable pour les secrets desseins de l'Angleterre en Occident, mais à qui serait désormais interdit l'accès des mers, la marche vers les Indes, les vastes horizons en Orient.

Pour désemparer complètement la puissance moscovite, pour réaliser ce rêve, depuis si longtemps caressé par l'Angleterre, il fallait assurer au Japon non une demi-victoire mais une victoire complète. Une défaite de la Russie ne suffisait pas, il fallait un désastre de la Russie. En face du patriotisme sauvage des soldats du Mikado, il ne fallait laisser opposer qu'une nation minée secrètement par les sourds accès de la fièvre révolutionnaire.

Contre une Russie, pleine de cohésion et d'unité, enflammée d'un fanatisme ardent, depuis l'autocrate suprême jusqu'au plus humble des moujicks, depuis le général en chef jusqu'au dernier des soldats, telle que nous l'avons connue dans toutes les guerres modernes, l'effort du Japon aurait-il été victorieux, nul ne le sait. En admettant même le triomphe final du Japon, ce succès n'aurait pu amener que des résultats partiels et restreints, suffisants, peut-être, pour dégager l'empire du Soleil Levant de l'étreinte de son ennemi, pour détourner, momentanément, vers un autre but le grand courant du flot slave, mais sans utilité pratique pour l'Angleterre.

Ce qu'il fallait à l'Angleterre, c'est que les flottes de la Russie, anéanties, fussent condamnées pour des siècles à rester enfermées dans la Baltique et dans la mer Noire, que le prestige incomparable de ses armées s'évanouît, que son expansion en Orient fût brisée, que le courant magnétique qui attirait le conquérant des steppes arides vers les riches plaines de l'Inde fût coupé.

La guerre étrangère, quelque désastreuse qu'on la supposât, ne pouvait suffire à atteindre des résultats aussi gigantesques. Pour les obtenir: à la guerre étrangère il fallait savoir ajouter, à propos, la guerre civile; à la défaite des armées et des flottes, la révolte des soldats et des marins; à la désorganisation militaire, la désorganisation administrative et politique par l'insurrection des paysans et des ouvriers, et des accès d'aberration mentale dans toutes les classes de la société.

Edouard VII a compris toute l'importance, pour son pays, de ne pas laisser s'échapper cette occasion providentielle d'atteindre, d'un seul coup, à un résultat capital pour l'accomplissement des destins qui lui promettent l'empire du monde. Il a résolu de ne négliger aucun élément de succès dans cette entreprise, qui nécessitait autant de discrète et prudente réserve que d'habileté consommée. Il connaissait à fond toutes les difficultés du mécanisme compliqué à faire mouvoir; aucune des faces du problème, aucune des exigences de la situation ne lui échappaient. Guidé par la claire vision de ce que commandait la grandeur nationale, inspiré par le génie même de l'Angleterre qui s'incarnait en lui, sans faiblesse, sans hésitation, sans écouter aucune considération étrangère à l'exclusif intérêt britannique, il a marché à son but et il a réussi. Il a assuré le triomphe complet de son allié, l'écrasement complet de son rival, sans risquer la vie d'un soldat de ses armées, la perte d'une obole de son trésor.

CHAPITRE

II. Edouard VII et la Russie.

A Londres, siègent les rois d'Israël. Les riches banquiers juifs de la Cité, animés d'un patriotisme de race que rien ne rebute, dirigent les destinées du peuple hébreux, surveillent et protègent ses intérêts sur tous les points du globe.

Les persécutions barbares dont les juifs de Russie ont été, à diverses reprises, les victimes, sous le règne d'Alexandre III, ont laissé dans leurs cœurs une irritation profonde et un désir de vengeance encore inassouvi.

C'est toujours un crime, sans excuse, de persécuter un homme à raison de pratiques religieuses qui le désignent à l'animadversion d'une société ignorante et fanatique. Mais, quand le persécuteur est incapable de se passer du concours du persécuté; quand il est condamné, par son apathie, à avoir recours, pour la satisfaction de ses besoins, de ses passions, de ses vices, à l'intervention journalière de celui dont il fait sa victime, le crime est doublé de folie.

Sans les bons offices du juif, le moujick ne saurait vendre son blé ou acheter son bétail, le marchand approvisionner sa boutique ou faire face à ses échéances, l'officier payer ses dettes de jeu et ces festins somptueux où les états-majors ruinent leur bourse et leur santé, le noble entretenir sa valetaille et le fastueux désordre de son train de maison. — Le juif pénètre dans toutes les administrations privées et publiques, il a accès dans les bureaux des ministères, dans les secrétariats des Grands Ducs et jusque dans le cabinet privé de Sa Majesté Impériale. — Il est l'organisateur des entreprises industrielles et commerciales, l'entremetteur discret des affaires de cœur et d'argent. Il a le pied dans les intrigues, dans les coteries qui s'agitent, se dépensent en activité impuissante au sein d'une société inquiète, troublée, démoralisée par le désœuvrement et l'ennui. Il est le pourvoyeur des débauches, le promoteur des orgies. Il connaît les mystères des alcôves comme les secrets des chancelleries, les tares des hommes d'État comme les vices des hommes de Cour. Au milieu de l'inertie, du lymphatisme, de l'engourdissement général, il est le ressort agissant, en définitive, il est le maître occulte et détesté.

Grands et petits, tous l'exècrent, mais le redoutent. On le sent altéré du sang de sa victime non moins que de son or. Après l'avoir dépouillé de ses biens, il lui prendra sa chair, dernier gage de l'insolvable. Par l'accumulation impitoyable de ses exigences, il pousse le mélancolique à la folie, le joueur au suicide, l'ivrogne au crime. Partout le débiteur le sent à ses côtés, il l'épie, il le guette. Il l'attend à chaque tournant fatal de son existence comme le brigand au coin d'un bois. On le hait et on le méprise, et cette haine et ce mépris on est incapable de les dissimuler, on les lui crache à la face à tout propos et hors de propos. Au premier grondement de l'émeute, le peuple se rue sur lui et le massacre.

Echappé au massacre, il reprend, le lendemain, son exploitation du chrétien. Aucun outrage, aucune violence ne le rebutent. Expulsé par la fenêtre du maître, il rentre par la porte de service des domestiques, il courbe d'autant plus bas l'échiné que, plus haut, on lève la canne pour le frapper. Il redouble d'obséquiosité pour servir son bourreau, et le bourreau cède aux impérieuses exigences de la victime, car il ne peut se passer de ses services. En réalité, le Russe est l'esclave du juif, mais un esclave en perpétuelle révolte et contre le joug qui l'opprime et contre la faiblesse qui le lui fait supporter; un esclave qui a assez de force pour battre son maître, pas assez pour rompre sa chaîne.

Le juif moscovite qui voit le juif d'Occident, dont les moyens d'existence, les sources de profit, les procédés d'exploitation des misères humaines sont, sensiblement, ceux qu'il employé lui-même, jouir, dans les pays où il habite, non seulement de tous les bénéfices du droit commun, non seulement de tous les privilèges des classes les plus favorisées, mais encore d'une considération particulière auprès des pouvoirs publics, d'honneurs et de distinctions exceptionnelles, est animé d'une animadversion profonde contre cette société russe qui, seule aujourd'hui en Europe, le conspue, le traite en paria, le persécute et l'exile. De toute la force de son âme, il conspire son anéantissement.

Trop peu nombreux pour espérer se venger jamais de la force qui l'opprime, par le fer, c'est au poison qu'il confie le souci d'assurer la satisfaction de ses rancunes. Jusque dans les milieux occidentaux les plus profondément contaminés par les doctrines anarchistes, il va chercher le virus le plus contagieux et il l'inocule, lentement mais sûrement, à un peuple dont la conscience est encore aussi peu éveillée que l'intelligence, prédisposé, par un fanatisme séculaire, à tout croire sans discernement.

Ces masses ouvrières, rassemblées à la hâte et sans sélection, autour d'usines démesurées, écloses comme des champignons sur toute l'étendue de l'Empire, lorsque, dans la première ferveur de l'Alliance, les capitaux français affluèrent vers les entreprises russes, vers les valeurs industrielles comme vers les fonds d'État, ces essaims humains dirigés par des ingénieurs moscovites, souvent aussi autoritaires qu'incompétents, où le moujick, à peine arraché à la terre et au foyer rural, ignorant et crédule, côtoyait l'ouvrier allemand, exilé de son pays à raison de ses opinions socialistes, recueilli par l'industriel russe à cause de sa connaissance du métier et de la supériorité de son instruction technique, constituaient, pour le microbe collectiviste, un bouillon de culture d'une remarquable fécondité, d'où devaient s'échapper, au moment donné, des poussées d'une virulence foudroyante. Les juifs le comprirent avec cette acuité d'instinct que donne la haine aux peuples persécutés. Ils s'attachèrent à y semer, à y entretenir, à y développer le venin collectiviste à cet effet, ils y répandirent les brochures et les tracts à profusion, y appelèrent des propagandistes, y ouvrirent des conférences publiques ou secrètes suivant la vigilance ou l'apathie des autorités qui, volontiers passent d'un extrême à l'autre, puis ils s'occupèrent de rattacher ensemble ces divers foyers révolutionnaires et de les relier aux grands centres étrangers par la télégraphie sans fil de leurs coreligionnaires parcourant, sans cesse, le pays comme courtiers de toutes les ventes.

La population rurale est habituée à la propriété indivise, à l'allotissement annuel, par voie de tirages au sort, du champ à cultiver; dès lors, elle est incapable de ressentir pour le patrimoine paternel, fécondé par le labeur des ancêtres, cet attachement profond qui forme la caractéristique du paysan français et lui a fait jusqu'ici, respecter la propriété d'autrui, pour obtenir le respect de la sienne. Le paysan n'a rien en propre à lui, suivant un vieux dicton moscovite, que la cuillère en bois avec laquelle il mange sa soupe, il ignore donc ce charme si puissant de la terre fécondée par le labeur incessant de son propriétaire et lui payant, par l'accroissement de sa fécondité, le prix de ses sueurs. Il ne connaît la propriété privée que comme l'apanage de classes plus heureuses qu'il envie. Il est donc disposé à la considérer comme un privilège, qui doit disparaître par une plus équitable application de la justice sociale.

Le paysan, accroupi dans son isba solitaire, crève la misère à côté de ses récoltes, dont il ne sait tirer parti. Il attend la visite du courtier juif. Seul, le juif dispose de l'argent nécessaire pour acheter le bétail et le grain. Seul, il possède les charrois et les attelages indispensables pour transporter ce grain à la ville voisine, à travers une région dépourvue de vicinalité où, dès la fonte des neiges, les chemins sont remplacés par des ornières. Le marché conclu, l'acheteur dit au moujick: « Tu es bien pauvre, frère, et le prix de tes récoltes ne te permet pas de payer tes dettes et de nourrir ta famille qui s'est accrue... Hélas, répond le vendeur qu'y faire? Ce sont les terres qui manquent dans la commune; même des familles plus nombreuses que la mienne, n'ont pas de meilleur lot. — Les terres ne manquent pas en Russie, réplique le tentateur. Il y a les terres de la Couronne, de l'Eglise, des Congrégations, de la noblesse, que ne les partage-t-on entre les paysans? L'Empereur qui est ton père, le voudrait bien, mais c'est la noblesse qui l'empêche. — Qu'y puis-je soupire le malheureux envoûté? — Révolte-toi et prends ce que l'on te refuse. »

Le juif qui tient ce langage ne parle pas à la légère. Il sait où il veut en venir. L'opération est pour lui rapporter un bon courtage.

En achetant les denrées du cultivateur, en brocantant ses marchandises, en maquignonnant le bétail, en détaillant la wodka de contrebande et le kwas de pacotille, il préconise un nouveau partage des terres qui fixe la propriété individuelle sur la tête du paysan: « Vois, frère, dit-il, la terre du seigneur est de meilleure qualité que celle qui t'a été attribuée. Chaque année elle s'améliore, tandis que la tienne, en passant de mains en mains, se ruine et dépérit. Le partage fait lors de l'affranchissement des serfs a été léonin. — Vous n'avez eu que le rebut. — Ce qui était d'un beau rendement est resté au seigneur — Cependant, tandis que les charges du seigneur n'ont pas augmenté, la population du village s'est accrue. — Les familles, plus nombreuses, ne peuvent plus vivre avec le maigre produit du lot qui leur échoit au tirage au sort. — Les fils sont obligés de s'expatrier pour aller gagner ailleurs une vie errante et précaire.» — Ces paroles insidieuses, redîtes sans cesse sous mille formes insinuantes, jettent dans l'esprit des populations paysannes un ferment d'excitation, de convoitise et de révolte qui n'attend plus que l'occasion pour éclater en séditions sanguinaires.

La banque hypothécaire, la banque foncière, dite par dérision sans doute, la banque des paysans, sont tombées entre les mains d'Israël. Le juif sait que la terre qui passera des mains du Seigneur dans les mains du paysan, passera rapidement des mains du paysan dans les mains du banquier israélite. C'est une vaste liquidation foncière qu'il prépare où il y aura, pour les intermédiaires, de gros bénéfices à réaliser, et ces bénéfices tentent sa convoitise. Dès que la propriété individuelle sera constituée au profit du Moujick, dès qu'il pourra disposer de son domaine, il s'empressera de l'hypothéquer et de le vendre pour faire face à ses dettes et satisfaire sa passion pour l'alcool. Le Juif pousse à la propriété individuelle en Russie où existe la propriété collective, comme il pousse à la propriété collective en France, où existe la propriété individuelle, pour le même motif, parce que, dans un cas comme dans l'autre, une immense liquidation immobi-

II. Edouard VII et la Russie

lière, mettra sur le marché tous les biens fonciers, qu'il ne possède pas, à la discrétion de la richesse mobilière dont il est le maître. En vue de cette opération, il a jeté sur toute l'étendue de la Russie, les mailles d'une spéculation gigantesque, et la défunte Douma n'a été que son docile instrument.

La jeunesse des universités, le monde scolaire tout entier, professeurs comme élèves, étaient, depuis la fin du dernier règne, travaillés par de sourds ferments d'indiscipline et d'insubordination, secoués par des accès intermittents de fièvre insurrectionnelle.

Les gymnases, les Facultés dégorgent, chaque année, sur le pavé des villes, des milliers de gradés universitaires, médecins, avocats, chimistes, artistes, ingénieurs, que sais-je? De quoi voulez-vous que s'alimentent toutes ces intelligences, de quoi voulez-vous que se nourrissent toutes ces bouches inutiles, dans un pays où, sur cent trente millions d'habitants, il y en a plus de cent vingt-cinq qui, jamais de leur vie, n'auront même la pensée de faire appel au secours d'un médecin, aux lumières d'un avocat pas plus qu'ils n'auront l'argent nécessaire pour rémunérer leurs services.

Toute cette jeunesse, aux ardentes passions, aux ambitions sans limites, d'autant plus disposée à se croire capable de tout que, réduite à l'inaction, elle ne reçoit pas les leçons moralisatrices du travail pratique, de la difficulté vaincue, de l'effort éducateur de l'âme, s'étiole dans la misère la plus noire, dans l'oisiveté la plus dégradante. Aigrie par ses souffrances, l'estomac vide d'aliments et le cerveau plein des hallucinations de l'alcool et de l'opium, brûlée de désirs inassouvis, elle constitue un foyer révolutionnaire perpétuellement incandescent.

Le juif, grâce à quelques prêts, à quelques subsides venus de l'étranger et chèrement vendus, attise ce foyer en y jetant à profusion les libelles des apôtres de l'assassinat politique, de la bombe libératrice, de la propagande par le fait. Il y recrute, prêt à obéir à l'impulsion de sa haine et aux ordres de sa secte, l'exécuteur de ses hautes œuvres, l'instrument inconscient de ses vengeances, le fanatique prêt à commettre les pires forfaits sans crainte des supplices et de la mort.

Eloignée d'une Cour triste et sombre comme un monastère, fermée et gardée comme un harem turc, sevrée des faveurs impériales, écartée des hautes dignités civiles et militaires que se réserve la famille de l'Empereur, repoussée des emplois publics dont la classe envahissante des tchinnownicks ferme tous les accès, la vieille noblesse moscovite boude dans ses châteaux solitaires, perdus au milieu des forêts et des steppes. Contre l'ennui qui la ronge, elle va chercher le remède dans les casinos et les kursaals, les maisons de jeu et les maisons de plaisir de l'étranger. Quand elle rentre au pays natal, la bourse vide et le cerveau plus vide encore, dans le vague espoir de refaire sa fortune ébréchée, elle s'acoquine avec les gens d'affaires.

C'est alors qu'elle devient la proie du juif. Elle hypothèque ses domaines, engage ses métairies, prête son nom et son influence terrienne à des entreprises industrielles où le juif s'enrichit et le noble s'appauvrit encore. Sous le coup de ces désastres financiers, le loyalisme héréditaire, le tsarisme fervent se transforment peu à peu en un mécontentement sourd et rageur, en une irrésistible aspiration vers un bouleversement général qui liquide tous les passifs, abolisse les dettes privées comme la dette publique.

De l'ancien pilier du trône, le juif a fait l'agent aveugle de la révolution.

Le marchand est vexé dans son amour-propre et le légitime sentiment de sa dignité, gêné dans ses opérations commerciales, rançonné dans sa fortune par une administration hautaine et tracassière, besogneuse et insatiable. Le tchinnownick pour lui c'est l'ennemi.

Autrefois, il mettait son orgueil et sa joie à éclipser la noblesse, à l'humilier par l'ostentation d'un luxe qu'elle ne pouvait égaler. Aujourd'hui le faste de l'ancienne aristocratie terrienne s'est éclipsé. Le marchand n'assigne plus qu'un but à ses efforts, abattre le despotisme administratif, couper court aux vexations, aux vols et aux dilapidations dont il est sans cesse victime, ne plus être pressuré par les chancelleries des

II. Edouard VII et la Russie

Grands Ducs, les cabinets des gouverneurs, les bureaux des ministères.

Pour cette oeuvre de destruction, le juif se fait son auxiliaire insinuant et suggestif. Lorsque, lassé d'interminables stations dans les antichambres des fonctionnaires, la bourse vidée par les innombrables bachichs qu'il lui a fallu distribuer, le cerveau fatigué par les luttes soutenues pour défendre sa fortune et sa liberté, le marchand rentre le soir, il trouve le juif qui l'attend à son comptoir pour, par de perfides consolations, attiser ses rancunes et souffler à son cœur la haine et l'espoir de la vengeance.

Le clergé et l'armée, jadis, les boulevards de l'autocratie ne sont plus aptes à jouer ce rôle. Le haut clergé comme le haut commandement militaire ont perdu l'influence directrice sur leurs subordonnés. Ils devraient les tenir en main, intellectuellement comme moralement, et ils les laissent aller à la dérive, jouets des agents occultes de la révolution.

Les évêques vivent, enfermés dans des monastères, au sein d'une existence semi-cloîtrée, semi-mondaine, dans la pénombre d'un mysticisme moyenâgeux, entourés d'un faste oriental, accessibles à de rares privilégiés.

Ils ont perdu tout contact avec le clergé inférieur des villes et des campagnes.

Les généraux et officiers supérieurs, tourmentés par leurs dettes de jeu, alourdis par l'âge et l'oisiveté des garnisons, par les festins pantagruéliques où ils noient leur raison dans la folle multiplicité des toasts, ne connaissent plus le soldat et ne sont plus connus d'eux.

Popes et soldats ont perdu tout fanal pour les guider dans la voie de leurs devoirs, envers leur Dieu, leur Empereur et leur Patrie. Ils flottent au hasard, désemparés, emportés, souvent malgré eux, par le mouvement insurrectionnel de la population civile qui les entoure.

Ils commettent les pires attentats contre la discipline, ils rentrent ensuite docilement dans le devoir sans savoir pourquoi, au gré du hasard. Aujourd'hui victimes des agitateurs les plus dangereux, ils étonnent par l'audace sauvage de leurs forfaits; qu'ils sentent, demain, un cœur compatissant s'attendrir à leurs souffrances, un esprit attentif à leurs besoins, un bras ferme pour les diriger et il redeviendront les héroïques guerriers qui ont fait l'admiration de l'Europe.

Edouard VII qui, comme prince de Galles, a souvent utilisé les bons offices des banquiers de la Cité, bons offices dont il leur a toujours scrupuleusement payé les intérêts, en espèces ou en considération, monnaie dont le juif n'est pas moins avide, surtout quand elle tombe de si haut et qu'il peut en tirer d'aussi gros profits, tient dans sa main, nerveuse autant qu'habile, tous ces rois de la finance cosmopolite.

Les banquiers israélites de Saint-Pétersbourg et de Moscou prennent à Londres le mot d'ordre qu'ils transmettent aux juifs de l'Empire. Ceux-ci obéissent d'autant plus facilement à cette direction qu'elle répond plus exactement à leurs passions. Ils deviennent ainsi des agents secrets et dévoués et assurent, chacun dans la mesure de ses forces, sur tous les points du territoire, l'exécution du plan général.

Edouard VII n'a pas moins d'influence sur les comités révolutionnaires arméniens réfugiés à Londres. Lors des massacres qui ensanglantèrent certaines provinces de l'Empire Ottoman, quand sur un ordre d'Abdul Hamid, changé en fou furieux par la peur, sans distinction d'âge ou de sexe, avec des raffinements de cruauté qui épouvantent l'imagination, les victimes humaines tombèrent par centaines de mille sous les coups d'une soldatesque fanatisée, l'Angleterre seule se souvint des traditions les plus glorieuses et les plus pures de la civilisation occidentale.

Elle proposa une intervention qui aurait mis fin aux hécatombes. La France d'alors, oublieuse de son passé, hypnotisée par un fétichisme inintelligent de l'alliance russe, la Russie, aveuglée par sa haine héréditaire contre le peuple arménien, obstacle à l'expansion orthodoxe dans les territoires de la Turquie d'Asie, désertèrent leur poste d'honneur, firent échouer l'initiative de l'Angleterre et assurèrent, ainsi, aux bourreaux, avec l'impunité, le tranquille achèvement de leurs forfaits.

II. Edouard VII et la Russie

De cette crise sanglante les Arméniens ont conservé une animosité ardente contre la Russie en même temps qu'une vive reconnaissance pour l'Angleterre, en qui ils ont placé, désormais, leurs espérances. Le roi d'Angleterre a, dans tout jeune Arménien, en cas de compétition ouverte ou secrète entre la Grande Bretagne et l'Empire moscovite, un agent zélé, discret, et sûr.

Les Arméniens, population envahissante et prolifique, sont répandus dans les provinces de la Russie méridionale qui confinent l'Empire Ottoman. Dans certains districts, ils sont en majorité, dans d'autres, ils s'équilibrent avec les tribus musulmanes, contre lesquelles ils entretiennent des haines de race et de confession religieuse que le gouvernement moscovite devrait apaiser, qu'il s'efforce, au contraire, d'entretenir et, au besoin, de réchauffer comme un instrument de règne.

Remuants, audacieux, actifs, heureusement doués pour comprendre, parler et traduire tous les idiomes, ici, pasteurs et nomades, ailleurs, agriculteurs laborieux, commerçants industrieux, experts dans le grand comme dans le petit négoce, ils s'adonnent volontiers au trafic de l'argent et, partout où ils s'implantent, ils évincent le juif; aussi sont ils, à l'égal du Juif, honnis, redoutés, persécutés par leurs voisins qu'ils exploitent. Comme les peuplades en but à l'hostilité ambiante, ils ont constitué entre eux une sorte de franc-maçonnerie pour s'avertir et se liguer en vue du danger commun. Ils constituent, pour qui sait les utiliser, un corps d'informateurs toujours en éveil.

Les frontières occidentales de la Russie d'Europe depuis, à l'ouest, la ligne artificielle qui la sépare de l'Empire allemand jusque, au sud, les confins de la Pologne catholique, et, au nord, la ville de Saint-Pétersbourg sont occupés par des populations ou exclusivement ou au moins, en presque totalité, luthériennes. Vestiges de la domination de l'Ordre Teutonique ou de la domination Scandinave, ces races, autrefois conquérantes, font encore peser un joug des plus oppressifs sur les peuplades d'origine finnoise qu'elles ont subjuguées. Pour maintenir, d'une part, leur suprématie sur les autochtones, d'autre part garantir leur autonomie et évincer d'un mouvement lent et continu l'orthodoxie moscovite, elles requièrent, d'instinct, un soutien au dehors. Elles étaient habituées à tourner leur espoir vers Stockholm d'abord, puis vers Berlin.

En présence de l'effacement de la Suède, de l'entente constante entre l'Allemagne et la Russie, dont Bismarck a fait, une des bases fondamentales de la politique germanique en Occident, ces populations protestantes ont cherché, ailleurs, un point d'appui confessionnel et politique. Elles l'ont trouvé dans les sociétés bibliques de Londres. Contre les mesures tracassières dont elles étaient poursuivies par l'orthodoxie persécutrice du procureur général du Saint-Synode Pobedonotzeff, elles ont fait appel à leurs coreligionnaires anglais. Ceux-ci ont prêté avec empressement l'oreille à leurs doléances, pris fait et cause pour elles et hautement soutenu leurs revendications. Or ces sociétés bibliques, dont l'influence politico-religieuse s'étend comme un vaste réseau sur le monde entier, sont les plus fidèles, les plus actifs soldats du roi d'Angleterre; ce sont elles qui, pied à pied, lui conquièrent le globe.

Les populations des provinces baltiques, plus policées, plus éduquées, plus façonnées à l'européenne, sont plus aptes que celles du centre de l'Empire au travail des bureaux; aussi encombrent-elles les administrations provinciales et les ministères, les chancelleries princières et les intendances militaires. Elles sont, ainsi, au courant de tout ce qui se prépare, s'élabore ou se chuchote dans le monde innombrable des tchinnownicks, du haut en bas de l'échelle hiérarchique, depuis le ministre lui même jusqu'au dernier des copistes qu'il emploie. Rien ne se décide sans qu'elles le sachent, sans qu'elles en parlent au pasteur protestant, sans que le pasteur n'en avise la société biblique de Londres.

Edouard VII est donc mieux informé que personne, mieux surtout que le malheureux Nicolas II, de tout ce qui se passe et tout ce qui se trame dans l'Empire des tzars.

L'empire moscovite est de formation récente. A la suite de guerres heureuses, de conquêtes rapides, il s'est annexé de tous côtés, en Europe et en Asie, des peuplades d'origines les plus diverses, qui ne parlent pas la même langue, qui n'ont pas les mêmes mœurs, le même degré de civilisation, qui professent les cultes les plus hostiles, qui jusqu'à l'annexion scellée dans leur sang par l'épée du vainqueur, ne s'étaient connues que pour se combattre et s'exterminer mutuellement, qui n'ont de lien en un mot, que la communauté de la défaite et la communauté du joug.

Quand ce joug est dirigé par un esprit conscient de sa force et constant dans ses desseins, quand il se cache sous les lauriers de la victoire et s'ennoblit du prestige de la gloire militaire, il peut s'imposer à des imaginations ardentes, enclines au fanatisme et à l'extase, se faire obéir par des peuples dont beaucoup n'ont jamais connu la liberté, n'en ont même pas l'instinct et n'ont fait, par la conquête, que troquer l'anarchie contre le despotisme. — Mais, quand l'autocrate manque de volonté et de suite dans les idées; quand il est faible, indécis, irrésolu; quand il se laisse subjuguer par les passions de ses parents et de leurs favoris, quand ses agents le trompent et le tournent au gré de leurs convoitises et de leur vénalité, alors tous ces peuples divers sentent qu'ils ne sont plus en main; semblables au coursier ombrageux, ils se cabrent et sont prêts à désarçonner le cavalier.

Alors, la Finlande se rappelle que la Constitution, jurée par les tsars à leur avènement, comme condition de son annexion à la Russie, comme garantie sacrée de son autonomie, a été violée; les provinces baltiques, qu'aucun de leurs conquérants successifs n'a eu la sagesse de délivrer du servage, vestige exécré, de la domination de l'Ordre teutonique, s'agitent pour réaliser le rêve, couvé depuis des siècles, de l'abolition du régime féodal; la Pologne sent retentir, dans son coeur, le clairon de son indépendance et les armes, tant de fois saisies, de l'insurrection s'agitent convulsivement dans ses mains; les Tatars, les Arméniens se ruent les uns sur les autres, pour assouvir leurs haines séculaires de race et de religion dans les plaines sans fin, dans les forêts profondes de la
Sibérie, les condamnés politiques, échappés aux bagnes des colonies pénitentiaires et aux mines, complotent un soulèvement qui affranchirait ces régions encore mal assimilées et

fonderait les États Unis de l'Asie septentrionale; au sein même de la vieille Russie, de la sainte Russie, la populace, en proie au délire convulsif des pires passions révolutionnaires, sait que dans tous ses excès elle sera soutenue, sinon encouragée, par la connivence criminelle, par la complicité inconsciente de classes supérieures, dévoyées, démoralisées, livrées aux hallucinations des ambitions les plus coupables, des utopies les plus funestes.

Aucun de ces détails n'échappe au cerveau puissant sur lequel repose la couronne de Grande-Bretagne et d'Irlande.

Edouard VII connaît les sources et les origines de toutes ces agitations, leur force d'expansion et leurs limites, comment elles éclatent en insurrections formidables, en incendies menaçant de dévorer tout l'empire, et comment on les amène à se contrecarrer, à s'annihiler réciproquement; comment on éteint l'incendie en tournant les flammes contre elles-mêmes. Prêt à donner le signal qui provoquera l'explosion des matières de longue date accumulées, il reste maître de faire avorter la mine et d'étouffer le feu s'il nuit à ses desseins.

Il sait jusqu'à quel degré de désordre et de confusion, la vénalité et la corruption ont jeté l'intendance de l'armée russe, que l'exemple, venu de haut, a gangrené le corps tout entier; que les coupables se tiennent assurés de l'impunité par la crainte de scandales qui rejailliraient jusque sur les marches du trône, et que la guerre n'est plus considérée, même dans les sphères les plus élevées, responsables de l'entretien et du ravitaillement de l'armée, comme une occasion de se couvrir de gloire, en prouvant sa capacité et son dévouement au pays, mais comme une occasion de se procurer de gros profits, des gains illicites par des spéculations malhonnêtes, de s'enrichir par des gaspillages coupables et des tripotages criminels.

Il sait que, pour une guerre rendue inévitable par les fautes accumulées d'une diplomatie imprévoyante, cachant mal sa faiblesse sous son astuce, pour une guerre que le chef de l'Etat, perdu dans ses rêves pacifistes, ne sait ni vouloir ni empêcher, que désirent, seuls, les spéculateurs sans vergogne qui ont jeté leur dévolu sur les mines de la Mandchourie et sur les forêts de la Corée, rien n'est prêt, ni sur terre, ni sur mer. Dès l'ouverture des hostilités, les océans seront fermés aux escadres russes par les flottes supérieures de leur prévoyant ennemi. Les contingents cantonnés en Mandchourie sont trop faibles; leurs effectifs insuffisants sont incapables de résister à l'effort savamment combiné de l'envahisseur. Cette infériorité initiale ne pourra jamais être réparée pendant toute la durée de la campagne. L'apport du Transsibérien est insuffisant pour rétablir l'équilibre numérique, les retards et les arrêts de circulation se multiplient sur cette ligne incomplète, inachevée, mal construite.

A Londres, dans le monde des affaires comme dans le monde politique, la situation respective des deux armées en présence n'est un mystère pour personne. Nul n'ignore que le Japon s'est méthodiquement préparé à cette guerre depuis des années. Toutes les ressources de l'industrie moderne la plus perfectionnée, toutes les découvertes de la science ont été mises à réquisition pour donner aux troupes, dont le patriotisme a été surexcité jusqu'à l'extase, le maximum de force de résistance et d'élan irrésistible, pour leur assurer tous les éléments de la victoire. On n'ignore pas davantage que, du côté russe, tout manque et que les efforts tardifs, tentés pour remédier à cette pénurie, sont paralysés par le désordre, l'incurie et l'improbité.

Par les informations sûres et précises de leurs correspondants à Saint-Pétersbourg, à Moscou, dans tous les grands centres commerciaux de l'Empire, les marchands de la Cité, les industriels, les expéditeurs ont appris que les conserves destinées à l'alimentation du soldat moscovite sont de qualité inférieure et avariées; les cuirasses des vaisseaux, dépourvues de l'épaisseur nécessaire, ne constituent qu'une protection illusoire; les couvertures, pendant les nuits glacées de la Mandchourie, font défaut, celles qu'une souscription patriotique de la Guild des Marchands avaient permis de recueillir, ont été retenues à Moscou et vendues à vil prix au profit de riches et puissants concessionnaires.

L'armée russe leur apparaît débilitée, émaciée, épuisée par les fatigues, les souffrances, les privations sans nombre, démoralisée par la désobéissance dont le haut commandement lui prodigue le contagieux exemple. L'indiscipline y fait d'effrayants progrès. L'adversaire n'a plus devant lui ces fameux grenadiers dont Napoléon disait: « Il ne suffit pas de les tuer, il faut encore les jeter par terre », mais des troupes sans cohésion, sans confiance dans leurs chefs et dans leur drapeau, accessibles à la panique, prêtes à la débandade.

Cet Empire, dont les entreprises en Orient leur inspiraient sans cesse une vague terreur, n'est plus à leurs yeux qu'un corps débile destiné à tomber sous les coups d'un lutteur avisé qui frappe d'une main sûre. Aussi leur admiration redouble-t-elle pour le monarque qui, en contractant en temps utile une alliance opportune avec le vainqueur de demain a su assurer à son pays la meilleure part du fruit de la victoire.

Edouard VII n'agissait donc pas à la légère quand il s'alliait au Japon et quand, aussitôt l'alliance conclue, il l'envoyait à la guerre. Il savait qu'il l'envoyait à un triomphe assuré. Mais, en suivant d'un œil attentif la suite ininterrompue de ses victoires, il savait aussi le point précis où il arrêterait le torrent envahisseur, où le flot conquérant serait obligé de mettre fin lui-même à ses conquêtes et de rentrer dans le lit qu'il s'était creusé.

Epuisé par ses propres victoires, vide d'hommes et vide d'argent, le Japon risquait de compromettre ses succès en se lançant, à travers des steppes sans fin, à la poursuite d'un ennemi qui, en éparpillant ses forces, en ne lui offrant aucune ligne fixe de résistance, le privait de l'espoir de livrer un engagement décisif, et capable de mettre fin à la campagne. Inquiet du nuage de jalousies qu'il sentait s'amonceler sur sa tête, instruit par l'expérience du traité de Shimonoseki où une coalition d'envieux l'avait dépouillé, sans coup férir, du fruit de ses victoires, le gouvernement du Mikado était trop en éveil pour ne pas saisir la première occasion favorable de clore les hostilités et d'assurer la conservation des résultats obtenus.

C'était le moment psychologique qu'Edouard VII avait habilement ménagé pour l'entrée en scène du Président Roosevelt. Sa qualité d'allié ne lui permettait pas de jouer le rôle de médiateur et d'arbitre, mais sa fine morgue aristocratique lui avait dès longtemps révélé l'envie du frère Jonathan de se poser en arbitre de la politique mondiale. Il crut habile de donner satisfaction à cette ambition et de consolider ainsi le rapprochement qu'il avait opéré entre les deux branches de la race anglo-saxonne contre la race tudesque. Le Président Roosevelt accepta avec empressement le rôle représentatif qui lui était offert, mais le maximum des exigences du Japon avait été déjà limité par des négociations entre lui et son allié.

Le succès de la mission de M. Witte était donc assuré à l'avance, et le financier diplomate, retournant le mot fameux de François Ier après la bataille de Pavie: « Tout est perdu, fors l'honneur », a pu clore les négociations par ce cri de triomphe « tout est perdu, fors les kopecks ».

Bel exemple de cette solidarité internationale si vantée. Si elle ne règne pas encore dans le domaine humanitaire, elle a triomphé, au moins cette fois, dans le domaine financier. Mettre à la charge du trésor impérial russe, déjà obéré par la défaite, tous les frais que le Japon avait dû exposer pour soutenir victorieusement cette guerre longue et dispendieuse, c'eût été porter un coup fatal au crédit de la Russie, et non moins, peut-être, à la situation financière de la France, dont l'Angleterre espère, le cas échéant, un concours effectif. Le marché européen, tout entier en aurait reçu un fâcheux contre-coup, et par conséquent celui de la Cité aurait été atteint. Le cours des rentes internationales doit être ménagé; quant aux vies de leurs soldats, les gouvernements peuvent les sacrifier sans compter, ce sont valeurs qui ne sont pas cotées en Bourse ni inscrites aux carnets des agents de change.

Combien plus expédient d'ouvrir largement au Japon la voie des emprunts. Le gouvernement du Mikado contracterait ainsi une obligation nouvelle vis-à-vis de ses puissants alliés. Les banquiers de Londres n'y perdraient rien et chanteraient de plus belle l'éloge de leur souverain. Le petit paysan japonais se serrerait le ventre pour payer les intérêts et l'abdomen britannique s'engraisserait.

Désormais la carte du Japon était jouée et son rôle terminé. Il pouvait dormir sur ses lauriers et panser les nombreuses blessures d'où s'étaient échappés le plus pur de son sang et le plus clair de son or, ou préparer, dans l'ombre, l'accomplissement de ses destinées guerrières.

Edouard VII veillait. L'œuvre commencée, en Russie, par la guerre étrangère, devait se continuer par la guerre civile. Sur un signal parti de Londres, cet amas de matières explosibles, dont nous avons signalé l'accumulation, allait s'enflammer. Il fallait suivre pas à pas l'incendie prêt à éclater pour ne pas lui permettre «l'étendre ses ravages au delà des limites posées par l'intérêt britannique. Car, si l'Angleterre estime qu'il lui importe essentiellement que l'expansion moscovite, en Orient, prenne fin, en Europe, au contraire, elle ne veut pas que la Russie cesse de figurer au nombre des grandes puissances militaires. Ne peut-elle pas, en effet, servir, au besoin, de contrepoids à l'hégémonie allemande ? C'était une œuvre délicate et ardue entre toutes.

Quelle nouvelle moisson de vies humaines ce sinistre fléau allait-t-il faucher? Quel nouveau torrent de calamités allait-il déverser sur ce malheureux peuple moscovite déjà si éprouvé? De telles considérations ne pouvaient entrer dans l'esprit du roi d'Angleterre. Non certes que le tout-puissant monarque, qui tient sous son sceptre tant de peuples divers, soit barbare et cruel. Loin de là. C'est un prince ami de la paix universelle, des traités d'arbitrage et de la conférence de la Haye. Autant qu'aucun de nos politiciens modernes, il est imbu du grand principe de la solidarité humaine. Il est jaloux du bonheur et avare du sang des hommes, mais en tant seulement que l'expansion de toutes ces généreuses vertus n'est pas incompatible avec les nécessités du développement incessant de la politique impériale.

Edouard VII est un aristocrate jusqu'au bout des ongles et un Anglais jusqu'à la moelle des os. Je ne connais rien capable de l'arrêter dans la poursuite de l'idéal qu'il a assigné à ses efforts: assurer la suprématie de la Grande-Bretagne sur le monde entier, affirmer la supériorité de la race anglaise sur toutes les autres races.

Ouvrez les annales de la Grande-Bretagne, dites-moi à quel moment, dans quelle circonstance, un homme d'État anglais a

II. Edouard VII et la Russie

hésité à déchaîner, sur les nations rivales, les pires calamités dès que l'intérêt du peuple anglais lui a paru le commander? Or, quel but plus grandiose pouvait se proposer le génie d'un roi d'Angleterre que de débarrasser l'horizon de son pays, du cauchemar qui angoissait, sans cesse, la quiétude de ses triomphes, de ce colosse de glace qui, depuis Napoléon, apparaissait seul, aux yeux de l'Univers en suspens, comme capable de contre-balancer la fortune britannique et, peut-être, un jour, dans les Indes, de l'abattre?

Les pillages, les incendies, les meurtres et les massacres, allez-vous croire que c'est lui qui les ordonne? Ce n'est pas lui qui pousse les mains criminelles à lancer les bombes incendiaires, ce sont les passions invétérées, les haines aveugles des hommes et des peuples, les rivalités séculaires des races et des religions, dont il n'est pas l'auteur, dont personne ne peut le rendre responsable. Lui, il n'est que le providentiel metteur en action du drame sanglant qui ouvre la voie au peuple prédestiné vers l'apothéose de la domination universelle à laquelle il est appelé.

Il peut les contempler, avec sérénité, du haut de son trône impérial, comme du haut des cieux, le Dieu des armées, dont il a appris à révérer les augustes décrets dans sa Bible, contemplait l'extermination des Philistins, coupables d'arrêter la marche de son peuple d'élection.

Un esprit vindicatif et bas, voyant à ses pieds l'ours moscovite grièvement blessé, aurait eu la pensée de l'achever, de le dépecer, d'en jeter les lambeaux en pâture aux appétits de ses voraces voisins. Edouard VII est exempt de ces petitesses. Il veut du vaincu de la veille pouvoir, à son gré, faire l'allié du lendemain. Il exige que la vie du tsar soit respectée, que son trône demeure debout, que ses États européens ne soient pas morcelés. Il connaît le cœur de Nicolas II, il sait que les services rendus ne sont pas oubliés par lui et qu'il ne sera jamais sourd à la voix de la reconnaissance.

En grand seigneur de race royale, il n'oublie pas qu'obliger un ami dans la détresse, c'est l'obliger deux fois. Il sait qu'après une guerre longue et malheureuse les besoins d'argent sont pressants. Il facilite les combinaisons financières propres à tirer d'embarras son jeune cousin, il le fait d'autant plus généreusement qu'il n'accorde, en définitive, à l'opération que l'appui moral de l'Angleterre et ne prodigue que l'or de ses féaux alliés et amis, les Français.

Il se montre d'autant plus empressé à offrir ses bons offices que, au plaisir de servir un ami, se joint le plaisir non moins sincère de desservir un rival. Bismarck a fait longtemps d'une étroite entente avec la Russie la base et le pivot de la politique allemande. Guillaume II n'a rien négligé pour conquérir la confiance de la couronne et du peuple moscovite. Pour s'assurer ce point d'appui précieux, il n'a rien négligé: promesses d'appui, offres de concours, rien ne lui a coûté.

Sur ce terrain, Edouard VII aspire à le supplanter. Il soigne grandement sa popularité sur les bords de la Néva. Un courant s'y dessine en sa faveur, on achève d'y oublier le français, la langue des salons aristocratiques, dans ces siècles derniers. On y désapprend l'allemand qui tendait à le supplanter, depuis nos désastres de 1870. C'est l'anglais qui devient à la mode. Dans le monde judaico-libératre, c'est aujourd'hui, de l'engouement pour l'ancien ennemi héréditaire.

Dans les milieux qui font volontiers des avances aux partis révolutionnaires, il n'est plus question que d'une alliance anglo-franco-russe. On préconisait naguère, on prédisait, déjà, la visite d'une escadre anglaise à l'antique forteresse qui protège l'embouchure de la Néva, visite que les débris de la flotte russe se seraient empressés d'aller rendre à Portsmouth. On espérait parodier ainsi les inoubliables fêtes de Cronstadt et de Toulon. Nicolas II a pensé, sans doute, qu'il était encore trop tôt pour célébrer des réjouissances sur les bords de la Néva et pour acclamer le fidèle allié du Japon.

Content d'avoir fermé à la Russie l'accès des océans, de lui avoir interdit la route des Indes, d'avoir étouffé son essor en Extrême-Orient, Edouard VII la verrait avec plaisir se relever de ses ruines et reconstituer son armée, pour coopérer, au besoin, avec la France, son alliée.

Que l'Empire des tsars développe les inépuisables richesses de son sol et de son sous-sol, le commerce du monde, dont l'Angleterre a bien sa part, en profitera, mais plus de visées trop ambitieuses. Pour couper court au retour d'accès de mégalomanie, au poison trop rapide de la révolution, on substituera l'action plus lente mais plus anémiante du parlementarisme. On inoculera la maladie du sommeil.

Aux yeux d'un Anglais, observateur informé et sagace, c'est un spectacle amusant que toutes ces parodies du parlementarisme britannique qui se jouent sur notre continent. Arrivée la dernière sur la scène du monde, la Douma de Saint-Pétersbourg a, en quelques semaines, surpassé toutes les autres par le grotesque et l'odieux.
Sans idée, sans préparation préalable, sans connaissance pratique, sans aucun sentiment des devoirs du législateur et des droits du gouvernement, la Douma a prétendu tout bouleverser et tout transformer de fond en comble, elle n'a abouti qu'à une logomachie vide de sens et pleine d'incitations criminelles. Elle a répudié toute coopération dans le bien qu'elle pouvait aider à réaliser, elle a accepté sa responsabilité dans tous les meurtres, les pillages et les incendies perpétrés par la révolution.
On eut vite fait, à Londres, de dévisager tous ces aboyeurs du palais de Tauride; sous le masque d'un collectivisme échevelé, d'un communisme sans limites, on a vite découvert une spéculation financière éhontée. Les prétendus partageurs n'étaient que des marchands de terrains, la fameuse bande noire juive qui veut acheter à la noblesse ses terres à vil prix, pour les revendre très cher aux paysans.
Le bon sens public protesta contre les accès compromettants de cette démence impuissante. On aurait voulu que le jeune Parlement s'amendât ou qu'il disparût. A Londres, on prétendait au contraire, l'imposer au gouvernement impérial. On ne reconnaissait pas au tsar le droit de s'en débarrasser.
Quand, par un accès de vigueur inattendue, Nicolas II dispersa ces fantoches, l'étonnement d'abord fut extrême chez nos voisins, puis à la grande surprise, succéda la grande colère. Il fallait faire saisir au tsar qu'il n'était plus le maître chez lui et qu'à l'autocratie des Romanoff avait succédé l'autocratie anglaise. On pétitionna fort et on résolut d'aller

porter en corps la pétition à Pétersbourg et d"imposer à l'Empereur une rétraction.

La Russie fit comprendre qu'elle n'était pas encore une satrapie britannique et que Nicolas II n'était pas un maharajah de l'Inde.

Edouard VII aime à se servir de la Révolution, partout son fidèle auxiliaire, mais il n'aime pas que la Révolution le compromette et le croie son esclave. Désavoués par leur maître, les charlatans de libéralisme se sont cachés dans l'ombre. La Russie s'est ressaisie. Le monde a senti qu'elle a encore du sang dans les veines et que Stolypine n'est pas Clemenceau.

Cette maladresse des gaffeurs incorrigibles a fait perdre à la politique d'Edouard VII une partie du terrain conquis, certes, il n'est pas le dernier à s'en rendre compte. Il saura y remédier.

Désormais, appuyé sur l'alliance du Japon dont les troupes, jusqu'ici invincibles, se constituent les gardiennes de son Empire des Indes, sans rival en Extrême-Orient, maître du golfe Persique et de la mer Rouge, il n'a plus rien à craindre ni en Asie, ni en Afrique, il peut tourner tout son effort contre son rival de l'Occident.

CHAPITRE

III. Edouard VII et l'Allemagne

Dès avant l'avènement au trône d'Edouard VII, les liens d'étroite amitié politique qui avaient uni, pendant de longues années, l'Angleterre à l'Allemagne, s'étaient relâchés.

Quelques esprits attardés dans les étroites rancunes du passé, dans les mesquines passions du puritanisme contre la moderne Babylone ou du méthodisme anglican contre le papisme, avaient essayé de réchauffer les sympathies d'antan par la perspective d'une action commune contre la France, Chamberlain s'était fait l'orateur et le protagoniste de cette politique.

Tous ses efforts n'avaient éveillé, chez ses compatriotes, qu'un écho bien affaibli; en Allemagne, ils n'avaient soulevé que méfiance et répulsion non dissimulées.

Edouard VII, en montant sur le trône, apportait des idées plus hautes, des vues plus ré flèches
 et plus larges, une compréhension plus saine de la situation contemporaine de l'Europe et de la position respective des diverses puissances continentales.

Il voyait très clairement que, désormais, une seule puissance, en Europe, était capable de disputer à l'Angleterre le commerce du monde et, peut-être même un jour, le cas échéant, l'empire des mers, c'était l'Allemagne.

Dès lors, l'Angleterre ne devait plus connaître, sur le continent, qu'un seul ennemi, l'Allemagne.

Le roi d'Angleterre ne pouvait considérer les autres Etats continentaux que comme des pions à manœuvrer sur son échiquier pour faire l'Empereur d'Allemagne échec et mat. Conquérir leur amitié, s'assurer leur alliance ou, tout au moins, leur concours éventuel en vue de certaines hypothèses déterminées, c'étaient autant d'atouts mis dans son jeu.

Au contraire, suivre le plan de Chamberlain, favoriser un nouveau conflit entre la France et l'Allemagne, assurer, dans ce conflit, un nouveau triomphe à l'Allemagne, c'eût été, aux yeux du successeur de la reine Victoria, la plus noire des folies. C'eût été décupler les forces de l'Allemagne dans sa lutte future et inévitable contre l'Angleterre, c'eût été non pas éloigner ou détourner cette redoutable éventualité, mais la rendre plus proche et plus dangereuse.

Edouard VII ne se faisait aucune illusion sur la gravité des conséquences de ce duel commercial et maritime entre l'Angleterre et l'Allemagne qui, dès avant son avènement au trône, se dessinait très nettement, préoccupait les esprits et chauffait les imaginations de l'un comme de l'autre côté du détroit.

L'idée d'une guerre est généralement impopulaire sur le continent européen.

L'Allemagne ne craint pas la guerre, elle s'y croit préparée. La guerre lui a valu d'inoubliables avantages, des triomphes glorieux sur une armée, réputée jusqu'alors la première du monde, des conquêtes d'autant plus appréciées qu'elles ne constituaient pas seulement un riche accroissement de territoire, mais encore, aux yeux d'un peuple rancunier par tempérament et nourri, dès l'école, des souvenirs haineux du passé, la réparation nécessaire des injures subies. A la guerre, enfin, elle est redevable de son unité, dont elle est grandement fière, dont elle tire de nombreux avantages moraux et matériels.

La nation cependant, prise en son ensemble, ne veut pas la guerre. Elle a la conviction que le temps et la paix travaillent pour elle. Si elle est déjà prête pour la victoire, en sachant attendre, elle sera plus prête encore. Si, dès aujourd'hui, elle possède, sur le continent, une armée la plus forte par le nombre et par la discipline, en continuant avec persévérance son effort, elle aura, avant peu, une flotte non moins redoutable. Elle voit son unité se consolider, sa force d'expansion se développer avec un élan que rien n'arrête. Il y a avantage à laisser l'œuvre d'insinuation, de pénétration successive et méthodique, qu'elle a entreprise sur tous les points du globe, s'affermir avant de vouloir prématurément en cueillir les fruits.

Absorbée dans l'œuvre de l'accroissement de ses forces économiques, industrielles et commerciales, avant tout elle ne veut pas la compromettre. Elle la sent assez avancée déjà pour éveiller les susceptibilités jalouses de ses rivaux, mais trop récente encore et trop fragile pour ne pas craindre un choc avec eux, elle souhaite ne pas être troublée dans sa marche, ne pas être distraite du but qu'elle s'est proposé. Aussi, en dehors de cercles militaires, où des officiers, par hâte d'avancement, par entraînement professionnel, par désœuvrement, rêvent de lauriers à cueillir sur les champs de bataille, l'Allemagne ne hâte pas de ses vœux l'éclosion d'une guerre nouvelle.

La France, inquiète de ses destinées, effrayée de la désorganisation croissante de ces forces vives qui seules, rendent la résistance possible contre un adversaire puissant, a, d'instinct, horreur de la guerre. Elle ne l'accepterait qu'à la dernière extrémité. Je ne parle pas de son alliée, la Russie. Pour longtemps, elle semble mise hors de combat. — L'Autriche, dont les éléments disparates se désagrègent chaque jour davantage et menacent, à chaque instant, de rompre les faibles liens qui les unissent, n'a guère moins besoin de la paix que la France elle-même. Seule l'Italie peut paraître agitée de velléités envahissantes et guerrières, plus superficielles que profondes Sous la direction du mégalomane Crispi, elle poussait Bismarck à nous déclarer la guerre. Elle rêvait un nouveau démembrement de la France et prétendait s'enrichir d'une partie de nos dépouilles. Avec Crispi, ses projets francophobes se sont ensevelis dans la tombe. Les destinées de notre sœur d'au delà des monts sont confiées à des mains plus sages et moins agressives contre nous. Elle oscille, avec une dextérité d'équilibriste consommé entre l'alliance anglaise et l'alliance allemande. Entre ces deux pôles également attractifs et également périlleux, elle n'a encore réussi à se décider et elle ajourne la reconstitution, à son profit, de l'Empire romain.

Ainsi, sur tout le continent européen, les peuples ou redoutent la guerre ou, tout au moins, n'appellent pas de leurs vœux son explosion immédiate. Tout autre est l'état d'âme de l'Angleterre. Les nations qui vivent et s'enrichissent par le commerce maritime sont essentiellement belliqueuses. Elles ne peuvent souffrir que la maîtrise des océans leur soit contestée. Toute atteinte à leur supériorité navale est une menace directe à leur commerce, à leur prospérité, à leur existence. Dans ce domaine du négoce international, l'histoire nous l'enseigne il n'y a pas d'atermoiements, pas de concessions possibles. Malheur à qui s'est laissé enlever le premier rang! Il est, à bref délai, précipité dans la déchéance et dans la ruine.

Une nation insulaire, maîtresse des mers, qui voit surgir à ses côtés une compétition, a tout intérêt à brusquer l'événement. Il y aurait folie évidente, de sa part, à attendre que la flotte rivale soit devenue assez forte soit par elle-même, soit par ses alliances, pour venir l'assiéger dans son île et l'étouffer dans son nid.

L'Angleterre est donc condamnée, par la logique même de sa situation, à surveiller d'un œil jaloux les progrès maritimes de toutes les autres nations. Dès qu'apparaît à l'horizon une force capable d'entrer un jour en lutte avec elle, son bon sens égoïste et pratique lui commande de fondre sur le reptile et de l'écraser dans l'œuf avant qu'il ait eu le temps de dérouler ses anneaux et de la broyer.

Le développement du commerce maritime allemand a éveillé l'attention du monde entier. Comment aurait-il échappé à l'Angleterre, plus intéressée que tout autre à en épier les phases successives ? Comment n'aurait-il pas éveillé ses appréhensions ?

L'Angleterre et l'Allemagne, il est vrai, ont été longtemps amies. Mais quel lien les unissait? Un seul: la haine commune contre la France. La France portait ombrage à la suprématie navale de l'Angleterre, à la suprématie continentale de l'Allemagne. La France était l'ennemi commun. Il fallait l'abattre. Aujourd'hui, la France est abattue, les tentatives qu'elle avait faites pour se relever sont paralysées par les

III. Edouard VII et l'Allemagne 39

visées mesquines du parti qui triomphe et le désordre de ses finances. Elle ne porte donc plus ombrage à personne. Mais la flotte grandissante de l'Allemagne est une menace pour l'Angleterre, le commerce allemand supplante le commerce anglais. L'Allemand c'est l'ennemi; contre l'Allemand se reportent les animosités britanniques qui nous ont poursuivis pendant des siècles.

Certains publicistes méfiants prédisent que, si, dans une guerre nouvelle, les Allemands devaient nous infliger de nouvelles défaites, en dépit de l'entente cordiale, on verrait encore, comme en 1870, Londres célébrer, par des le Deum d'actions de grâces, les victoires germaniques. Je crois qu'ils sont dans une complète erreur. Tant que l'Allemagne n'aura pas comblé ses ports et brûlé ses vaisseaux — et elle ne me paraît pas disposée à le faire, même pour reconquérir les précieuses sympathies de ses amis d'antan, — il n'y a pas de danger que les triomphes germaniques soient célébrés par nos voisins d'Outre-Manche. J'estime, au contraire que, si la victoire, un moment infidèle, devait revenir sous nos drapeaux, nulle part nos succès ne seraient accueillis avec un aussi sincère enthousiasme qu'en Angleterre. S'il n'y a pas d'autre obstacle pour nous arrêter que la crainte de mécontenter nos nouveaux amis, nous pouvons, sans retard, reconquérir l'Alsace-Lorraine et marcher sur Berlin. De ce côté, nous ne recevrons que des encouragements.

Sous le règne de la reine Victoria, on disait communément que les sentiments d'estime et d'affection réciproques que se prodiguaient les deux monarques éveillaient un écho sympathique dans le cœur de leurs sujets et contribuaient puissamment à resserrer les liens entre les deux peuples. Faut-il dire, aujourd'hui que les sentiments de moindre sympathie que se témoignent les deux nations sont également l'image des sentiments que leurs souverains éprouvent réciproquement l'un pour l'autre ? Je l'ignore. Il ne m'appartient pas de sonder le cœur des rois et de démêler, au fond de leurs âmes, leurs secrètes impressions. Edouard VII est le cœur le plus anglais qui existe en Angleterre. Si l'on en croit la commune renommée, Edouard VII n'oublie pas facilement les injures faites à la personne du roi d'Angleterre, ni même au prince de Galles; ce qu'il y a de certain c'est qu'il ne pardonne jamais une offense au peuple anglais.

Edouard VII a considéré comme une offense à la nation britannique la lettre de félicitation, adressée par Guillaume II au président Kruger, après l'échec de l'attentat perpétré par le Dr Jameson contre l'indépendance du Transwaal. Plus l'acte était injustifiable, plus il était flétri par l'opinion du monde entier, plus il était cruel pour l'orgueil britannique de le voir dénoncer et clouer au pilori par un jeune souverain que l'Angleterre avait jusqu'alors traité en enfant de prédilection et qui devait, pour une grande part, à la connivence de cette même Angleterre, à sa complicité indéniable, cette couronne impériale dont il ceignait si orgueilleusement son front.

L'injure fut d'autant plus vivement ressentie que la lettre impériale fut suivie d'invites, discrètes mais non secrètes, aux grandes puissances continentales de confirmer, d'aggraver le sens comminatoire de ce message insolite au chef d'un Etat que la Grande-Bretagne considérait comme placé sous sa suzeraineté. Dès lors, l'Angleterre y vit une exhortation adressée aux républiques Sud-Africaines par le Kaiser pour les pousser à secouer le joug du protectorat britannique et à lever l'étendard de la révolte pour les encourager enfin à faire appel à l'aide et à l'intervention de l'Europe et à placer leur indépendance sous sa sauvegarde.

Si les autres grandes puissances, qui n'avaient aucune raison de vouer à l'Angleterre les sentiments de reconnaissance que lui devait l'empire germanique, avaient suivi ces conseils si favorables à leurs intérêts, si elles avaient écouté la voix prophétique de Guillaume II et étaient entrées dans la voie que leur ouvrait son génie , la paix du monde eût été, pour longtemps, sauvegardée et la liberté des mers n'eût plus été un vain mot.

C'était le renversement des rêves de domination exclusive, d'Alexandrie au Cap, caressé si amoureusement par l'Angleterre. Du coup, Guillaume II arrachait au front d'Edouard VII la couronne d'Empereur d'Afrique Occidentale qui ira bientôt s'y accoler à la couronne d'Empereur des Indes.

III. Edouard VII et l'Allemagne 41

Edouard VII n'est pas de ces souverains grandiloquents qui étalent dans des discours retentissants le ressentiment des injures faites à leur personne ou à leur pays. Il sait dissimuler. —Il s'est contenté de battre froid à son impérial Cousin et de ne répondre à aucune de ses avances. Il a fait, ostensiblement, échouer toute tentative de rapprochement. Il s'est dérobé à toute effusion.

Par cette attitude, visiblement calculée, il a souligné les attaques réciproques échangées entre les presses des deux pays; il les a, pour ainsi dire, authentiquées. Ce ne sont plus seulement les élucubrations de personnalités sans mandat; ce sont les échos, exagérés, peut-être, et voués, en cas de besoin, au démenti, mais, au fond, fidèles, des sentiments des deux peuples et de leurs gouvernements. Il a, ainsi, donné à l'Europe et au monde entier la perception très nette qu'ils se trouvaient en présence de deux champions, décidés à jouer, l'un contre l'autre, la partie suprême dont l'enjeu est la domination des mers et la prépondérance sur les continents.

Si Edouard VII partage les sentiments de son peuple, il ne partage pas ses emballements. Il sait contenir, autour de lui, les ardeurs belliqueuses prématurées. Il les laisse couler en flots d'encre inoffensifs dans les colonnes des journaux. Au milieu des ébullitions populaires, il conserve son sang-froid, connaît à fond son métier de roi, dont il a su faire sur les marches mêmes du trône une étude méthodique et n'encourt aucune responsabilité qu'à bon escient.

Sa marche est calculée sur une connaissance exacte du terrain à parcourir, son pas est mesuré autant que ses coups sont sûrs. Il dirige et prétend n'être dirigé par personne; dans son peuple lui-même comme dans ses ministres, il ne veut voir que les instruments dociles de ses volontés. Son peuple le sait, il a confiance dans son étoile, il fait foi à l'orientation qu'il imprime à ses destinées, heureux et fier de coopérer dans la mesure de ses forces à l'exécution des décisions de son maître. Ses impulsions sont suivies par tous ses sujets, sans distinction de classe ni de rang, avec zèle, avec loyalisme, avec enthousiasme. Aucune note discordante, aucun mouvement désordonné ne trouble l'unité de la politique nationale.

Edouard VII n'ignore pas la difficulté de la lutte que les circonstances lui ont imposée et la grandeur des efforts que coûtera la victoire. Il sait qu'il n'a pas seulement devant lui un Empire redoutable entre tous par la puissance des armes et le patriotisme de la population, mais encore un Empereur qui, à lui seul, vaut un Empire.

Il souligne, peut-être, d'un sourire malicieux, les prétentions de Guillaume II quand il se pose en héros moyenâgeux, en petit-neveu de Charlemagne et en chevalier de la Table ronde. Il n'admet pas son affectation de jouer le rôle d'Empereur mondial, de revendiquer les droits de l'Allemagne, sur des points du globe où l'Allemagne n'a aucun droit et de la prétendre lésée, là où elle n'a pu être lésée parce qu'elle n'existe pas.

La claire perception de ces travers ne l'empêche pas de rendre justice aux rares qualités d'un rival merveilleusement doué pour fanatiser un peuple et une armée, à la pénétration extraordinaire de son esprit, à son activité infatigable, à son initiative hardie et jamais en défaut, à son admirable compréhension de tous les intérêts de ses sujets, à son ardeur à les servir, à son habileté à parler aux imaginations et à les tenir en haleine, à se faire aimer, estimer et, au besoin, redouter de tous.

Ces dons de la nature, suffisants pour faire un grand monarque, il les lui concède, il reconnaît que leur puissance est accrue chez lui par une volonté de fer appliquée sans cesse à en décupler l'effet. Mais ne sont-ils pas compensés par des défauts éminemment dangereux chez un souverain quasi absolu: un caractère trop impulsif, une pose trop théâtrale, une exubérance de langage parfois compromettante, un geste toujours beau mais, dans certains cas, périlleux, car, pour un Empereur, la difficulté n'est pas de réaliser la beauté du geste, mais de répondre aux espérances qu'il engendre ou d'exécuter les menaces qu'il comporte? Observateur flegmatique et sagace, Edouard épie toutes ces fautes, décidé à les exploiter sans merci.

III. Edouard VII et l'Allemagne 43

Guillaume II a, derrière lui, le prestige du génie de Bismarck qui, de ses mains puissantes, avait saisi tous les fils de la politique européenne et les avait monopolisés au service de l'Allemagne, si bien qu'il ne se déplaçait pas un secrétaire dans une Chancellerie, sans qu'il en fût avisé, qu'il ne s'expédiait pas une dépêche, sans que le contenu de cette dépêche ne lui eût été soumis et n'eût reçu son approbation. La poigne du chancelier de fer a laissé des traces profondes que le temps n'a pas effacées et qui inclinent les puissances continentales à marcher dans l'orbite de l'Allemagne.

Guillaume II a, à ses côtés, la triple alliance, cette œuvre la plus extraordinaire du génie de Bismarck; cette alliance cimentée non par les sympathies réciproques des peuples qui la forment, mais par la haine mutuelle que deux d'entre eux s'inspirent réciproquement et par la crainte commune qu'ils éprouvent simultanément du troisième; pacte rendu indissoluble parce que deux des puissances qui l'ont signé, l'Autriche et l'Italie n'ignorent pas que la rupture du lien qui les unit serait le signal d'une guerre inévitable entre elles, où elles s'épuiseraient toutes les deux pour tomber victimes de l'Allemagne qui convoite leurs ports dans l'Adriatique et leur commerce dans la Méditerranée.

Rompre ce faisceau, si diaboliquement noué par Bismarck et que la crainte resserre des que la haine le relâche, est une œuvre ardue, le laisser intact présente de graves périls pour l'Angleterre.

La prétention de Guillaume II d'étendre la sphère de cette alliance des puissances de l'Europe centrale, d'y faire entrer, avec l'Autriche et l'Italie, la France et la Russie, de fondre la duplice dans la triplice, de constituer du tout une grande coalition continentale permanente, dont il serait le chef économique et politique et dont la pointe serait, plus ou moins ouvertement, tournée vers l'Angleterre, n'était un secret pour personne en Europe. Elle était fort commentée de tous côtés et, il faut le reconnaître, généralement accueillie avec faveur.

L'Angleterre a semé, de par le monde, tant de mécontentements, blessé tant de susceptibilités nationales par son arrogance, lésé tant d'intérêts par son égoïsme que l'idée faisait rapidement son chemin. Elle rencontrait des adhésions spontanées, des apôtres ardents et convaincus dans tous les pays, non seulement chez les grandes puissances, mais aussi, et surtout peut-être, dans les Etats secondaires dont l'appoint n'est pas à dédaigner.

Le projet d'une ligue maritime de toutes les puissances continentales pour défendre la liberté des mers et la sécurité des colonies européennes contre les coups de force toujours menaçants des escadres britanniques, n'est pas nouveau, il remonte à plusieurs siècles en arrière. Il a toujours été très populaire.

La France était autrefois désignée pour présider à cette ligue. L'Allemagne semble aujourd'hui tout indiquée pour la diriger et, du moment que la France doit aussi y prendre place, toutes garanties d'équité et de force sont assurées.

En présence du développement incessant de l'expansion industrielle et commerciale des Etats-Unis, de l'Australie, des colonies anglaises de l'Amérique du Nord, des appréhensions, suscitées chez beaucoup d'esprits prévoyants par la concurrence déjà si intense que nous font certains produits de l'Extrême-Orient, la pensée d'une union douanière continentale pour protéger le marché européen et le réserver à l'agriculture et à l'industrie européennes comptait de très nombreux propagandistes.

La ligue prenait alors un double aspect, elle n'était plus seulement politique et militaire, elle étendait ses effets aussi sur le domaine économique et se transformait, sur ce terrain, en un vaste Zollverein continental.

Les zélateurs de cette combinaison faisaient observer que l'entente pour la défense navale des côtes, des ports, du commerce et des colonies, l'union, douanière pour la protection du marché intérieur au profit de l'industrie et de l'agriculture des diverses nations coalisées, amèneraient, nécessairement, entre elles, une détente progressive, un oubli des griefs passés, un échange de relations cordiales et confiantes qui conduiraient, par la voie la plus simple, la plus sûre et la plus efficace à la diminution de ces armements excessifs qui surchargent les budgets continentaux et ren-

III. Edouard VII et l'Allemagne

dent, aux Etats européens, si difficile la lutte économique contre les pays du Nouveau Monde.

Du domaine de la théorie pure et de la polémique de journaux, la question s'était peu à peu impatronisée dans les diverses chancelleries continentales. Nulle part, elle n'avait reçu un accueil défavorable. Elle faisait le thème fréquent de conversations entre diplomates. On écartait, tout d'abord, bien entendu, toute arrière-pensée agressive contre l'Angleterre. On se mettait facilement ('accord pour préconiser une union purement défensive sur le terrain exclusivement économique. Sous ce couvert très prudent, grâce à des propositions de tarifs douaniers, pour le nouveau Zollverein, très savamment étudiées, très habilement combinées de manière à donner satisfaction à tous les intérêts, même à tous les appétits en jeu, le projet prenait corps et consistance. Il cheminait sans encombre, vers un heureux accomplissement. Que la France donnât son adhésion et l'œuvre, si elle n'était consommée, n'était pas loin de l'être.

Guillaume II avait très sensiblement, par un mouvement lent mais continu, modifié l'attitude de l'Allemagne au regard de la France. Au ton brusque et arrogant de Bismarck, aux incessantes menaces de guerre et d'invasion, aux guets-apens sur la frontière, à l'enlèvement, à l'emprisonnement de nos agents, il aval fait succéder des rapports plu normaux, des relations courtoises et polies. Au fie il avait substitué le miel.

Guillaume II a fait du cœur de nos compatriote une étude psychologique approfondie. Il n'ignore pas combien ils sont accessibles aux avances, au distinctions, aux flatteries. Il avait multiplié le séductions, et c'est un séducteur à qui il est difficile de résister.

Peu à peu, il avait décommandé et laissé tombe en désuétude, dans les fêtes des vétérans, les corn mémorations de souvenirs sanglants, les anniversaires d'hécatombes humaines. Les vieux cliché contre l'ennemi héréditaire disparaissaient de journaux officieux comme des harangues officielles Les autorités allemandes ne laissaient guère échapper une occasion d'échanger de bons office et, dès que les circonstances le permettaient, ('e congratulations avec les autorités françaises. L'Empereur se plaisait à donner le signal de ces manifestations symptomatiques.

Nos officiers, accueillis, naguère, avec méfiance et hostilité, étaient reçus à bras ouverts. Aucun notabilité française ne passait à Berlin sans être l'objet de prévenances délicates. Simultanément les quelques conflits coloniaux que nous avions avec l'Allemagne, les contestations épineuses st les délimitations de frontières était rapidement tranchées, à notre satisfaction, par des entente faciles entre les délégués des deux pays.

Ces avances ne demeuraient pas infructueuses Qui l'eût cru, il y a quelques années? Le kaiser commençait à se créer parmi nous, sinon un parti, toi lu moins des panégyristes convaincus. Si la sympathie populaire se refusait encore à l'Empereur d'Allemagne, elle se laissait apprivoiser par la personnalité de Guillaume II, dont les manifestations, en faveur des Républiques Sud-Africaines, avaient éveillé un écho dans les cœurs français.

Si les séductions de Guillaume II avaient réussi à étendre leur empire jusqu'en France, le centre forcément le plus réfractaire à leur action, dans les pays qui ne conservaient pas contre le nouvel Empire les souvenirs sanglants de 1870, qui ne portaient pas les plaies mal cicatrisées d'une guerre récente, qui, au contraire, étaient liés à l'Allemagne par des communautés de langue et d'origine, par d'anciennes confraternités d'armes, par les services reçus ou rendus, elles prenaient un ascendant chaque jour croissant. Par ses voyages multipliés, par ses visites réitérées, aux maisons régnantes, par ses croisières dans toutes les mers de L'Europe, il se créait partout des relations sympathiques.

Du nord au midi, il n'était pas encore proclamé mais il était déjà accepté, par les imaginations populaires, comme le futur Empereur d'Occident. Jusque dans la péninsule ibérique, son influence contrebalançait celle de l'Angleterre; elle l'avait supplantée à Constantinople.

III. Edouard VII et l'Allemagne

«Le chemin de Constantinople passe par la porte de Brandbourg», avait coutume de répéter le prince de Bismarck. L'Empire allemand, dès qu'il s'est constitué, a aspiré à jouer à Constantinople un rôle prépondérant. Ce n'est pas sans raison. La puissance, qui exerce sur les affaires ottomanes une influence dominatrice, de ce seul fait, possède sur les résolutions du concert européen une action souvent décisive, tant en raison des ardentes compétitions que soulève la succession toujours ouverte de l'homme malade, qu'à raison des nombreux conflits de races et de religions qui, à l'état endémique, troublent et ensanglantent ses provinces.

La France et la Grande-Bretagne ont, pendant longtemps, fait de cet axiome la base de leur politique. Elles se disputaient le premier rang, elles n'auraient permis à personne de se substituer à elles et d'usurper leur place, prêtes, l'une et l'autre, à se coaliser pour chasser l'intrus. Aujourd'hui, pour des motifs divers, toutes les deux ont déserté ce poste et semblent avoir renoncé au prestige qui y est attaché.

L'apogée de l'influence française dans ces régions, d'une importance capitale pour notre pays au triple point de vue maritime, commercial et stratégique, a été l'époque de notre expédition en Syrie... Nous avions montré tant de grandeur et de générosité; nous avions fait preuve d'un désintéressement jusqu'alors si inusité et qui, depuis, n'a pas été imité; nous avions été si impartiaux et si humains, si habilement pacificateurs; nous avions affirmé, à un tel degré, les deux qualités éminentes qui, aux yeux des Orientaux, constituent l'idéal du gouvernement parfait: la force et la justice, que nous avions conquis tous les cœurs; nous étions maîtres de toutes les imaginations: turcs, druses ou maronites, musulmans, grecs, arméniens ou catholiques, toutes les races, comme toutes les confessions religieuses ne juraient que par le nom de la France.

Depuis lors, notre prestige n'a fait que décroître. La désertion de notre mission séculaire de champions des droits de l'humanité contre les excès du fanatisme musulman, par notre refus de concours pour arrêter les massacres d'Arménie, lui a porté un coup funeste. La brutalité de notre intervention armée pour faire rentrer des créances véreuses, dans l'affaire Lorando et Tubini, a atteint notre considération. L'abandon de l'Egypte et, surtout, la désorganisation de nos missions et de nos écoles confessionnelles sonnent, en ce moment, le glas de notre influence.

La différence de religion établit entre les peuplades, d'origine et de mœurs diverses, coexistant sur le sol de l'Empire ottoman, un fossé jusqu'ici infranchissable. Tous ceux qui n'appartiennent pas à la race et à la secte conquérante, vivent perpétuellement sous la menace d'un despotisme farouche et de persécutions atroces. Dès lors, la question confessionnelle prime forcément toutes les autres et les relègue au second plan. Tout catholique était un client né de la France, client non seulement de sa politique mais de son commerce, de sa langue, de son instruction et de sa mentalité. C'était d'elle qu'il attendait toute lumière et toute protection. Désormais, il tournera ses regards vers un autre point d'appui et les offres de protectorat ne lui manqueront pas.

L'Angleterre, elle aussi, a renoncé à jouer, à Constantinople, le rôle prépondérant auquel, autrefois, elle attachait une importance capitale. Mais ce changement d'attitude, au regard de l'Empire ottoman, n'a pas, chez elle, les mêmes causes que chez nous. Sa raison d'être est tout autre. Il provient d'un plan, longtemps médité, dont elle a soigneusement pesé les avantages et les inconvénients et dont elle poursuit la réalisation avec sa méthode et sa ténacité habituelles.

Maîtresse de Chypre et de l'Egypte, de l'Empire des Indes et de l'Afrique occidentale, ayant placé sous son contrôle exclusif la mer Rouge et le golfe Persique, elle prépare, à bref délai, la conquête de l'Arabie. Lille tient, en effet, essentiellement, à placer sous son autorité la Mecque, la cité sainte, la capitale religieuse de l'Islam. Elle compte, dans ses possessions asiatiques et dans ses possessions africaines, des millions de mahométans qui constituent, partout, la partie la plus active, la plus intelligente, la plus commerçante, la plus guerrière et la plus apte à être disciplinée de la population.

L'Angleterre a, déjà, plus de sujets musulmans que le commandeur des croyants lui-même. Elle ne veut pas laisser à un

III. Edouard VII et l'Allemagne

souverain étranger, d'une politique aussi tortueuse, aussi machiavélique, aussi versatile que le sultan, le haut magistère religieux qu'il exerce sur les sectateurs de Mahomet. Avec son admirable compréhension des obligations qui lui incombent pour rendre son empire sur les peuples durable et indiscuté, elle ne veut pas régner seulement sur les corps, elle veut régner aussi sur les âmes. Comme la Rome antique transportait dans son Panthéon les divinités des peuples vaincus, pour montrer aux nations que l'Olympe même ne pouvait échapper à sa loi, l'Angleterre ne peut permettre que la direction spirituelle des nations qu'elle gouverne s'exerce dans une cité indépendante de son empire par une autorité religieuse soustraite à sa loi. Au commandeur des croyants qui siège à Constantinople, elle veut opposer un autre chef de l'islam, dont l'autorité religieuse soit aussi authentique, aussi indiscutable, et qui, siégeant dans la ville sainte, entouré du respect des fidèles, reçoive les innombrables pèlerinages, et exerce son magistère suprême sous le contrôle britannique.

Dès lors, l'affaiblissement matériel et moral du sultan, en Europe et surtout en Asie, favorise, loin de contrarier les desseins de l'Angleterre; si elle surveille ce qui subsiste encore de cette fameuse intégrité de l'Empire ottoman, que l'Europe semble n'avoir prise sous sa sauvegarde collective que pour la dépecer à son gré, c'est afin d'empêcher que ce démembrement ne serve à fortifier des rivaux dangereux et, surtout, de rester maîtresse de la route des Indes par terre comme par mer.

Ce délaissement successif du sultan par ses jaloux tuteurs d'autrefois n'avait pas échappé à l'œil attentif de Bismarck. D'un regard sûr, Guillaume II en mesura, de suite, la portée et se rendit compte du parti capital qu'il pouvait en tirer pour la grandeur de son pays et pour ses visées d'Empire mondial.

Gagner l'amitié du sultan, se montrer son seul soutien sincère contre la haine de ses sujets infidèles et les menées envahissantes des nations voisines, capter ainsi sa confiance et conquérir la clef des faveurs que dispense son bon plaisir, c'était prendre rang au nombre des grandes puissances avec qui il faudrait désormais compter dans la Méditerranée;

c'était assurer à sa marine des stations navales de premier ordre, ouvrir à son commerce un des marchés les plus enviés du monde; livrer à l'expansion de sa race la terre promise de la colonisation dans les fertiles provinces de l'Asie Mineure; assouplir à sa discipline et dresser à son école une des armées les plus redoutées de l'Europe; c'était enfin assurer aux capitaux allemands un débouché aussi fructueux pour les intérêts de la patrie que pour leurs possesseurs, par la construction d'une voie ferrée destinée à relier, à travers les riches territoires ottomans et les plaines de la Mésopotamie, la Méditerranée et la mer des Indes, les chemins de fer européens et le golfe Persique.

Guillaume II affirmait ainsi son droit d'intervenir dans les affaires d'Orient. Il l'affirmait résolument, avec un caractère d'indépendance et d'autonomie absolues, envers et contre tons.

Guillaume II est un observateur attentif et renseigné du monde musulman. Par ses émissaires commerciaux, il lui tâte le pouls. Il suit pas à pas le mouvement lent, mais continu, d'évolution qui s'opère dans cette société politico-religieuse si fermée à la pénétration européenne. Un sentiment de solidarité, jusqu'ici inconnu, s'éveille dans l'âme de tous les mahométans sur quelque point du globe que le hasard des guerres, des conquêtes ou des migrations les aient dispersés. Ce sentiment ne manque déjà plus une occasion de s'affirmer. A mesure qu'ils s'éveillent à la civilisation et deviennent conscients de leur grandeur passée, de leur abaissement présent et de leur force encore immense, les sectateurs du Prophète éprouvent un mouvement de révolte intime et d'indignation mal contenue contre ces puissances occidentales qui les refoulent de toute part ou les asservissent à leurs lois et qui, trop souvent, étalent à leurs yeux le spectacle cynique de leurs vices et de leurs divisions.

Dans les derniers conflits où elle s'est trouvée engagée soit contre les armées moscovites, soit contre les troupes helléniques, l'armée ottomane a fait preuve de qualités de solidité, d'endurance, d'héroïque abnégation tout à fait remarquables.

III. Edouard VII et l'Allemagne 51

Partout où elle n'a pas été vendue et trahie, partout où elle n'a pas dû céder sous l'irrésistible pression de l'Europe coalisée pour arrêter ses triomphes, elle a été victorieuse. Si la sauvegarde de l'intégrité de l'Empire ottoman n'avait été confiée qu'à son courage, nul ne l'aurait entamée, et si elle a subi tant de douloureuses atteintes, c'est que les puissances, qui se sont mensongèrement qualifiées ses protectrices, ont imposé, à la faiblesse et à la corruption de la Porte, d'incessantes concessions.

Les généraux turcs ont souvent fait preuve de qualités stratégiques éminentes. Les victoires de Mouktar ont étonné l'Europe et l'héroïque résistance d'Osman-pacha à Plewna l'a remplie d'admiration. Sans la trahison de Suleyman, les troupes russes, rejetées dans le Danube, n'auraient pas campé aux portes de Constantinople.

Ces aptitudes militaires ne pouvaient échapper à l'œil sagace de Guillaume II. Ces vertus guerrières inspiraient à son cœur une instinctive sympathie. Il se disait que, si de tels hommes, au lieu d'avoir à leur tête un tyran avare et pusillanime, paralysé par la hantise de l'assassinat, étaient commandés par un chef digne d'eux, ils auraient vite fait de rendre à la puissance ottomane son prestige passé et les limites de son ancien Empire.

Ces qualités qu'il prisait si haut chez les Turcs, le kaiser les retrouvait dans les populations musulmanes répandues dans les diverses contrées soumises au sceptre britannique en Afrique et en Asie. Bien disciplinées, bien armées, bien commandées, elles pouvaient fournir des contingents égaux en valeur militaire sinon supérieurs aux troupes européennes ou auxiliaires qui pourraient leur être opposées.

En cas de conflit avec l'Angleterre, quelle plus formidable diversion? Le commandeur des croyants, déployant l'étendard du prophète et soulevant contre l'envahisseur infidèle, dans un élan unanime et irrésistible de fanatisme religieux, tous les sectateurs de Mahomet, depuis les rives de la Méditerranée jusqu'à la mer des Indes, depuis l'Atlantique jusqu'à la mer Rouge!

Si la France éprouvait l'imprudente velléité de prêter son concours à l'Angleterre, un mouvement insurrectionnel, opportunément soulevé dans ses possessions nord-africaines, depuis les confins de la Tunisie et de l'Algérie jusqu'au centre du Sénégal et du Soudan, suffirait à paralyser son effort et à absorber ses forces militaires et ses ressources financières obérées.

Seule des grandes puissances coloniales de l'Europe, l'Allemagne n'aurait rien à redouter de cette vaste conflagration. Seule don-?, elle pourrait la préparer, l'attiser et l'utiliser à son profit sans crainte de la voir se retourner contre elle.

L'amitié d'Abdul-Hamid, habilement exploitée, l'appui avéré à la cause musulmane, même dans les circonstances les plus épineuses, savamment mis en lumière, entouraient la personnalité de Guillaume II d'un relief incomparable aux yeux des mahométans qui habitent les côtes de l'Afrique, de. puis le détroit de Gabès jusqu'au Bosphore. Elle lui permettait de se poser auprès du sultan du Maroc, du vice-roi de l'Egypte, des chefs et des populations qui relèvent de l'Islam, comme un protecteur généreux et désintéressé autant que puissant.

Lors de ces croisières triomphales qu'il aimait à multiplier à travers la mer aux flots d'azur, ce berceau du commerce maritime du vieux monde, qu'on appelait autrefois, à juste titre, un lac français, qui, depuis nos victoires de Magenta et de Solférino, était devenu un lac latin et que notre abandon de l'Egypte et de nos protectorats d'Orient va transformer en un lac anglo-saxon, le kaiser germanique, à quelque port qu'il fit escale, pouvait se présenter avec le prestige d'un empereur d'Occident. Il ne parlait pas encore en maître, mais en protecteur tout-puissant. Sa voix était accueillie comme celle du souverain équitable et fort, capable de tenir en échec le conquérant dont le joug était abhorré, d'arrêter le voisin dont l'envahissement était redouté.

Edouard VII mesurait d'un œil vigilant les progrès incessants de ce travail successif et méthodique, Il suivait pas à pas la marche de son infatigable adversaire, résolu à frapper, à son heure, un coup sûr et décisif et à faire crouler cet édifice, grandiose en apparence, mais encore mal assis sur sa base.

III. Edouard VII et l'Allemagne 53

Ce coup, c'était à Paris qu'il se promettait de le porter. Nul théâtre ne lui était plus connu, nul n'était mieux disposé pour la réussite de son plan. Nulle part il n'était assuré de trouver, chez les hommes du gouvernement, des exécuteurs de ses volontés plus aveuglément dociles, plus irréfléchis, plus disposés à sacrifier les intérêts permanents de leur pays et même les exigences de sa sécurité, à la satisfaction de leurs appétits personnels, à la folle vanité de se poser en amis d'un grand roi, au relief qui devait en rejaillir sur le pouvoir peu stable dont ils étaient les détenteurs précaires.

Edouard VII a fait des défauts de Guillaume I une étude approfondie. Il les compte pour se; plus précieux alliés. Il le sait pointilleux et susceptible, incapable de dévorer dans le silence uni insulte, même imaginaire, prompt aux coups d'éclat dont il ne mesure pas suffisamment la portée.

A la première morsure de cette France, à qui depuis des années, il avait prodigué les prévenances, le kaiser répondrait par un coup droit et mettrait la main sur le pommeau de son épée, son épée toujours aiguisée, mais la sortirait-il du fourreau? Là, était le problème. Edouard VII penchait pour la négative. Guillaume II, pensait-il, devinera que derrière l'auteur téméraire de la provocation, ou de ce qu'il lui plaira de considérer comme tel, il y a l'Angleterre. Il ne voudra pas tomber dans la faute si souvent reprochée à Napoléon III. Il ne voudra pas se laisser surprendre en flagrant délit d'armement. Tant que ses forces maritimes n'auront pas atteint le degré de développement qu'il leur assigne dans ses desseins méthodiquement conçus et poursuivis, il fera tout ce qu'il pourra humainement faire, pour éviter de mesurer sa flotte en formation avec la flotte britannique, arrivée à l'apogée de sa puissance. Il sera donc amené, ce qui sera, pour lui, une première leçon et une grave diminution de prestige, car l'opinion est toujours portée à imputer à faiblesse toute menace non suivie d'effet, à se replier sur le terrain diplomatique. Or, comme sur les flots changeants de l'océan, sur le terrain non moins ondoyant et divers de la diplomatie, Edouard VII se croyait sûr de battre son jeune adversaire.

Si, contre son attente, le kaiser optait pour la guerre, Edouard VII était prêt à le suivre en champ clos. Son allié aurait, sans doute, à supporter le lourd poids de l'invasion germanique, mais l'Angleterre, en tout cas, ne manquerait pas l'occasion propice d'anéantir la flotte dont le rapide accroissement angoisse son patriotisme, de détruire le commerce rival, d'incendier et de ruiner les ports de la mer du Nord et de la Baltique. Puis, à la fin des hostilités, quand le moment fatal serait arrivé où les adversaires épuisés seraient forcés de régler les conséquences de la guerre, l'Angleterre, maîtresse des mers, dicterait ses conditions. Elle se chargerait de soulever, contre tout nouvel accroissement territorial de l'Allemagne, une telle opposition chez toutes les autres puissances continentales, que le kaiser, même victorieux, devrait renoncer à exiger, un nouveau démembrement de la France à son profit. Si, au contraire, il était battu sur terre comme sur mer, l'Angleterre appuyerait les revendications de son allié et les ferait triompher.

Son plan ainsi définitivement arrêté à rencontre de l'Allemagne, il lui restait à faire accepter à la France le rôle ingrat et périlleux qu'il lui avait réservé. Pour atteindre à ce résultat, il eut recours à un procédé aussi simple qu'ingénieux; régler au profit de l'Angleterre, toutes les questions pendantes entre elle et la France, décider notamment la France à contresigner cet abandon définitif de l'Egypte contre lequel elle s'était jusqu'alors insurgée avec une indomptable énergie, à faire taire les compétitions de nos marins à Terre-Neuve qui troublaient la quiétude et éveillaient les susceptibilités des sujets britanniques; en échange de tous ces sacrifices trop réels, nous offrir une compensation, fictive ou réelle, profitable ou onéreuse, peu importe, mais, en tout cas, de nature à nous brouiller immédiatement avec l'Allemagne en froissant les susceptibilités personnelles de Guillaume II, en faisant crever le ballon de ses rêves panislamiques.

Pour jouer le rôle de brandon de discorde entre la France et F Allemagne, le Maroc était merveilleusement choisi.

III. Edouard VII et l'Allemagne

Par sa contiguïté avec l'Algérie, dont il n'est séparé, sur une longue étendue de frontière, que par une ligne conventionnelle dépourvue de défense naturelle, et livrée aux perpétuelles incursions de tribus guerroyantes et pillardes, le Maroc est une offre qu'il est interdit de refuser. Ce serait, pour la France, compromettre toute son œuvre africaine que de laisser une autre puissance lui disputer l'influence prépondérante qu'elle doit exercer sur le Maghzen.

Elle ne pouvait cependant prendre en main le pouvoir nécessaire pour assumer la charge et la responsabilité du maintien de l'ordre et d'une bonne police dans l'Empire chérifien sans soulever les compétitions de l'Espagne, sans blesser ses prétentions séculaires sur le Maroc, sans risquer un conflit avec une voisine dont nous avons tout intérêt de cultiver l'amitié.

Seule, l'Angleterre avait l'autorité nécessaire pour jouer, entre les prétentions respectables de l'Espagne et les intérêts légitimes de la France, le rôle d'arbitre et amiable compositeur. En supprimant, à la satisfaction réciproque des deux voisins, une source inquiétante de conflits éventuels, elle leur rendait, à l'un comme à l'autre, un incontestable service. Elle s'en rendait à elle-même un plus grand encore.

Elle réalisait enfin, à son profit, non seulement sans se heurter aux résistances de la France mais encore avec son concours, ce gage, l'Alliance espagnole, que la France et l'Angleterre, au prix des guerres les plus sanglantes qui aient bouleversé l'Europe occidentale, au prix des négociations les plus laborieuses qui aient agité les chancelleries, se disputaient depuis des siècles.

C'était, entre la France et l'Angleterre, une pomme de discorde, que les deux nations rivales s'étaient disputée avec des fortunes diverses, mais avec une égale et infatigable ténacité.

Par un hasard, vraiment étrange dans sa constante répétition, chaque fois que le hasard des batailles, les talents de nos généraux et de nos diplomates semblaient nous assurer la définitive et tranquille possession du but poursuivi, une révolution intérieure, nous arrachait le fruit de nos labeurs et remettait tout en question.

La guerre de la succession d'Espagne, première cause du déclin de la prospérité du règne de Louis XIV et de la branche aînée des Bourbons, par l'effroyable misère qu'elle fit naître dans les campagnes, amena la Révolution française et les terribles représailles du Jacobinisme. Plus encore que la guerre de Russie, la guerre d'Espagne précipita la chute de Napoléon Ier. Le triomphe éphémère de M. Guizot, lors des fameux mariages espagnols, amena la Révolution de 1848 et l'abdication du roi Louis-Philippe. La première source enfin, de nos désastres de 1870 et du renversement de Napoléon III a été notre opposition à l'accession au trône d'Espagne d'un prince allié de l'Angleterre.

Aujourd'hui, la lutte finit par le triomphe complet et sans réserve de l'Angleterre. C'est le renversement de la politique que le souci de notre sécurité et de notre indépendance, et au regard de l'Angleterre et au regard de l'Espagne elle-même, avait dictée à tous les gouvernements qui se sont succédé en France depuis le XVIIe siècle, à la branche aînée comme à la branche cadette des Bourbons, aux Orléans comme aux Bonaparte, comme à la République elle-même.

Pourrons-nous espérer, au moins, que cet abandon aura pour conséquence heureuse de déterminer l'Angleterre à ne plus se mêler aussi intimement et aussi constamment de notre politique intérieure, à ne plus fomenter chez nous, d'aussi fréquentes révolutions ? Il est permis d'en douter.

L'Angleterre, qui tenait déjà le Portugal à sa dévotion, absorbe, en outre, l'Espagne. Elle reconstitue ainsi, à son exclusif profit, l'union ibérique.

Ainsi, de la pointe Extrême-Nord de l'archipel de la Grande-Bretagne et de l'Irlande jusqu'à la pointe Extrême-Sud du continent africain, à l'exception de quelques enclaves allemandes sans importance stratégique, vous ne trouverez pas une seule côte, un seul port, qui n'appartienne ou à l'Angleterre elle-même ou à un de ses trois grands feudataires occidentaux, le Portugal, l'Espagne et la France; pas une rade où ses escadres ne puissent se ravitailler, pas un arsenal, pas un magasin qui ne s'ouvre pour les approvisionner.

C'est déjà un résultat grandiose. Ce n'est pas le seul avantage qu'Edouard VII se propose de tirer de cette combinaison;

III. Edouard VII et l'Allemagne

son génie en escompte, un autre plus important encore. Ce ne sont pas seulement les océans qu'il vise, il vise aussi et surtout la Méditerranée.

La possession de stations navales telles que Gibraltar, Malte, Chypre, Alexandrie lui donnait déjà, ce semble, dans cette mer, une prépondérance marquée. Cette prépondérance, pourtant, ne lui paraissait pas encore assez irrésistible pour la réalisation de ses desseins. Mais si, aux stations navales anglaises, s'ajoutaient d'une part, Bizerte, Toulon et la Corse, d'autre part, Barcelone, Port-Mahon et Cadix; si, à la flotte anglaise se joignait, par surcroît, la flotte française; si, enfin, en cas d'un conflit entre l'Allemagne, d'une part, l'Angleterre et ses alliés, de l'autre, une armée massée au haut des Alpes, menaçait la péninsule italique d'une nouvelle invasion, que pourrait faire la patrie de Crispi? Rester héroïquement fidèle à la mémoire de ce grand homme et aux stipulations d'un traité léonin ? — C'était, peut-être, se couvrir de gloire, mais c'était certainement s'exposer à une lutte hasardeuse sur terre, désastreuse sur mer, à la destruction de ses flottes de guerre et de ses flottes de commerce, au bombardement de son littoral, à l'incendie de ses ports et à l'anéantissement d'un négoce déjà florissant et en pleine voie d'expansion! Se détacher opportunément de l'alliance avec les Tedeschi ? Séparation cruelle, sans doute, surtout étant donnés ses sentiments bien connus pour l'Autriche; mais il est des consolations poulies plus sincères douleurs. L'on pouvait peut-être imaginer certains dédommagements aux sacrifices de coeur que s'imposerait l'Italie, en rompant avec la Triplice.

Cette fameuse triplice, elle n'a, peut-être, pas donné à l'Italie toutes les satisfactions que celle-ci se croyait en droit d'en attendre pour prix de son ingratitude envers la France. L'Angleterre n'aurait pas beaucoup de peine à se montrer plus généreuse sans qu'il lui en coûtât rien. Elle n'avait que l'embarras du choix, les convoitises de l'Italie étant aussi nombreuses que publiques.

Suivant l'attitude de l'Autriche, on se déciderait, on taillerait au nord ou au sud, à l'est ou à l'ouest.

Si l'Autriche se pique de fidélité à l'Allemagne, la solution est claire. Il y a longtemps que l'Italie ne dissimule pas que

Trieste et le Trentin sont fort à sa convenance. Récompenser la défection d'un allié en lui attribuant les dépouilles de l'associé qu'il trahit, n'est-ce pas de la meilleure tradition diplomatique?

L'Autriche vire-t-elle dans le même sens que l'Italie, l'Angleterre n'en sera pas plus embarrassée et c'est, encore une fois, la Turquie qui payera pour tous. Elle y est habituée. La Tripolitaine d'un côté, l'Albanie de l'autre, satisferont les appétits en éveil.

Quant à l'Autriche, virera-t-elle, elle aussi? Délicat problème d'une grande complexité! Il est certain, que l'Italie, hors de la triplice et devenue l'alliée de l'Angleterre, la situation de l'Autriche est périlleuse. Mais la diplomatie autrichienne est la plus experte de l'Europe à sortir des positions les plus inextricables et à les faire même, parfois, tourner à son profit. Elle a des sympathies à Berlin, elle en a de non moins grandes à Londres. Elle fera jouer les unes et les autres. Contre les appétits de l'Italie, elle fera appel à l'Allemagne, contre les convoitises de l'Allemagne, elle fera appel à l'Angleterre. Elle louvoyera; elle y est habituée, et attendra les événements.

Ce travail assidu d'Edouard VII pour modifier, en vue des éventualités qui se préparaient, la carte des alliances européennes, n'échappait pas à Berlin.

Des négociations de cette importance ne sauraient passer inaperçues de celui contre qui elles sont dirigées. Elles étaient destinées à éveiller en lui une vive irritation. Cette irritation, en un prince jeune et ardent, ne devait nécessairement chercher qu'une occasion de faire explosion.

Le rôle de notre diplomatie aurait dû être de ne pas lui fournir cette occasion et d'éviter, surtout, que l'animosité et la colère provoquées par les agissements d'une tierce puissance, fussent, par notre maladresse, tournées contre nous.

Edouard VII voyait naturellement les choses à un autre point de vue. Après avoir largement semé le vent, il entrait dans ses desseins de nous laisser la charge de récolter la tempête.

III. Edouard VII et l'Allemagne

Les tractations que nous avions poursuivies avec l'Angleterre pour régler les divers litiges pendant entre nous, dans le bassin de la Méditerranée, ne pouvaient être indifférentes aux puissances qui ont, dans cette mer, de grands intérêts politiques et commerciaux. Nous l'avons reconnu nous-mêmes en les portant successivement à la connaissance de l'Espagne et de l'Italie. L'Allemagne se plaint d'avoir été tenue à l'écart. Le fait est contesté par notre diplomatie et il nous semble que, sur ce point, de part et d'autre, on équivoque.

Ce qu'il y a de certain, c'est que la France n'avait aucune raison défaire, de ses négociations, mystère à l'Allemagne. En s'assurant d'abord de l'adhésion de cette puissance, elle se serait évité de graves difficultés qui sont loin d'être définitivement réglées et elle aurait trouvé, en face d'elle, une diplomatie plus coulante et moins tatillonne. Mais l'objectif de l'Angleterre était précisément de nous brouiller avec l'Allemagne, et de détourner sur nos têtes la colère qu'elle avait amassée dans le cœur de Guillaume II. Tout a été sacrifié à cet objectif.

Les tractations anglo-françaises visaient deux points: l'Egypte et le Maroc.

En ce qui touche l'Egypte, le respect de notre parole vis-à-vis des autres puissances, nos devoirs envers le peuple égyptien dont, pour une part, nous nous avions assumé la tutelle, notre évident intérêt nous commandaient d'appeler l'Europe, en tiers, dans nos négociations avec l'Angleterre.

Nous avions sollicité et obtenu des autres Etats co-intéressés, la mission, délicate entre toutes, mais non pas sans honneur, de réclamer de l'Angleterre, en temps opportun, l'exécution de ses engagements. Ces engagements solennels et à mainte reprise répétés, n'avaient pas été pris vis-à-vis de la France seulement mais encore vis-à-vis de l'Europe, d'une part, et de l'autre, vis-à-vis de la nation égyptienne. L'Angleterre devait évacuer la vallée du Nil aussitôt que l'ordre y serait rétabli et rendre au peuple égyptien sa liberté sous l'autorité de son suzerain légitime. Nous nous étions portés garants de l'exécution de cette promesse, nous avions ainsi assumé une double responsabilité, responsabilité vis-à-vis de l'Europe et responsabilité vis-à-vis de l'Egypte, et nous ne pouvions nous dégager de cette double responsabilité à l'insu de l'une et de l'autre.

Lorsqu'avec une persévérance et une fermeté qui, quoi qu'en puissent dire certains esprits superficiels et étroits, n'étaient ni sans utilité pour la conservation de notre prestige en Orient, ni sans dignité, nous défendions, pied à pied, dans la vallée du Nil, le droit imprescriptible des peuples à la liberté, l'équilibre européen dans la Méditerranée et la situation privilégiée que les traités et de glorieuses traditions nous avaient conquise, nous n'agissions pas exclusivement en notre nom et dans un intérêt purement égoïste, nous agissions comme mandataires de l'Europe et de l'Egypte, et ce mandat, ce n'est pas entre les mains de l'Angleterre seule, c'est entre les mains de tous nos mandants que nous devions le déposer.

Si nous ne nous sentions plus les épaules assez solides, si nous ne possédions plus, au regard de l'Angleterre, une indépendance morale suffisante pour continuer l'accomplissement de la tâche que nous avions assumée, nous avions parfaitement le droit de la décliner. Nous avions le droit, à nos risques et périls, d'échanger tout ou partie des droits, consacrés par les traités que nous possédions en Egypte, contre les droits à conquérir que l'Angleterre pouvait éventuellement nous céder sur le Maroc, mais cet échange ne devait prendre aux yeux de personne le caractère d'un troc clandestin. Nous devions exposer clairement aux yeux de tous, des intéressés comme de ceux-mêmes qui, à tort, prétendaient l'être, que nous ne poursuivions pas, au Maroc, un vain désir d'accroissement de territoire, mais que nous obéissions, en quelque sorte contraints et forcés, aux exigences inéluctables de notre situation algérienne, à nos devoirs envers la civilisation et envers l'humanité.

Les droits que nous étions décidés à reconnaître spontanément à tous, dans l'Empire chérifien, à l'Allemagne comme aux autres, égalaient ce qu'elle s'est donné le rôle ingrat de nous réclamer dans les stériles débats de la conférence d'Algésiras, qui n'a eu pour résultat que d'amoindrir le prestige européen dans le Maghzen et d'y activer les ferments de désordre et d'insurrection.

III. Edouard VII et l'Allemagne

L'adoption de cette politique à ciel ouvert, ennemie des ténèbres et du mystère, eût épargné à la paix du monde de pénibles angoisses, à la France et à l'Allemagne de nouvelles et dangereuses sources de démêlés. Elle eût donc été éminemment favorable et à notre dignité et à nos intérêts. Mais elle eût été le renversement complet du plan conçu à Londres.

Edouard VII employa son influence à la faire écarter. Chacun sait combien le chef de notre foreign-office tenait à cœur de complaire, en toute chose, à ce puissant monarque; avec quel empressement il acceptait toutes les missions, même les moins enviables; avec quelle docilité il obéissait à une impulsion qui lui venait de si haut et devant laquelle il s'inclinait si bas.

Ce qu'il fallait à l'Angleterre, c'était acculer Guillaume II à cette alternative: ou déclarer la guerre et voir sa flotte, objet de ses plus chères espérances, écrasée par la flotte anglaise, ou reculer et faire, ainsi, l'aveu de son infériorité en face de la Grande-Bretagne et de ses alliés.

Le plan tracé par Edouard VII, se réalisa de point en point.

Sous l'aiguillon de l'atteinte portée à sa susceptibilité, Guillaume II se cabra. Sa mauvaise humeur s'exhala dans sa fameuse harangue de Tanger. La conclusion logique de ce discours, c'était la guerre. Du tranchant de son épée, comme autrefois Napoléon, il devait couper les fils de cette coalition dont l'Angleterre prétendait l'enserrer et le paralyser. Mais ce n'était pas Napoléon, il n'avait pas derrière lui Austerlitz et Marengo; soucieux de sauvegarder sa flotte, il se replia sur le terrain diplomatique.

C'est là que l'Angleterre l'attendait. Elle fit quelques difficultés pour accepter la conférence proposée, afin de montrer qu'elle ne craignait pas la guerre, qu'elle était prête à l'accepter et à faire respecter, envers et contre tous, sa signature apposée au bas d'un traité.

Au fond, elle ne craignait pas la guerre, mais une conférence lui semblait, en cet instant, un terrain plus propice pour donner à l'Allemagne la leçon qu'elle lui ménageait.

Autour du tapis vert d'une conférence, elle allait faire sentir à cette orgueilleuse Allemagne, qui se flattait si inconsidérément de mener le continent à l'assaut de la suprématie britannique, combien, en réalité, était grand son isolement en Europe et son impuissance en dehors,

Devant l'aréopage réuni à Algésiras, l'Allemagne se condamnait à jouer un rôle ingrat; il est étonnant qu'elle ne l'ait pas compris. Elle se plaçait elle-même dans une situation évidente d'infériorité vis-à-vis de sa rivale.

Qu'allait-elle porter devant ces représentants de toutes les puissances civilisées de l'ancien et du nouveau monde ? — Des questions de susceptibilité personnelle, d'amour-propre blessé?— La conférence ne pouvait en être juge. — Le protectorat du Maroc? — Il ne pouvait en être question. La France elle-même ne le réclamait pas. La France ne réclamait que les droits résultant pour elle de sa situation particulière comme voisine immédiate du Maroc sur une grande étendue de frontière, droits compensés, et au delà, par des charges écrasantes. —La porte ouverte à son commerce ? — Dès le premier jour, la France avait déclaré que la porte resterait plus largement que jamais ouverte au commerce international. — Des questions de détail, de réglementation intérieure du maghzen, de partage d'influence et de police locale ? — Pourquoi les représentants de l'Amérique, de la Suède ou delà Russie et de tant d'autres puissances auraient-ils réclamé, alors que les Etats, plus directement intéressés après la France, se déclaraient satisfaits. L'attitude de l'Espagne, de l'Angleterre et de l'Italie, adhérant aux propositions de la France, donnait à toutes les objections que soutenait la diplomatie germanique l'apparence de querelles d'Allemand, indignes de tenir en suspens l'attention du monde, alors, surtout, que chacun sentait très bien que les réglementations savantes et compliquées, élaborées par les diplomates assemblés à Algésiras, avaient tout juste la valeur de la feuille de papier sur laquelle elles étaient consignées, tant que l'on ne se serait pas assuré que le Maroc était sincèrement résolu à les appliquer, hypothèse évidemment invraisemblable, ou qu'une puissance se chargerait de les lui imposer par l'intimidation ou par la force, ce que l'attitude de l'Allemagne rendait impossible.

III. Edouard VII et l'Allemagne

Avant de partir pour accomplir la tâche assez ingrate que leur avaient imposée les exigences hautaines de l'Allemagne, les diplomates avaient reçu de leur gouvernement et des circonstances génératrices de la conférence, une double mission d'inégale importance: régler d'abord, au mieux des intérêts en cause et sans froisser personne, les finances et la police de l'Empire chérifien, ensuite, et surtout, sauvegarder la paix du monde contre un péril imminent. Dans la pensée de tous, cette seconde partie de leur mission primait de beaucoup la première. C'était l'œuvre dont on attendait, avec anxiété, de leur sagesse et de leur expérience l'heureux accomplissement.

Dans cet état d'âme universel, chacune des revendications, d'ailleurs assez mesquines, auxquelles se livrait l'Allemagne, chacune de ses nouvelles objections lassait l'opinion, indisposait contre elle l'esprit public, lui donnait l'apparence de poursuivre, moins la défense de sérieux intérêts nationaux que la jalouse satisfaction d'empêcher une œuvre de civilisation, une œuvre qui devait profiter à tous, à elle-même comme aux autres, et qui devait, nécessairement, être accomplie par d'autres mains que les siennes.

On a dit qu'à la conférence d'Algésiras, il n'y avait eu ni vainqueur, ni vaincu. C'est un de ces propos lénitifs par lesquels la diplomatie a l'habitude de panser les blessures qu'elle fait, et d'éteindre les mécontentements que son action laisse après elle. A Algésiras, il y a eu deux vaincus et un vainqueur; les vaincus sont la France et l'Allemagne; le vainqueur, c'est l'Angleterre. Le mauvais vouloir de l'Allemagne a fait perdre à la France une occasion favorable de réaliser une œuvre de civilisation qu'elle avait préparée depuis longtemps et qui aurait profité à tous. Le prestige de l'Allemagne est sorti sensiblement amoindri de cette conférence qu'elle avait provoquée; le prestige de l'Angleterre a grandi d'autant.

L'Angleterre a obtenu ce résultat, en ce moment d'un intérêt capital pour elle, de prouver à Guillaume II que, loin de pouvoir faire marcher à sa suite le continent européen, s'il prétendait lever contre la suprématie britannique l'étendard de la révolte, il demeurerait isolé. Dans le scrutin public, elle l'a fait mettre en minorité et Guillaume II n'a dû échapper à l'humiliation d'un échec complet qu'à l'intervention de l'Autriche. Grâce à la proposition transactionnelle de cette puissance, les revendications de l'Allemagne n'ont pas été absolument écartées; mais cette proposition transactionnelle elle-même n'a passé qu'à la faveur de l'attitude éminemment conciliante du gouvernement de François-Joseph, et de la grande influence personnelle dont jouit ce souverain à la Cour d'Angleterre.

En un mot, Edouard VII a réussi à faire constater, à Algésiras, par l'Europe entière, et par l'Allemagne en particulier, que la triple alliance, si elle constituait une arme redoutable contre la France isolée, devenait impuissante et se disloquait dès qu'à la France s'alliait l'Angleterre, que contre l'Angleterre elle n'existait pas.

Sous peine de compromettre ses intérêts vitaux dans la Méditerranée, ses espérances de développement commercial et son avenir d'expansion coloniale, l'Italie est condamnée à se détacher de la Triplice. L'Autriche, dès lors, se trouve dans une situation bien délicate et obligée de se renfermer, sous peine de dislocation, dans une attitude de neutralité absolue. Le désastre de la Russie la prive de l'appui, au Nord, qui lui est indispensable pour résister aux attaques de ses voisins du Sud, soutenus par les Anglais et les Français.

Le tort de Guillaume II est de n'avoir pas compris qu'après le désastre de la Russie, il y avait quelque chose de changé en Europe, que les forces insulaires de l'Angleterre étaient accrues de tout ce qu'avaient perdu les forces continentales, que, dans les plaines de Mandchourie où il n'y avait ni Anglais, ni Allemands, les Allemands avaient été battus dans la personne des Russes, comme les Anglais avaient été vainqueurs dans la personne des Japonais, et que le contre-coup de Moukden se ferait sentir jusque dans la Méditerranée, jusqu'à Algésiras.

Le talent d'Edouard VII est d'avoir su faire naître l'occasion favorable pour tirer parti en Occident des triomphes de ses alliés en Extrême-Orient. La France, effrayée de l'effondrement politique et militaire de son alliée, serait plus empressée à saisir la main qu'il lui tendrait et à suivre les

III. Edouard VII et l'Allemagne 65

directions qu'il lui imprimerait. L'Italie, dont les aspirations conquérantes vers les provinces balkaniques de l'Empire Ottoman avaient été comprimées par l'entente austro-russe, profiterait de la mise hors de combat de la Russie pour reprendre vivement position contre l'Autriche. Elle se rappellerait qu'en dépit des combinaisons de Bismarck et Crispi, elle était, par l'effet inéluctable de sa situation péninsulaire, avant tout une puissance maritime et que c'était par le concours des grandes puissances maritimes seulement qu'elle pouvait espérer accomplir ses destinées. L'Autriche enfin, privée du concours qu'elle devait attendre de son voisin du Nord, mettrait tous ses efforts, non à soutenir envers et contre tous la politique de l'Allemagne, mais à prévenir un conflit dont elle risquait d'être la victime. Vainement Guillaume II a voulu l'engager à sa suite, accentuer le rôle de conciliation qu'elle avait pris à Algésiras et lui donner un caractère d'adhésion formelle à sa politique. Ces tentatives inopportunes ont été considérées comme compromettantes et accueillies avec une réserve marquée. Le satisfecit bruyant qu'il a adressé au comte Goluchowski n'a eu pour effet que d'ébranler la situation de ce ministre. L'envoi de son chef d'état-major général, sa propre visite à François-Joseph n'ont visiblement pas atteint le résultat qu'il s'en était promis. L'Autriche s'est obstinément maintenue sur le strict terrain de conciliation qu'elle avait adopté, conciliation bienveillante sans doute, au regard de son allié, mais avant tout pacificatrice.

L'Angleterre, au contraire, a poursuivi ses avantages avec résolution. Elle a voulu frapper un second coup tandis que le fer était chaud, et elle s'est tournée contre la Turquie, amie et protégée hautement avouée de l'Allemagne. Elle a réveillé l'incident de Tabah entre les Turcs et les Anglo-Egyptiens. Elle l'a subitement envenimé. Elle a laissé les Ottomans, dont les droits paraissaient incontestables, s'engager, puis par un brutal ultimatum les a obligés à reculer. Elle a ainsi atteint son but: prouver au sultan, que l'appui de l'Allemagne était pour lui sans efficacité et qu'il était impuissant à le mettre à l'abri des coups de force de l'Angleterre.

Il est passé, le temps où le kaiser germanique, dans sa traversée triomphale de la péninsule italique, déclarait aux populations enthousiastes qu'il se plaisait au milieu d'elles, parce qu'en Italie il se sentait chez lui.

Il est passé, le temps de ces voyages en terre sainte et en Asie-Mineure, où chrétiens et musulmans, sans distinction de race ni de confession, venaient se placer sous l'aile de son protectorat impérial.

Il est passé, le temps des croisières sensationnelles dans la Méditerranée.

Edouard VII a gagné la première manche et a fait son adversaire échec et mat.

La seconde manche, ce n'est pas à Paris qu'elle se jouera, Paris est, en ce moment totalement dominé par l'influence anglaise; c'est à Saint-Pétersbourg.

La Russie reconstituera-t-elle ses forces de terre et de mer sous un gouvernement honnête et libéral, mais ferme et stable? Nicolas II, guéri par une trop cruelle expérience du danger de ses rêves pacifistes, comprendra-t-il que, sous peine de dislocation, la Russie doit se préparer à reconquérir, les armes à la main, sa place dans le monde?

L'Angleterre, au contraire, réussira-t-elle à acheminer la Russie vers un effondrement successif par l'émeute et l'anarchie, par le règne d'un parlementarisme révolutionnaire, analogue à celui dont la première Douma nous a donné le spectacle ? Là, est le problème!

L'idée née, à Londres, d'une adresse à cette Douma, le nombre des signatures qui l'ont revêtue, le projet de la députation colossale qui devait aller jusqu'à Pétersbourg l'imposer au peuple et au gouvernement russes, prouvent que l'Angleterre entend faire du gouvernement intérieur de l'empire moscovite une question anglaise.

Le refus de la Russie de recevoir ces conquérants de la révolution internationale a prouvé que, pour le moment, du moins, le peuple moscovite est moins enclin que le peuple français à subir la mainmise de l'étranger dans la direction de sa politique intérieure.

La troisième manche se jouera sur les champs de bataille, sur terre et sur mer.

CHAPITRE

IV. Edouard VII et la France.

Edouard VII règne à Londres, il gouverne à Paris. En Angleterre, son pouvoir ne s'exerce que par l'intermédiaire de ministres responsables, sous le contrôle d'un parlement jaloux de ses prérogatives, attentif, sans doute, à toutes les manifestations de la vie nationale, mais, avant tout, gardien vigilant des libertés publiques et des droits des citoyens. En France, son autorité a pour instruments des hommes à sa dévotion qui se sont signalés toute leur vie par leur docile empressement à servir les intérêts de sa politique, alors même, alors surtout, qu'ils étaient en opposition avec les intérêts de leur propre pays, qui ne sont arrivés au pouvoir qu'avec l'intention, qui ne fait de doute pour personne, en France et hors de France d'obéir à ses volontés.

En France, il n'a aucun compte à tenir d'un Parlement indifférent à la politique extérieure de son pays et inconscient des dangers auxquels cette politique peut l'exposer. Il l'a vu à l'œuvre, ce parlement, depuis des années. Il l'a entendu, n'écoutant que d'égoïstes intérêts électoraux, de misérables rivalités de groupes et de coteries, de mesquines compétitions d'ambitions, couvrir de ses applaudissements et sanctionner de ses votes, tour à tour, la politique de M. Hanotaux qui, en lançant l'expédition Marchand, à travers le Bahr el Gazai à l'occupation de Fachoda, coupait la route d'Alexandrie au Cap, ébranlait, s'il ne renversait, la domination britannique en Egypte, nous poussait ainsi, avec une évidence indéniable, dans une guerre acharnée avec l'Angleterre, et la politique de M. Delcassé qui, en nous jetant, à corps perdu, dans les bras de l'Angleterre, au moment le plus aigu de son conflit avec l'Allemagne, nous précipitait, avec une certitude non moins évidente, dans une lutte à mort avec l'Empire germanique.

Pourrait-on au moins soutenir, à la décharge de cette assemblée d'inconscients, qu'entre la séance où elle applaudissait M. Hanotaux, endossait la responsabilité de la politique de M. Hanotaux et la séance où elle applaudissait M. Delcassé, acceptait la responsabilité de la politique de M. Delcassé, elle avait changé d'opinion sur les avantages ou les inconvénients d'une alliance avec l'Allemagne ou d'une alliance avec l'Angleterre? En aucune façon. A une époque comme à l'autre, elle était parfaitement indifférente à ce problème, elle n'obéissait à aucune préoccupation d'intérêt national ou de politique extérieure, elle voulait seulement, dans un cas comme dans l'autre, assurer le maintien aux affaires d'un ministère qui, par une douce réciprocité, assurait à la majorité la jouissance sans partage de l'assiette au beurre.

Pourrait-on, au moins, dire pour l'excuser qu'au jour où, de gaieté de cœur, ce Parlement laissait lancer le pays qui avait placé en lui sa confiance et lui avait remis le dépôt de ses destinées, dans le péril suprême d'une guerre navale avec la première puissance maritime du monde, ou d'une guerre terrestre avec l'armée la mieux disciplinée, la mieux armée, la plus redoutable par sa force morale et par sa force physique, il s'était au moins assuré que la nation était prête à la lutte ?

Pourrait-on alléguer qu'il avait vérifié les magasins et arsenaux, s'était assuré que l'armée, dès son entrée en campagne, aurait à sa disposition, en quantité suffisante pour pourvoir à toutes les éventualités, le matériel de guerre le plus pratique et le plus perfectionné, que les forts et les places, dans un état complet de défense, repousseraient l'attaque des assaillants, que le commandement était dans les mains les plus habiles, les plus savantes, les plus expérimentées, que les effectifs renforcés étaient parfaitement instruits et exercés, qu'enfin, depuis les troupes d'avant-garde, destinées à soutenir le premier choc de l'ennemi jusqu'au dernier à embrigader des réservistes ou territoriaux, chacun était enflammé de cette ardeur des batailles, de ce respect de la discipline, de cet amour passionné de la patrie, que possèdent les adversaires provoqués follement par nous, et sans lesquels la victoire est impossible et le désastre certain?

IV. Edouard VII et la France

En aucune façon, ces préoccupations, d'ordre trop général pour des esprits aussi bornés, échappent même à leur compréhension.

Après l'incident de Fachoda, dont la subite explosion jeta une si vive angoisse dans le pays, dont la conclusion fut si pénible à notre dignité nationale, on constata que rien n'avait été préparé, pour une lutte avec l'Angleterre, que par notre imprévoyance, nous marchions à un désastre aussi épouvantable que certain.

On pouvait espérer que cette sévère leçon nous serait profitable et que, désormais, nous ne nous exposerions plus à d'aussi prochains périls de guerre sans nous être mis en état d'en subir les conséquences.

Vain espoir! Quand l'incident de Tanger éclata le désarroi fut encore plus terrible qu'au moment de Fachoda. Depuis des années, le ministère au pouvoir, encouragé dans sa triste besogne par l'assentiment inlassable du Parlement, avait travaillé, sans relâche, non à réorganiser mais à désorganiser notre défense nationale, à briser l'unité de notre armée en y inculquant le virus dissolvant de la délation, avec tout le cortège de haines, de vengeances et de rancunes qu'elle entraîne à sa suite, à la démoraliser tranquillement et méthodiquement comme si nous étions seuls au monde, comme si nous n'avions à tenir compte que de nos querelles intérieures et de nos rancunes de partis.

Nos magasins étaient vides, nos arsenaux désapprovisionnés, nos forts d'arrêt tombaient en ruines, nos régiments de couverture étaient émaciés et décimés, un souffle de révolte contre le devoir militaire créait dans nos corps de troupes des foyers d'insubordination et d'indiscipline. Au su et au vu du gouvernement, avec sa tolérance, sinon avouée au moins tacite, l'école, qui doit être l'asile sacré du patriotisme, devenait la chaire où se prêchaient la haine de la patrie, le mépris de l'uniforme et du drapeau.

Pour parer aux premiers dangers, il fallut engloutir des centaines de millions, sans crédits réguliers, dans des préparatifs précipités et trop tardifs néanmoins si, par le brusque renvoi de M. Delcassé, nous n'avions désarmé les premières colères de l'Allemagne, au détriment de notre honneur et de notre prestige vis-à-vis de l'étranger.

Ces incidents, d'une puissance dramatique si poignante, quand on songe qu'il s'agit de la vie de tout un peuple, d'un enseignement si cruel, échappent aux vues étroites des électeurs français, habitués à ne considérer que des intérêts de clocher; ils n'échappent pas à l'œil de l'étranger. Ils lui dévoilent la profondeur de la déchéance morale où est tombé le parlementarisme en France, sous l'effet corrupteur de la candidature officielle, cynique et sans vergogne. L'observateur flegmatique se rend compte que cette faute criminelle où le Parlement français est déjà tombé deux fois, il est prêt à y retomber une troisième, avec la même légèreté, le même aveuglement, la même imprévoyance, dès qu'il plaira à un ministère, obéissant à l'impulsion de l'étranger, de précipiter le pays dans de nouveaux périls de guerre. Reste l'éventualité d'un troisième recul; pour y échapper, il suffit au promoteur de l'aventure d'en faire endosser la responsabilité, non seulement par l'hôte éphémère du quai d'Orsay, mais par le chef du gouvernement lui-même, entouré d'un cabinet de comparses, et soutenu par un ministre des Affaires étrangères et un ministre de la Guerre à sa dévotion.

Quant à l'opinion publique, elle est devenue, en France, quantité négligeable. La majorité du corps électoral ne pense pas, ne réfléchit pas. Elle se laisse mener, aveuglément par les journaux radicaux et par les journaux socialistes; or, les journaux radicaux, pourvu qu'on les laisse, en toute liberté, manger du curé, à la grande joie du bourgeois esprit fort, et les journaux socialistes, pourvu qu'on les laisse en paix manger du bourgeois à la grande joie de l'ouvrier, en mal de rêves révolutionnaires, sont satisfaits. Pour ne pas être troublés dans cette lucrative exploitation du gogo, ils entretiennent leur clientèle dans un optimisme béat, lui garantissent la paix perpétuelle, le désarmement général et l'embrassement de tous les peuples dans le paradis du rationalisme universel ou du collectivisme international, suivant les classes et les goûts. Ils encombrent l'entendement populaire de chimères puériles, au point qu'il n'a plus la lucidité

IV. Edouard VII et la France

nécessaire pour percevoir la réalité des faits et discerner les pièges où les habiles le précipitent.

Ce que j'écris, tout le monde le sait à l'étranger; mais personne ne le sait aussi bien qu'Edouard VII. Il est un psychologue trop pénétrant, il a trop longtemps fréquenté la France, il a trop longtemps vécu de notre vie, pour ne pas connaître à fond toutes les faiblesses de notre société, pour ne pas avoir sondé toutes les tares de nos gouvernants.

Il sent qu'un peuple, tombé à cet état d'âme, est mûr pour la servitude, mais trop divisé par les factions intérieures, par les haines des partis pour supporter un tyran autochtone, il appelle la domination étrangère.

Cette domination, cette haute suzeraineté, c'est à la race supérieure, à la race anglo-saxonne, qu'elle doit appartenir. Le patrimoine de la France est riche de trop de trésors, accumulés pendant des siècles de gloire, pourqu'elle soit sans honneur et sans profit, si elle est exercée d'une main ferme et habile. Il y a, dans ce corps qui semble anémié, faute de direction, des forces vives que Ton peut réveiller et avantageusement utiliser pour l'œuvre de guerre comme pour l'œuvre de paix.

Le temps est passé où le Parisien entonnait en chœur le refrain populaire: « Non, non, jamais en France, l'Anglais ne régnera... » Que ce soit l'anglais, que ce soit l'allemand, au fait, que nous importe? Pourvu que notre nouveau maître ne fasse pas fermer les champs de course, qu'il maintienne l'institution nationale du paris mutuel, qu'il respecte l'industrie si intéressante des bookmakers, que le commerce du ruban rouge ne soit pas entravé, qu'à l'occasion d'innombrables inaugurations d'innombrables statues érigées en l'honneur de grands hommes de pacotille et tirées du fond du magasin des accessoires de statuaires en mal de commandes, que nos ministres continuent de distribuer à profusion palmes académiques et mérites agricoles, rien ne manquera au charme de notre existence. Au moment, où la Grèce voyait son antique liberté succomber sous les armes victorieuses de Philippe de Macédoine, ce roi, que les scrupules ne gênaient guère, avait coutume de dire: pour prendre les citadelles réputées inexpugnables, il suffit d'y faire pénétrer un mulet chargé d'or. Aujourd'hui, pour conquérir les arrondissements les plus indépendants, il suffit d'un âne chargé de poireaux. Les masses profondes du suffrage universel, déjà plus ou moins gangrenées par l'hervéisme, s'apercevront à peine du changement. Au nom de la liberté de penser, M. Homais continuera à persécuter son prochain, s'il ne pense pas comme lui et M. Vadécard de dénoncer son voisin. Le bourgeois, affolé par les théories subversives du député pour lequel il a voté hier et il votera demain, de peur de se compromettre de ne pas paraître assez gouvernemental, ne sera pas fâché d'apprendre qu'il y a, par delà de la frontière, un roi qui le protège; l'ouvrier, fier de pouvoir lire la prose de Jaurès sans la comprendre, mais qui espère fermement que ses petits-neveux, lorsqu'ils auront reçu l'instruction intégrale, pourront s'y débrouiller, se réjouira devoir humilier le nationalisme et le chauvinisme bourgeois.

Il faut avoir le courage de dire la vérité et de répéter, de ce côté de la frontière, ce qui se répète au delà.

Un peuple, qui, après avoir fermé, sur le territoire de la République, dix mille écoles libres, pour que toute la jeunesse, sans exception, reçoive une même éducation morale, possède une même conception des devoirs de l'homme et du citoyen, laisse impunément enseigner, dans ses écoles publiques, le mépris du drapeau, la haine du service militaire, la désertion en face de l'ennemi, est jugé. Un peuple qui, après quatre ans d'un gouvernement qui, au su et au vu de tous, a gaspillé ses finances, désorganisé ses armées de terre et de mer et l'a conduit, aveuglément, à deux doigts d une guerre, réélit triomphalement la majorité collaboratrice est, par l'inlassable cons tance de ses votes, complice de ce gouvernement, au point de vue du sens moral comme du sens politique, a fourni sa mesure.

A tous les peuples qui l'environnent, il donne la sensation très nette qu'il n'a plus conscience de ses destinées, ni de ses devoirs envers lui-même et envers l'humanité. Il abdique par sa pusillanimité, le droit de se gouverner lui-même. Ce n'est plus qu'une épave qui flotte au gré des courants révolution-naires et de l'inconstance des souffles populaires, sans bous-

IV. Edouard VII et la France

sole et sans pilote. Il constitue, par la contagion des théories malsaines qu'il propage, des exemples démoralisants qu'il étale, un péril pour ses voisins et, comme il faut qu'aucune force, pouvant servir à la cause du progrès général de l'humanité, ne soit perdue, les postes désertés par les faibles sont pris par les forts, les lâches, qui proclament leur intention de trahir leur patrie, sont asservis par les valeureux décidés à défendre la leur et à la faire triompher; le navire désemparé, quelque glorieux qu'ait pu être son passé, appartient au plus hardi, qui ose jeter le harpon sur lui, lui donner un équipage plus digne et le faire naviguer dans son sillage.

Edouard VII n'a rien du tyran vulgaire. Absolu dans ses volontés, il excelle à ne pas faire sentir sa main de fer à ceux qu'il dirige. Il a horreur des attitudes de domination et des poses de conquérant. Il sait, avec un tact exercé, saisir le moment psychologique où il faut, par l'emploi brutal de la force, écraser les résistances, et alors il ne recule jamais, mais il préfère n'avoir recours qu'à la persuasion, à tous les moyens de persuasion sans en excepter aucun. Il doit à sa grande connaissance du cœur humain et du caractère français, en particulier, l'art d'employer, avec un àpropos impeccable, pour chaque personnalité, le genre de persuasion le mieux approprié à ses goûts et à ses besoins.

Il s'entend mieux que personne à ménager les susceptibilités. Il se sent assez haut placé, pour pouvoir se montrer toujours condescendant, sans jamais perdre un pouce de sa supériorité. C'est un jeu pour lui de flatter l'amour-propre du bourgeois de province, poussé par l'absence de scrupule et de délicatesse et par l'hypocrisie cauteleuse d'une bonhommie affectée, aux premières magistratures de la République, et de lui persuader, qu'il remplit, avec une dignité parfaite, le rôle d'un grand potentat. Au besoin, il ne recule pas devant la nécessité d'enfler l'orgueil du petit folliculaire, dont la joue est encore rouge de la maîtresse gifle qu'il lui a administrée lors de l'incident de Fachoda, jusqu'au point de lui faire oublier non seulement les périls où il engage son pays, mais encore le danger qu'il fait courir à

ce maroquin ministériel pressé si amoureusement sur son cœur.

Il permet, avec une bonhommie calculée, aux parvenus de la démagogie de se presser sous l'auréole de sa dignité royale, de frotter leur roture à la pourpre de son manteau impérial, dans l'espoir qu'ils en retireront un nouveau lustre aux yeux des farouches républicains, leurs électeurs, fiers, lorsqu'il leur est donné d'acclamer un roi.

Il supporte gaiement les fatigues de cette contrainte, de ces menus ennuis; il sait se délasser dans l'intimité de nos salons aristocratiques. Il se console de l'importunité des fâcheux par des liaisons cordiales ou simplement mondaines de son choix.

Nulle ville n'est plus riche que Paris en utopistes de tous genres, en protagonistes ardents des sophismes et des paradoxes; combien ont essayé de se faufiler jusqu'au roi d'Angleterre. Aucun n'est sorti de sa présence, sans être convaincu qu'il avait fait, de sa Majesté britannique, l'ardent zélateur de ses idées. Il se dédommage de la lassitude que lui causent les harangues et les épîtres des pacifistes en signant les ordonnances royales qui doublent la puissance agressive de ses flottes de guerre; de la pédanterie des apôtres de la pudeur publique et de la tempérance, en sablant le Champagne dans un cabinet particulier.

Pas un instant, il n'oublie que le cheval qu'il monte aujourd'hui, d'une si cavalière aisance, passait autrefois pour ombrageux. Il le caresse et le flatte de la main, sauf à le faire tuer, sous lui, au jour de la bataille, pour le triomphe de sa race et la plus grande gloire de son Empire.

Dès longtemps, il s'est fait la main à ce sport. C'est à propos de la question d'Egypte et comme prince de Galles, qu'il nous a donné les premières preuves de sa dextérité. Le talent, le patriotisme du héros de la défense nationale lui inspiraient une vive admiration. Il lia d'étroites relations avec Gambetta. Le grand tribun ne pouvait qu'être sincèrement touché d'une sympathie si spontanée, venant de si haut. L'Egypte était un des principaux objectifs des rêves grandioses, qu'il nourrissait pour le relèvement de son pays, si cruellement éprouvé. Son cœur si français, son intelligence si ouverte lui montraient, dans la riche vallée du Nil, le champ le plus fertile livré à l'expansion d'un peuple qui, amputé et comprimé pour longtemps au nord, devait s'élancer au midi, vers des horizons nouveaux, sous peine de s'atrophier. L'Egypte, c'était la terre française par excellence, pavée de nos plus glorieux souvenirs, arrachée par nos armes au joug barbare des Osmanlis, pénétrée de notre langue, imbue de nos idées, façonnée à nos mœurs, que nous devions instruire à la liberté et ouvrir largement à la civilisation.

Pour l'accomplissement de cette œuvre grandiose, la France n'excluait aucun concours, le concours de l'Angleterre moins que tout autre. Il lui était, au contraire, particulièrement précieux; mais elle devait garder le rôle prépondérant auquel lui donnaient droit son passé et la supériorité de ses intérêts.

Personne ne comprenait mieux ces nobles pensées que le prince de Galles, personne ne s'y associait d'un cœur plus généreux que le chevaleresque héritier du trône d'Angleterre.

Il suggérait quelques conseils d'ami. Le plus urgent était de fermer la voie à d'autres compétiteurs moins désintéressés que l'Angleterre. Déjà l'Italie dissimulait mal ses convoitises; derrière elle s'avançait l'Allemagne, jalouse, elle aussi, de prendre rang parmi les grandes puissances méditerranéennes. Et pourquoi pas l'Autriche? Et pourquoi pas la Russie, elle-même? Vite, il faut fermer la route à toutes ces ambitions.

A cet effet, consolidons le condominium anglo-français, rendons-le exclusif pour le rendre inébranlable. Faisons-en le gage de l'entente indissoluble entre les deux nations sœurs qui marchent à la tête de la civilisation et qui ne peuvent se séparer sans faillir à leur commune mission.

L'Angleterre ne saurait se désintéresser de cette première étape sur la route des Indes, mais, à la France, elle cède la haute direction, les ministères importants, les administrations financières; elle se contente modestement du second rang.

Seulement, il y a Ismaïl. Ismaïl, sans doute, est un prince populaire et dévoué à la France, mais désordonné et prodigue. Il le faut déposer. Un jeune vice-roi, qui devra tout aux puissances codirigeantes sera, entre leurs mains, un instrument plus malléable et plus docile.

Ismaïl est déposé, Tewfick proclamé. Cette transmission un peu brutale du pouvoir blesse des susceptibilités, lèse des intérêts, provoque des mécontentements. Une agitation commence à se dessiner dans une partie de la population et dans l'armée égyptienne. Un vent d'indépendance nationale, contre cette tutelle étrangère, qui débute par froisser, avec une si maladroite brusquerie, le sentiment populaire, souffle dans le pays. Il faut agir, si l'on veut prévenir la rébellion qui gronde dans les casernes et dans les faubourgs. Il faut agir mais, que faire ? L'action sera-t-elle exclusivement diplomatique ou diplomatique et militaire ? Les nations qui en assumeront la responsabilité solliciteront-elles, à cet effet, un mandat européen? Se borneront-elles à aviser, par une circulaire diplomatique, les divers cabinets, de la situation et des résolutions qu'elle leur a inspirées. Délicat problème, sur lequel la France et l'Angleterre n'arrivent pas à se mettre d'accord! Quand l'Angleterre dit oui, la France dit, non; et quand la France veut marcher, l'Angleterre l'arrête!

Cependant les événements se précipitent. La révolte, qu'il aurait été facile de prévenir à son début, éclate. A mesure que s'impose plus impérieusement l'urgence de prendre une décision, l'indécision augmente dans notre ministère. En présence de nos hésitations, l'Angleterre prend immédiatement son parti. Elle se résout à réprimer l'insurrection par la force, et elle met la France en demeure de remplir son devoir de puissance codirigeante, en lui donnant une coopération active.

A cette heure solennelle, le ministère français, poussé dans ses derniers retranchements, comprend que, s'il recule, c'est l'Egypte tombant sous la mainmise exclusive de l'Angleterre, c'est la force militaire française éliminée de la vallée du Nil; Arabi n'est qu'un agent soudoyé par l'or britannique; il est le fourrier de l'occupation étrangère; sera-t-elle mixte? Allons-nous par notre désertion dune mission assumée en commun nous exclure nous-même?

Le gouvernement de la République se résout à proposer au Parlement de participer, non pas même à la répression de l'insurrection d'Arabi, mais, simplement, au maintien de

IV. Edouard VII et la France

l'ordre international; de débarquer deux mille hommes pour assurer la sauvegarde de la neutralité du canal de Suez.

C'est alors qu'il tombe sous la plus formidable des coalitions.

Etrange coalition, à la tête de laquelle on vit marcher deux hommes qui, jusqu'alors, ne s'étaient pas rencontrés, et qui ne devaient plus se rencontrer à l'avenir que comme adversaires irréconciliables; d'une part, l'organisateur de la défense nationale, dont le patriotisme intransigeant voulait la continuation de la guerre à outrance; de l'autre, l'homme qui, au lendemain de nos désastres, proposait de vendre la Corse à l'Italie pour un franc; le restaurateur ardent, passionné de notre armée et le polémiste virulent qui a travaillé sans relâche avec une implacable acrimonie, à détruire en elle l'esprit militaire; le tribun au souffle régénérateur et fécond qui, sur la base respectée de nos traditions nationales, voulait reconstruire une France nouvelle, plus grande, plus belle, plus glorieuse encore, et le rhéteur froid et subtil, à l'haleine desséchante et stérilisante, qui poursuit, d'une haine encore inassouvie, la destruction de toutes les traditions du passé, et ne propose d'autre but à son idéal que la satisfaction de rancunes brutales et l'oppression des vaincus.

C'est dans ces circonstances, qui ont laissé un souvenir si douloureux à tous les cœurs français et qui ont eu, sur notre histoire contemporaine, une influence si néfaste que Clemenceau a fait sa première apparition sensationnelle dans la politique internationale.

Il faut lui rendre cette justice qu'il est resté toujours fidèle à ce début. Il ne s'est jamais démenti un seul instant. Tel il était apparu la première fois, tel il est resté, et chacune de ses interventions a été marquée par un craquement sinistre dans notre organisation militaire, par la chute d'un ministère au moment où il pouvait réaliser les espérances nées avec lui, par un déboire pour la politique française, à l'étranger.

Comme Gambetta lui-même, Clemenceau est partisan déclaré de l'alliance anglaise, mais il la comprend de tout autre façon. Par l'alliance anglaise, Gambetta voulait la France plus grande; Clemenceau veut le triomphe mondial de la politique britannique au détriment même des intérêts de la France, dont il fait litière.

Il a combattu successivement tous les hommes qui ont dirigé notre politique extérieure et les a culbutés les uns sur les autres, jusqu'à l'avènement de l'homme prédestiné, capable de signer l'abdication définitive de notre mission séculaire en Egypte.

Si l'Angleterre règne, aujourd'hui, sans partage dans la vallée du Nil, si nous avons lâché le plus beau fleuron de notre couronne méditerranéenne, si nous nous sommes exclus nous-mêmes d'un pays, auquel tant de liens nous rattachaient, si nous avons abandonné le dernier vestige des conquêtes de notre première République, la prépondérance de notre rôle d'éducateurs et d'émancipateurs de l'esprit public et de nos intérêts industriels et commerciaux dans l'Orient Méditerranéen, si nous avons déserté ce poste d'avenir, la plus grande part de gloire en revient à Clemenceau.

Il a battu en brèche, avec un acharnement sans égal tous les ministères qui ont exigé de l'Angleterre l'accomplissement de ses promesses et l'évacuation de l'Egypte; pour les renverser, il n'a pas craint de nouer d'incessantes coalitions avec les ennemis irréconciliables de la République, et n'a pas hésité à ébranler, dans le peuple français, jusqu'à la notion du pouvoir, par cette instabilité ministérielle dont il se faisait un jeu; il a été jusqu'à mettre en péril les institutions de la France par ses louches compromissions avec les conspirateurs qui se couvraient de la popularité du général Boulanger. Après avoir été à la lutte, il est équitable qu'il soit au profit, et l'Angleterre, maîtresse de nos destinées, ne fait que payer sa dette, en le plaçant à la tête du gouvernement.

Par quels procédés l'Angleterre s'est-elle acquis ce dévouement, ce dévouement poussé jusqu'à des limites dont on trouve peu d'exemples dans l'histoire des dévouements désintéressés ? Il n'entre pas dans mon plan de le rechercher, et je ne prête l'oreille à aucun propos qui ne soit contrôlé par le témoignage impartial de l'histoire. Je n'irai pas inter-

IV. Edouard VII et la France

roger l'ombre de Cornélius Hertz dans le cimetière de Bornemouth, je ne demanderai pas la clef de ce mystère aux coulisses de l'Opéra pas plus qu'aux boudoirs diplomatiques, aux salons des comtesses qu'à l'alcôve des danseuses. Que nous importent, après tout, les mobiles de cet homme, avouables ou non, ce qu'il nous faut, c'est connaître le chemin où il nous entraîne et le but vers lequel il prétend nous conduire.

Dans l'histoire de France, je ne connais qu'un ministre dont le dévouement à l'Angleterre soit de même qualité, c'est le cardinal Dubois. Pour complaire à nos voisins d'Outre-Manche, le cardinal Dubois a tout sacrifié, notre marine et nos colonies. L'histoire a cru démêler les motifs secrets de la conduite de ce ministre corrompu. Elle l'a jugé, elle l'a cloué au pilori. Personne ne s'est inscrit en faux contre son verdict. Laissons l'histoire remplir, s'il y a lieu, cet office vis-à-vis de notre dictateur.

La vie privée de M. Clemenceau ne nous appartient pas. Sa vie publique est connue de tous. Elle est d'une unité parfaite; du premier jour au dernier, par la plume comme par la parole, il démolit la France au profit de l'Angleterre. Si cela ne suffit pas à nous éclairer, nous sommes atteints d'une cécité incurable. L'exemple du cardinal Dubois nous prouve que certains hommes ne reculent pas devant certains forfaits. Notre vigilance doit, d'autant plus, être en éveil, qu'aujourd'hui ce ne sont plus seulement notre marine et nos colonies qui sont en jeu, c'est notre indépendance.

Lorsque 'a question du Maroc a failli mettre le feu aux poudres entre l'Allemagne et la France, les pacifistes, les internationalistes, les hervéistes et toute la séquelle des antimilitaristes lecteurs de Y Aurore, ont été stupéfaits du chauvinisme effréné qui s'est tout à coup éveillé dans le cœur de Clemenceau. On leur avait, dans la nuit, changé leur Clemenceau et on l'avait mué en revanchard, altéré de carnage. Il lui fallait la guerre. Il ne voulait pas entendre parler de concessions, son ton était plus tranchant que le fil de l'épée toujours aiguisée de Guillaume IL II poussait aux pires résolutions. Si une feuille, suspecte de nationalisme, s'était permis un semblable langage, elle aurait été dénoncée au monde, par la presse officieuse, comme l'artisan d'une conflagration européenne.

Quelques journaux progressistes ont poussé la malice jusqu'à féliciter M. Clemenceau de son patriotisme guerrier. Oui, M. Clemenceau a la fibre guerrière très chatouilleuse, mais ce n'est pas lorsqu'il s'agit des intérêt de la France, c'est lorsqu'il s'agit des intérêts de l'Angleterre.

Les plus durs sacrifices que l'Allemagne aurait pu nous imposer, au Maroc, où nous ne pouvons espérer que des avantages aléatoires et problématiques, n'équivaudront jamais à la dixième partie des avantages, certains et d'une réalisation facile, dont nous a privés l'abandon de l'Egypte. M. Clemenceau a renversé un ministère pour empêcher que, par l'envoi d'un contingent de deux mille hommes dont l'Angleterre déclarait se contenter pour représenter notre participation au rétablissement de l'ordre en Egypte, nous sauvegardions la situation privilégiée que les traités nous assuraient en Egypte. M. Clemenceau aurait voulu nous faire sacrifier des centaines de mille Français pour permettre à la flotte britannique d'anéantir la flotte germanique.

J'espère que l'ancien directeur de La Justice et de Y Aurore ne va plus nous parler d'humanitarisme. Il va jeter au rancart sa défroque do pacifiste, vouer aux gémonies le désarmement universel et abjurer ces grands mots vides de sens avec lesquels, depuis près d'un demi-siècle, il a pipé les gogos et s'est acquis une popularité frelatée. Aujourd'hui, il faut permettre au général Picquart de faire ses preuves sur le champ de bataille, il faut que le sang français coule à Ilots pour laver les hontes de son avancement.

Clemenceau a été la hache dont Edouard VII s'est servi pour abattre les derniers remparts de notre indépendance, les obstacles qui gênaient sa conquête. Aujourd'hui, c'est la férule dont il s'arme pour faire marcher les politiciens qui, consciemment ou inconsciemment, lui ont ouvert la voie. Sa nagaïka s'est exercée, dès l'ouverture de la nouvelle chambre, sur les épaules de son docile allié, pendant la campagne électorale, Jaurès. Demandez à Jaurès des nouvelles de la maîtrise avec laquelle il sait la manier.

IV. Edouard VII et la France

Sans doute, Edouard VII aime la France. Qui oserait en douter ? Mais ce n'est pas la France de Louis XIV et de Napoléon Ier - c'est la F rance de M. Clemenceau. C'est la France qui, comme un chien docile, rampe et se couche à ses pieds.

Sans doute, Edouard VII désire, et du plus profond de son cœur, que les armées de la France soient grandes et fortes et que, dans la prochaine guerre, elles soient victorieuses, ne vont-elles pas combattre aux côtés de l'armée britannique et pour le service de l'Angleterre? Mais il aimerait mieux les voir anéanties que de les voir se tourner contre son Empire et, si elles devaient échapper à sa direction, plus elles seraient affaiblies plus il serait content. Le plus important n'est pas qu'elles soient puissantes, mais qu'elles soient placées sous l'autorité de son âme damnée, Clemenceau, le seul dont il soit sûr, le seul auquel il croit assez d'estomac pour aller jusqu'à la guerre et assez d'autorité pour y entraîner les autres même malgré eux.

Voilà la clef qui sert à expliquer le mystère de l'histoire de France pendant les dernières années.

Ce n'était pas une œuvre aisée de mener Clemenceau par la main jusqu'à la possession du portefeuille convoité, de le faire asseoir solidement sur le siège de la Présidence du Conseil, ce n'était pas trop du génie d'Edouard VII pour y réussir.

Que d'obstacles surgissaient sur les pas du futur dictateur! que de résistances! que de révoltes! Le sens patriotique, l'instinct national de conservation se mettaient en insurrection.

Le président Grévy, qui pourtant n'était pas farouche en fait de compromissions, déclarait que jamais il ne consentirait à signer le décret appelant le redouté directeur de la Justice à un ministère. Pourquoi? Il n'entre pas, je le répète, dans mon plan de le rechercher. Ce qu'il y a de certain, c'est que le motif, quel qu'il fût, était grave aux yeux de Grévy, car il n'ignorait pas le danger auquel il s'exposait en prononçant cette exclusion. On le lui a assez fait savoir. L'incident Wilson, et toutes ses conséquences si terribles pour la famille Grévy, n'ont pas eu d'autre origine.

Mais il était plus aisé à Clemenceau de se venger que de se faire accepter. En dépit des opinions avancées qu'il affichait, en dépit de son talent, il n'était pas populaire. Au Parlement, il était plus craint qu'estimé, il comptait plus d'admirateurs que d'amis.

Ses constantes victoires sur toutes les éphémères combinaisons ministérielles qui s'essayaient au pouvoir, marquaient plus son habileté à nouer des combinaisons avec la droite, que l'extension de son influence personnelle et du nombre de ses partisans. Les journaux de l'opposition louaient hypocritement la force irrésistible de sa dialectique, alors qu'ils auraient dû vanter surtout, s'ils avaient été sincères, son défaut de scrupule pour s'entendre avec leurs amis afin de contrebattre le gouvernement et de rendre impossible l'institution d'un pouvoir stable sous la République.

Ces succès mettaient à mal ses adversaires et les empêchaient d'atteindre à la politique des résultats, plus qu'ils n'avançaient ses propres affaires. Il pouvait défaire à son gré les ministères, il pouvait y imposer l'entrée de ses amis, il ne pouvait pas y entrer lui-même. Devant sa personnalité trop en relief, la porte restait toujours close. La confiance publique se refusait à lui et l'opinion s'obstinait à ne pas le désigner comme le chef du gouvernement,

Entre le pouvoir et lui se dressait un mur infranchissable que ni son habileté de polémiste, ni son talent d'orateur, ni ses intrigues de parlementaire ne lui permettaient de tourner. Placé plus haut et plus flegmatique observateur, mieux que Clemenceau lui-même, Edouard VII se rendait compte de l'obstacle qui arrêtait l'ascension de l'homme dont il a fait son instrument de domination, et il résolut de le briser.

Il l'avait déjà tiré des pires embarras, il l'avait repêché quand ses ennemis croyaient le tenir dans leur nasse et lui avait permis de surnager. C'était insuffisant à ses desseins, il fallait le mettre en demeure d'accomplir sa mission.

Double était l'obstacle qui surgissait devant Clemenceau et lui barrait la route. Le parti gambettiste, opportuniste ou progressiste, comme il s'est successivement qualifié lui-même suivant les temps et les circonstances, qui, longtemps maître

IV. Edouard VII et la France

du pouvoir en gardait les issues, nourrissait contre Clemenceau, à raison des traquenards où il l'avait fait tomber, de la lutte souvent déloyale qu'il avait, sans trêve, menée contre lui, une animosité profonde.

Il admettait, en face des nécessités de la lutte parlementaire, le partage avec les lieutenants ou les protégés de Clemenceau, mais persistait sourdement à le frapper d'ostracisme et lui rendait, en fait, impossible de prendre le ministère.

D'autre part, il s'était creusé, entre Clemenceau et l'armée, un fossé qui, loin de se combler,, chaque jour s'élargissait. Dès ses débuts dans la vie publique, Clemenceau avait témoigné une antipathie mal déguisée contre l'esprit militaire. Les terribles imputations qui furent portées contre lui, à l'occasion des assassinats des généraux Lecomte et Clément Thomas, aggravaient encore une rupture que sa politique journalière, pétrie de fiel et d'acrimonie, rendait plus profonde.

Sans doute, l'armée n'a rien à voir dans la constitution des ministères, elle n'est pas consultée et elle n'a pas à l'être, mais, pour l'accomplissement des projets d'Edouard VII, il fallait que le ministère de la Guerre et la direction suprême de nos forces militaires, loin d'être imbus d'un esprit de méfiance et d'hostilité envers Clemenceau, fussent entièrement à sa dévotion et sous sa coupe directe.

Avec sa résolution ordinaire, Edouard VII décida de rompre ces deux résistances et de les réduire à néant.

Double était l'obstacle, double fut le bélier dont il se servit pour le pulvériser.

Contre les anciens séïdes de Gambetta, qui prétendaient s'éterniser au pouvoir, ce fut l'affaire de Panama; contre l'armée, ce fut l'affaire Dreyfus.

Au commencement de l'affaire de Panama, qui englobait dans une même flétrissure les grands chefs de l'opportunisme, Clemenceau menait la campagne à grand fracas. Puis, peu à peu, il se radoucit et facilita à Brisson son rôle de fossoyeur, quand les têtes de l'opportunisme se furent inclinées devant lui, eurent demandé l'aman et consenti à obéir à ses directions et à ne plus contrarier son avènement.

Loubet fut le premier bénéficiaire du marché; pour prix de sa connivence, il reçut des mains de Clemenceau, la présidence de la République.

Dans l'affaire Dreyfus, Clemenceau eut a vaincre des résistances plus obstinées, des coups plus durs à frapper; il le fit avec acharnement et enfin, grâce â la longue durée du ministère André, au fonctionnement permanent et implacable du couperet manœuvré par la franc-maçonnerie, il vint à bout de toute résistance, et il peut, aujourd'hui, faire constater au monde sa complète victoire par l'installation de Picquart au ministère de la guerre.

Fallières à la présidence de la République est l'otage de Clemenceau.

De tels résultats ne s'obtiennent pas sans amener un grand énervement de la nation, un grand affaiblissement non seulement de sa puissance militaire, mais de toutes ses forces vives. Edouard VII le comprend et il le regrette, mais il estime que là n'est pas le péril pour l'Angleterre; le vrai péril pour l'Angleterre, en ce moment, serait que le gouvernement français eût à sa tête des hommes comprenant les véritables intérêts de la France.

La plus grande faute que nous puissions commettre pour l'avenir de notre race est de laisser confisquer la liberté des mers, accaparer par une nation rivale la maîtrise du commerce interocéanique. Prêter notre concours à l'anéantissement d'une flotte, dont l'intervention peut être, un jour, indispensable à la sauvegarde de la nôtre, concourir à la défense de notre indépendance politique et commerciale, est une noire folie.

La plus grande faute qu'ait commise Louis XIV a été de s'allier à l'Angleterre pour détruire la marine néerlandaise et ruiner la prospérité commerciale de la république batave. La Hollande a défendu, à une époque, contre l'Angleterre, la cause de tous les peuples, en soutenant, les armes à la main, la théorie du liberum mare. L'Angleterre, en se faisant la protagoniste du clausum mare, voulait s'attribuer le monopole du commerce maritime.

IV. Edouard VII et la France

La flotte batave serait devenue pour la France un auxiliaire des plus précieux. Elle créait un contrepoids indispensable, car la France, obligée de se défendre à la fois sur terre et sur mer, ne peut, à elle seule, faire équilibre aux forces navales de l'Angleterre.

Depuis lors, la France s'est épuisée en efforts impuissants pour rétablir cet équilibre nécessaire à la sécurité de son expansion commerciale et coloniale, indispensables, l'une et l'autre, au développement de sa prospérité.

A partir du XVIIe siècle, c'est le but essentiel que se sont assigné tous les gouvernements qui ont eu à cœur l'avenir de notre pays. C'est, pour faire échouer leurs efforts sans cesse renaissants, que l'Angleterre nouait contre nous des coalitions incessantes. Lorsque, culbutant devant nous les forces combinées des armées ennemies, nous portions nos drapeaux victorieux jusqu'au centre du Continent, nos coups visaient moins les puissances continentales que l'Angleterre, l'Angleterre à qui nous voulions arracher le monopole des océans et qui sentait, par nos victoires terrestres, sa puissance navale menacée. Lorsqu'au contraire, la fortune trahissait nos étendards, c'était l'Angleterre qui triomphait le plus bruyamment, et elle avait raison, car c'était elle qui était la véritable bénéficiaire de la victoire.

Le réel enjeu, en effet, de ces combats meurtriers où Autrichiens, Prussiens et Espagnols versaient à l'envi leur sang contre les Français, ce n'était pas telle ou telle province, dont la possession ne pouvait contribuer que très secondairement à la force de la puissance qui l'acquérait ou qui la perdait, qui, en tout cas, n'ajoutait rien à la prospérité générale de ses sujets, c'était le commerce des mers que l'Angleterre voulait accaparer à elle seule, et dont la France revendiquait une part parce que c'était un des éléments essentiels de sa prospérité; ce que l'Angleterre voulait c'était conserver, pour elle seule, le monopole de ce marché du monde où elle puise d'inépuisables richesses; c'était en exclure la France, et par cette exclusion la maintenir dans un état de médiocrité besogneuse dont tout l'effort de son travail ne pourrait la tirer.

La faute commise par Louis XIV, nous l'avons payée par la perte du plus bel empire colonial qui pût être rêvé, par une série de revers et sur mer et sur terre, par l'issue fatale des grandes guerres que nous avons soutenues depuis lors, et qui se sont toutes terminées à notre désavantage et à l'avantage de notre rivale, par d'incessantes révolutions dont chacune a marqué un abaissement de notre prestige dans le monde et dont la cause commune doit être recherchée dans l'état d'énervement et de surexcitation maladive où tant de revers ininterrompus jetaient le peuple français, qui voyait se fermer successivement toutes les voies d'expansion où l'entraînaient l'instinct et le génie de sa race, son amour des aventures, ses aptitudes naturelles vers le grand négoce.

Dans ces vingt-cinq dernières années, il semblait qu'instruits par une si douloureuse expérience, nous avions appris à reprendre le chemin où nos ancêtres avaient conquis la fortune, la gloire et la prospérité intérieure.

A côté de nous, se formait une marine puissante, pas assez puissante, toutefois, pour se passer, en cas de conflit avec l'Angleterre, du concours de la nôtre. Cos voisins actifs, industrieux et persévérants avaient un intérêt égal au nôtre de rétablir l'équilibre des forces sur les océans, d'assurer, en tout temps, le libre trafic commercial maritime, de garantir l'expansion coloniale des puissances continentales.

Par quelle étrange aberration mentale n'aurions-nous pas compris que nous devions suivre d'un œil favorable le développement de cette force nouvelle appelée, le cas échéant, à nous prêter un utile

Concours, et ne permettre, sous aucun prétexte, que sa disparition nous fît retomber sous la sujétion de la suprématie britannique.

Gens avisés, habitués à calculer et à ne se lier par un contrat qu'après en avoir pesé toutes les charges et tous les bénéfices, les Anglais sont étonnés que nous nous engagions ainsi sans rien considérer. Ils ne mettent pas en doute notre sincérité mais bien notre constance. Ils craignent que l'opinion publique, mieux éclairée, n'éprouve, subitement, un de ces brusques revirements dont elle est assez coutumière de ce côté du détroit.

IV. Edouard VII et la France

Pour asseoir leur domination sur leurs nouveaux Sujets, ils estiment indispensable que le pouvoir ne sorte pas des mains qui le détiennent aujourd'hui.

Ils ont puissamment contribué par leur grande influence sur les loges maçonniques, sur les sociétés de propagande protestante, sur le peuple d'Israël à nouer la coalition judaïco-protestante et maçonnique qui dispose actuellement, en France, de la majorité du corps électoral.

On a beaucoup dit et répété que la haute finance était cosmopolite, qu'elle n'avait pas de patrie. Ce n'est pas vrai pour la haute finance britannique, elle est très britannique et elle exerce une action incontestable sur tout le continent et, en particulier, en France. Elle sait combien est grande l'influence du monde de l'argent sur le monde politique actuel et elle en use pour servir les vues de son gouvernement. Dans ce milieu, où les convoitises sont ardentes, les appétits sans limites, la soif des jouissances aiguisée par de longues privations impatiemment subies, les scrupules rares et les tentations fréquentes, toutes les consciences ne sont, certes, pas à vendre, mais il y en a quelques-unes à acheter. La concurrence amène l'avilissement des prix. Les exigences des créanciers, las d'attendre, anxieux de ne pas laisser l'occasion au crâne chauve échapper aux mains de leur débiteur, triomphent des derniers scrupules.

Nos conquérants considèrent que la chute du personnel gouvernemental actuel serait, pour leur entreprise, un échec. Aussi chaque abaissement du niveau intellectuel et moral de notre représentation nationale est-il salué, dans le monde officieux de l'autre côté du détroit, comme un triomphe de la politique anglaise. Toute la grande presse conservatrice de la Cité, depuis le Times jusqu'au Standard, chauffent les candidatures de nos socialistes, de nos partageux, de nos communards, de nos collectivistes, avec autant d'ardeur que s'il s'agissait des candidatures des représentants du plus pur torysme anglais.

Ce sont de bons amis, c'est entendu, mais ce sont des amis qui se réjouissent de notre amoindrissement plus que nos pires ennemis. Que voulez-vous? On n'efface pas en un jour les souvenirs de plusieurs siècles. Tout bon Anglais, quand, dans le secret de sa conscience, il fait la récapitulation de ses tares nationales et des nôtres, n'est pas fâché de voir le bilan s'établir à notre débit et à son actif. Confortablement installé dans son home, il rit à la pensée du bourgeois de Paris, réduit à empiler les boîtes de conserves pour ne pas mourir de faim, les jours où l'ouvrier célèbre la fête du travail en empêchant les camarades de travailler.

Au regard de cette vieille France, dont les derniers vestiges disparaissent chaque jour davantage et s'effacent même de nos mémoires, mais qui vit encore tout entière dans son imagination, échauffée par les récits de ses historiens et de ses romanciers, il éprouve des sentiments multiples et divers. Il ressent de l'admiration, puis, peut-être, un peu d'envie et encore, disons-le tout bas, un vieux relent, de haine et d'appréhension. Ce sont, chez lui, effets de l'atavisme et nous ne saurions lui en tenir rigueur. Tant de luttes, plus acharnées que des guerres étrangères aussi impitoyables que des guerres civiles, poursuivies, presque sans trêve, pendant des séries consécutives de siècles, tant de coups, et de si terribles coups que le froid de la mort faisait frissonner les épaules d'un peuple tout entier, tour à tour donnés et reçus! Vraiment, c'est être trop exigeant que de demander un oubli complet. Après ces embrassades, quel sera le lendemain, ne peut-il s'empêcher de se dire. Pour que j'aie confiance en ce lendemain, pour que je croie qu'il sera semblable à aujourd'hui, il faut que je voie Clemenceau à la tête de la République. Avec lui, je suis sûr que nous ne sommes pas à la veille du camp de Boulogne ou au lendemain d'Austerlitz. Désormais la dictature de Clemenceau est nécessaire à la sécurité de l'Angleterre.

« Combes avait du bon, avec André à la guerre et Pelletan à la marine, on pouvait dormir tranquille, une descente de l'armé française en Angleterre était invraisemblable. Maintenant, l'heure fatale va sonner où nos amis d'Outre-Manche devront en découdre et se mesurer avec les hordes germaniques. Il faut qu'en présence du péril, ils redeviennent patriotes, que le vieux sang gaulois, trop longtemps assoupi, se réveille dans leurs veines. En face du Prussien, nous devons retrouver, à nos côtés, les dignes fils des héros de Fleurus et de Jemmapes. Plus le patriotisme a été comprimé, plus nécessairement, sur cette terre des braves qui s'appelle la France, il doit violemment faire explosion à notre service. Vite, que les leçons des antimilitaristes soient oubliées I Qu'on désapprenne L'Internationale, que l'on réapprenne la Marseillaise. Le canon va tonner, plus de querelles intestines, plus de luttes de classe, tous les Français sont soldats et les premiers soldats du monde. À bas Hervé! Thalamas à l'eau, vive Clemenceau, vive Picquart ».

Donc, pour la politique d'Edouard VII, les premières victoires contre l'Allemagne, ce n'était pas en Allemagne qu'il fallait les gagner, c'était en France; ce n'était pas sur les champs de bataille, c'était sur le terrain électoral; ce n'était pas à coups de canons, c'était à coup de banck-notes et de bulletins de vote. Les autres luttes plus sanglantes, ce sera notre affaire de les soutenir.

Il paraît que Londres n'était sans appréhension sur l'issue de la dernière bataille électorale. Aussi, lors des élections générales, Sa Majesté n'a pas jugé inutile de se déplacer elle-même. Il ne lui suffisait pas de savoir les urnes électorales entre les mains de son féal Clemenceau. Sa Majesté Impériale et Royale a voulu, de plus près et par elle-même, surveiller la cuisine électorale et voir bouillir la marmite d'où devait sortir le triomphe de son homme-lige. Les agissements désordonnés du gouvernement, les grèves révolutionnaires, les manifestations qui s'annonçaient terrifiantes pour le 1er mai, ce complot grotesque qui, comme un spectre falot, s'agitait à l'horizon embrumé, l'excessive nervosité de son imprésario n'étaient pas sans lui inspirer quelque méfiance sur le résultat final. Le roi d'Angleterre se disait *in petto:* « Si je me permettais des facéties pareilles, il y a longtemps que mes fidèles sujets, en dépit de leur loyalisme légendaire, m'auraient fait enfermer à Bedlam. Après tout, il a peut-être raison. Chaque peuple doit être servi suivant ses goûts. En tout cas, c'est colossal! Je regretterais de ne pas m'être payé ce spectacle divinement excentrique! »

Le 1er mai, tandis que, protégé par une armée de soixante-dix mille baïonnettes, Son Excellence M. Fallières suait la peur, derrière les grilles de l'Elysée, Sa Majesté Impériale et Royale se promenait tranquillement sur le boulevard de la Madeleine, en touriste anglais, curieux, décidé à tout voir et à déguster le spectacle étrange qui lui était offert. La ville était morne, déserte, silencieuse. Jamais, au lendemain même des pires catastrophes, elle, n'avait présenté un aspect aussi lugubre. Pas un badaud, pas un passant, pas un roulement de voiture, pas un pneu éclatant ne révélaient le mouvement de la vie. Partout, c'était le silence de la mort. Dans une ville, où il est connu de tout le monde, Edouard VII jouissait, pour la première fois, du plaisir de se promener incognito.

« La mise en scène est trop sinistre, se disait-il. Décidément Clemenceau a l'esprit aussi macabre que la physionomie. Espérons que ce drame shakespearien se terminera en opérette de Scribe ou en vaudeville de Labiche. » Dans le désir, bien humain, de fuir cette solitude désolée, Sa Majesté hâtait le pas vers la place de la République. Elle espérait y rencontrer, au moins, quelques faces humaines, sous les espèces de grévistes ou de policiers. Par hasard, Elle fut reconnue et obligée de prendre une voiture pour regagner, en hâte, son hôtel et se soustraire, ainsi, à une ovation. Chacun sait, en effet, que si, sous l'Empire, le Parisien crie volontiers: « Vive la République! » sous la République, il crie, plus volontiers encore: « Vive le roi » ou « Vive l'empereur! »

Cependant, le bruit de la promenade du roi d'Angleterre se répandit bientôt dans la ville anxieuse et atterrée. On se hasarda à ouvrir les volets et à mettre le nez à la fenêtre. De proche en proche, il parvint jusqu'à la place Beauveau et jusqu'à la place de la République. Cette nouvelle rendit à Clemenceau un peu de son aplomb. Il reprit sa mine gouailleuse et les flics de Lépine, apprenant ainsi qu'ils travaillaient pour un roi, frappèrent plus dur et assommèrent plus consciencieusement leurs concitoyens.

Le lendemain, contemplant, à son réveil, les jambons et les boîtes de conserve entassés dans son office, le bourgeois disait à sa femme: « Maintenant qu'allons-nous faire de toutes ces provisions ? Nous avons échappé au plus terrible des périls

IV. Edouard VII et la France

que nous puissions jamais courir. La Révolution voulait nous assiéger dans nos maisons et nous y faire mourir de faim. Le roi d'Angleterre nous a sauvé la vie, ne l'oublions jamais. Si nous avons, ce matin, du lait et du beurre frais pour notre déjeuner, c'est à lui que nous le devons. Mais, maintenant que je sais que, derrière Clemenceau, il y a le roi d'Angleterre, je ne ferai plus de provisions. »

De son côté, l'ouvrier, regagnant, avec plaisir, son atelier qu'il avait déserté la veille, à contre-coeur, pour obéir à la solidarité prolétarienne, disait à son compagnon: « Quel lapin, tout de même que ce Clemenceau. S'il n'avait pas fait taper sa police et mobilisé soixante-dix mille soldats, nous étions encore une fois dévorés par le sabre et le goupillon. Tu as vu le complot! On trompait, comme toujours, l'ouvrier! Jamais la réaction n'a rien machiné d'aussi odieux! »

Le jour du scrutin, bourgeois et ouvriers se précipitaient à l'envie vers les urnes pour assurer le triomphe des candidats du gouvernement, de ce gouvernement qui nous avait arrachés à tant de périls, de ce gouvernement qui avait eu l'idée géniale de sauver la République en la plaçant sous la protection britannique. Pitt et Cobourg, du haut des cieux, leur demeure dernière, ont dû bien rire en voyant jouer ce vaudeville et ils doivent trouver nos jacobins d'aujourd'hui plus amusants que ceux de leur temps.

Edouard VII a pu s'embarquer pour ses Etats héréditaires, tranquillisé sur la solidité de sa dernière conquête. Rien, en France, ne peut faire obstacle à sa domination. Clemenceau, espère en vain nous donner le change en déclarant qu'il ne permettra pas qu'on touche au bloc révolutionnaire, qu'on en détache une seule parcelle. A l'histoire de ceux dont il revendique l'héritage, il a arraché le plus beau fleuron: l'amour de la patrie, l'attachement invincible à l'indépendance nationale.

Clemenceau est le proconsul du roi d'Angleterre, chargé de gouverner sa province des Gaules.

CHAPITRE

V. Edouard VII et le Catholicisme

A tort où à raison, aux yeux du monde, Anglais et Français ne passaient pas pour amis. D'après la commune renommée, entre les deux peuples, il existait une antipathie légendaire. Comment cette opinion ne se serait-elle pas accréditée? Si l'on mettait bout à bout, toutes les attaques, les injures, les diatribes violentes ou perfides que la presse britannique a publiées contre la France il y aurait de quoi couvrir l'immensité des mers; si l'on ajoutait, les unes à la suite des autres, toutes les tirades véhémentes, passionnées, sans mesure, que les journaux français ont lancées contre la Grande-Bretagne, il y aurait de quoi cacher la terre des continents. Mais si, de part et d'autre, l'animosité était égale, il y avait une différence capitale entre les sources génératrices de cette animadversion réciproque.

La cause, chez nous, était purement politique. La France haïssait, dans l'Angleterre, la rivale heureuse qui avait, tant de fois, détruit son commerce maritime, qui avait ravi le fruit de son génie et ses plus riches conquêtes.

L'Angleterre ne haïssait pas seulement, en nous, le cauchemar qui, depuis des siècles, troublait la paix de ses jours et de ses nuits, l'adversaire, souvent victorieux, toujours indompté, qui ne succombait, un moment, que pour se redresser plus fort et plus vaillant. Elle haïssait, en la France, la grande nation catholique.

L'Angleterre nourrit contre le catholicisme, qu'elle appelle le papisme, une haine inextinguible; elle prétend lui enlever le caractère de religion universelle et la suprématie spirituelle qu'il revendique sur la chrétienté. C'est un point trop souvent négligé et qui est, pourtant, d'une importance capitale, si l'on veut comprendre la marche de la politique anglaise, à travers les vicissitudes de l'histoire moderne.

V. Edouard VII et le Catholicisme

En France, quelque prépondérante qu'ait pu être, depuis la fin du XVIIIe siècle et la Révolution Française la prédominance des idées de tolérance en matière religieuse, d'indifférence même et de scepticisme, dans le gouvernement de notre politique intérieure, dans la direction de notre politique extérieure, jusqu'au ministère Combes, nous avions estimé que notre intérêt et notre honneur nous commandaient de rester fidèles à nos traditions, plusieurs fois séculaires, et de maintenir notre appui aux missions catholiques, en Afrique et en Asie, partout où elles étaient persécutées. Nous avions assumé le rôle de protecteurs de l'expansion catholique, avant-garde de l'expansion Française, et ce rôle nous était universellement reconnu.

L'Angleterre, de son côté, avait accaparé, à son profit exclusif, le prosélytisme ardent des missionnaires protestants sur toute la surface du globe. Elle en avait fait les pionniers hardis, entreprenants et dévoués du développement de son Empire, les instruments habiles de sa pénétration commerciale jusque dans les régions les plus reculées.

La haine de l'Angleterre contre le catholicisme n'est donc pas inspirée seulement par le souvenir de ses griefs passés, de persécutions autrefois subies et rendues; elle est entretenue par une rivalité de propagande, économique et politique non moins que religieuse, par une lutte pour la vie constamment soutenue sur tous les points du globe.

Partout où l'Angleterre veut pénétrer, où elle envoie comme avant-coureurs, comme fidèles fourriers, chargés de préparer le logement de ses troupes et de ses marchands, la cohorte de ses missionnaires, armés de leurs bibles et de leurs balles de coton, elle se heurte aux missionnaires catholiques qui l'ont devancée, qui ont pris pied dans le pays et lui disputent, non seulement la conquête des âmes, mais encore, au profit de la nation catholique protectrice, la clientèle politique et la clientèle commerciale.

La nation anglaise est une nation à la fois idéaliste et pratique. Profondément religieuse, elle désire la propagation de la vraie foi, mais elle désire, non moins vivement, l'ouverture de débouchés toujours nouveaux, toujours plus larges et plus rémunérateurs à ses produits manufacturés; c'est une question de vie ou de mort pour son industrie sans cesse plus productive. Sur ce terrain, elle ne peut admettre aucune transaction, aucun partage. Les missions catholiques qui viennent arrêter son essor, en lui opposant une double concurrence, lui sont doublement odieuses.

Elle sait que les questions de libertés politiques, de progrès social qui passionnent aujourd'hui et agitent si profondément les peuples de l'Europe sont, pour les peuples de l'Asie, en général, et surtout pour ceux de l'Afrique, lettres closes et indéchiffrables; mais, que les idées religieuses s'ouvrent plus facilement un accès dans leur cerveau et que la morale chrétienne, plus douce et plus humaine que celle des vieilles religions de l'Orient, conquiert partout de nombreux et fervents adeptes. La propagande religieuse est donc la voie de pénétration la plus efficace que le commerce occidental puisse adopter pour s'implanter, s'asseoir et se faire bien accueillir dans ces régions qui lui étaient jusqu'ici fermées. C'est aussi la clef qui, dans certains cas, ouvre la porte, suivant l'opportunité des occurrences, soit à la conquête brutale par les armes soit à la conquête diplomatique par le protectorat. Cette clef, l'Angle terre veut, seule, l'avoir entre les mains.

Il est doue, de toute nécessité, pour le triomphe des destinées britanniques, que les missions catholiques disparaissent. Pour atteindre ce résultat, il n'y a que deux voies à suivre, ou il faut que la France cesse d'exister ou il faut que la France cesse d'être catholique. Depuis que nos voisins ont décidé de faire de nous leurs alliés contre l'Allemagne, c'est à cette dernière solution qu'ils se sont arrêtés.

Si la France cesse d'alimenter, en hommes et en argent, les missions catholiques, si elle leur retire son appui politique, elles ne pourront soutenir la concurrence britannique. Dès lors, l'Angleterre est débarrassée de la rivalité constante contre laquelle elle a lutté depuis des siècles, contre laquelle elle a employé tour à tour et la force et la ruse et dont elle n'a pu triompher.

Amener la France à dissoudre les congrégations religieuses, surtout les congrégations enseignantes, à tarir les sources de leur recrutement, c'est, pour l'Angleterre, un point d'une importance capitale. Préparer, à brève échéance, la clôture

V. Edouard VII et le Catholicisme

des écoles que ces congrégations ont ouvertes, avec un succès constant, même dans les régions les plus rebelles à l'instruction occidentale, où elles forment la jeunesse à repousser l'envahissement de la schismatique Angleterre, à tourner ses regards vers la Rome catholique, vers la France catholique,où elles répandent notre langue, nos habitudes, nos goûts, nos mœurs et, par suite, notre commerce, c'est, pour nos voisins, la réalisation d'un rêve qui, il y a quelques années à peine, eût été déclaré invraisemblable et dont l'accomplissement semble, aujourd'hui, prochain.

Dans le développement méthodique de sa politique, Edouard VII, une première étape franchie, aborde résolument la seconde.

L'Angleterre considère les Ordres religieux comme faisant obstacle à l'extension de sa suprématie spirituelle et temporelle sur le monde. Voilà le secret de la haine constante qu'elle leur a vouée et voilà pourquoi elle les a exterminés de France. Cela ne lui suffit pas. Le catholicisme aussi est une gêne. Lui aussi doit être abattu, voilà le secret du constant appui qu'elle prête à la franc-maçonnerie.

Habile et vigilante, sur le territoire du Royaume-Uni, elle sait maintenir la franc-maçonnerie dans la sphère exclusive des œuvres philanthropiques, sans lui permettre d'empiéter sur le domaine confessionnel des différents rites religieux, ni, encore moins, sur le domaine de la politique. Sur le continent, au contraire, elle l'exalte, elle enfle son orgueil et surexcite ses ambitions. Elle s'en fait ainsi un auxiliaire, un instrument d'information, un agent d'espionnage et de délation hors ligne. C'est une mine chargée pour faire sauter les gouvernements, dès qu'ils osent se montrer indociles aux directions britanniques, un bélier employé à contrebattre, sans cesse, l'édifice catholique.

Aujourd'hui, le monde chrétien qui prend, chaque jour, une importance plus considérable par l'extension des territoires soumis à la domination ou à l'influence des puissances occidentales, a deux capitales: Londres et Rome. Ce que la seconde perd, la première le gagne en force et en prestige. Londres monte au zénith, tandis que Rome semble pencher vers son déclin. Cette chute, il faut la précipiter. Il y avait deux têtes, il faut en abattre une!

Ce plan, dont la hantise, depuis des années, trouble les cerveaux de l'autre côté du détroit, ne peut recevoir son exécution que par la connivence du gouvernement français. Cette connivence, jusqu'à l'arrivée aux affaires du ministère Combes, elle avait fait défaut.

Sans doute, depuis l'avènement de la troisième République, les tendances antireligieuses se développaient dans notre pays. Gambetta avait lancé le fameux cri de guerre: « Le cléricalisme, c'est l'ennemi! » — Mais n'avait-il pas ajouté: « L'anticléricalisme n'est pas un article d'exportation » ?

Les hommes d'État qui, au milieu d'incessantes fluctuations parlementaires, se succédaient rapidement à la direction des affaires publiques, malgré les divergences de leurs programmes politiques plus ou moins accentués, s'accordaient sur deux points, toujours acceptés, acclamés même par la presque unanimité de l'une et de l'autre Chambre: à l'intérieur, une politique résolument concordataire; à l'extérieur, le développement de l'influence française par tous les moyens, notamment par le maintien de nos traditions séculaires d'expansion en Orient et en Extrême-Orient; par l'encouragement des écoles confessionnelles catholiques; par la protection accordée aux missions.

Les théoriciens de l'absolu, les politiciens, avides de se hisser au pouvoir, s'efforçaient de séduire les esprits simplistes par la promesse d'un idéal plus conforme aux exigences du pur rationalisme, et réclamaient, il est vrai, la séparation des Églises et de l'Etat. Mais ces voix trouvaient peu d'écho chez les députés, jaloux, avant tout, de s'assurer l'appui du clergé des campagnes pour leur réélection, et n'en éveillaient aucun dans le pays, peu soucieux d'expérimenter un changement de régime, contraire à ses habitudes.

L'observation du Concordat, le maintien de nos écoles confessionnelles, de nos protectorats d'Orient restaient deux bases incontestées de notre politique intérieure comme de notre politique internationale.

V. Edouard VII et le Catholicisme

A l'égard des congrégations religieuses, M. Henri Brisson, en 1872, aux applaudissements de l'Assemblée nationale, formulait, en ces termes, la doctrine du parti républicain: « Ni de ma part, disait-il, ni, j'en suis convaincu, de la part d'aucun des membres qui siègent sur les mêmes bancs que moi, ne s'élèvera la prétention de faire revivre les lois répressives de la liberté des associations religieuses. Nous nous présentons ici pour réclamer l'égalité entre toutes les associations, mais l'égalité dans la liberté. »

Dans un rapport, déposé sur le bureau de la Chambre, le 9 novembre 1895, M. René Goblet, parlant au nom d'une commission composée en majorité de députés appartenant aux opinions les plus avancées, tels que MM. Lavy, Alexandre Bérard (Ain), Groussier, Gustave Isambert, Delarue, Antide Boyer, Souhet, Jumel, Rouanet, Jules Guesde, etc., etc,, disait: « Ces dispositions s'appliquent à toutes les associations, quel que soit leur objet », aussi bien aux associations religieuses ou aux congrégations qu'à toutes autres. « Elles doivent toutes, concluait-il, sans distinction, jouir des mêmes libertés. »

Je conviens que les congrégations religieuses avaient quelques adversaires, animés d'intentions moins libérales qui poursuivaient leur disparition radicale et absolue; que l'Eglise catholique et la religion elle-même, en général et sans distinction de secte, comptaient des ennemis irréconciliables qui affichaient la prétention de déchristianiser la France, de faire régner l'Athéisme sur les ruines de la Foi, de restaurer le culte de la déesse Raison pour marcher sur les traces des grands ancêtres et n'épargner à la France aucune des sinistres folies dont elle avait subi la sanglante épreuve; mais je crois pouvoir dire que, ni sur les bancs de nos assemblées délibérantes, ni dans le corps électoral qui les choisit, on n'aurait pas découvert un seul cerveau où eût germé l'idée de créer, en séparant violemment la masse catholique du Saint-Siège en détruisant, tout d'un coup, la hiérarchie ecclésiastique, une religion laïque et de constituer avec ce peuple catholique arraché à l'orthodoxie, une Église schismatique, indépendante de Rome, et à forme presbytérienne.

L'idée d'anglicaniser la France, pour complaire à l'Angleterre, n'a été accueillie et propagée par les loges maçonniques qu'après que l'entente cordiale, acheminement évident vers un rapprochement plus intime, s'étant affirmée, les loges maçonniques ont tourné vers le roi d'Angleterre les adulations dont elles avaient accablé, tour à tour, Napoléon Ier, la Restauration, la monarchie de Juillet, le second Empire, tous les gouvernements, en un mot, qui se sont succédé en France, tant que la France a eu un gouvernement autochtone. Ces adulations, elles les renouvelleront à tous les pouvoirs aussi bien étrangers que français. Elles ont besoin, en effet, d'inspirer au gouvernement, quel qu'il soit, la conviction de leur dévouement absolu et sans borne, pour qu'il tolère leur organisation secrète, leurs agissements occultes, leur œuvre de destruction continue de tout ce qui fait obstacle à leur accession au pouvoir, à leur besoin de domination et d'asservissement général.

Des décrets de 1880, remettant en vigueur d'anciennes lois révolutionnaires, avaient déjà frappé de dispersion certains ordres monastiques. Sans vouloir entrer ici dans la controverse qui s'est engagée sur la légalité et sur l'opportunité de ces décrets, je me bornerai à rappeler qu'ils ne visaient pas les congrégations de femmes, et qu'ils n'atteignaient à aucun titre les instituts religieux comme les Frères de la doctrine chrétienne ou les Frères des écoles chrétiennes, où il n'est pas prononcé de vœux perpétuels.

Ces instituts, annexés autrefois à l'Université impériale par Napoléon, ont rendu à l'instruction publique de signalés services. Tout le monde, dans le personnel universitaire comme en dehors, s'accorde à louer, sans réserve, l'excellence de leur enseignement; ils ont obtenu dans tous les concours, dans toutes les expositions les plus hautes récompenses. A l'étranger, ils faisaient honneur à la France; il n'est pas une nation qui ne nous les enviât. Seul, M. Bourgeois avait porté contre eux une accusation qui avait été aussitôt accueillie avec enthousiasme dans la presse maçonnique, propagée, grossie, amplifiée. M. Bourgeois aurait découvert, dans des copies de leurs élèves, des attaques contre nos institutions. Vérification faite, M. Bourgeois s'était trompé, et les copies incriminées n'émanaient pas de leurs élèves. C'est purement et simplement une de ces erreurs involontaires comme il s'en est glissé un si grand nombre dans l'instruction sommaire au vu de laquelle les congrégations ont été condamnées et exécutées. Quand la fausseté de l'accusation était établie, la Chambre s'empressait de donner acte de la rectification, mais n'en supprimait pas moins la congrégation.

Tant de titres n'ont pu préserver ces instituts de la proscription. Le crime qu'on leur a fait expier, on n'osait pas l'avouer tout haut; c'était d'avoir fondé en Egypte des écoles modèles, qui, par leur succès, offusquaient lord Cromer.

Cette férocité destructive, dans le servilisme, ne suffit pas encore à donner pleine satisfaction aux exigences de l'Angleterre. L'Angleterre nous est infiniment supérieure par le sens politique et par le sens pratique. C'est déjà beaucoup, ce n'est pas tout. Elle nous est aussi infiniment supérieure par le sens religieux.

Tout Anglais est un apôtre, il a le don et la passion du prosélytisme.

Il ne veut pas seulement régner sur les corps, il veut aussi régner sur les âmes en les sauvant du péché et en les conduisant dans la voie de la vérité. Il a l'horreur du papisme. Une France papiste lui inspire un sentiment de pénible commisération; si l'on veut donc faire de la France la digne sœur, la digne alliée de l'Angleterre, il faut l'arracher aux ténèbres du papisme et la rendre schismatique comme l'Angleterre.

C'est pour répondre à ce desideratum qu'a été faite la loi de 1905, dite, à tort, loi sur la séparation des Églises et de l'État et que Ton devrait appeler plus justement loi portant séparation de l'église de France d'avec le Saint-Siège apostolique, et conversion de tous les catholiques français au protestantisme.

Voilà le don de joyeux avènement, que les loges maçonniques se réservaient d'offrir à Edouard VII.

Contrairement à ce qui semblait devoir se produire, la destruction du régime concordataire n'a pas eu pour cause initiale des difficultés soulevées par son fonctionnement ou la pression irrésistible d'une majorité, éprise du système de la séparation. Quoique l'avènement au ministère des cultes et à la présidence du Conseil, d'un ancien professeur de séminaire, animé contre l'Eglise qu'il avait répudiée de sentiments peu sympathiques, eût tendu les rapports avec le Vatican, des notes, d'origine officielle, annonçaient que l'incident relatif à la rédaction des bulles d'institution canonique était aplani et que les deux gouvernements étaient tombés d'accord sur une formule destinée à donner satisfaction à leurs exigences réciproques.

C'est un incident diplomatique d'importance minime en lui-même, enterré d'abord dans les cartons du quai d'Orsay, puis soudain ressuscité par une perfidie calculée, qui a motivé la rupture.

La cause dirimante a été une note, destinée à demeurer secrète, expédiée par la Chancellerie romaine aux chancelleries des puissances catholiques, autres que la France. Il n'entre pas dans mon plan de discuter ici, ni l'opportunité de cette note, ni son contenu. Tout, d'ailleurs, a été dit à ce sujet. Je me borne à constater qu'avant sa publication dans un organe officieux, cette note était déjà connue au quai d'Orsay, qui s'était borné à la considérer comme non avenue et n'y avait pas découvert un *casus fœderis* ni, encore moins, un *casus belli*. Sans rechercher qui est l'auteur responsable de la divulgation de cette pièce, je constate que cette publication a eu lieu, dans une feuille dévouée à la politique du ministère et que le directeur de cette feuille, ferme soutien de M. Combes, ne l'a pas prescrite sans un accord préalable avec le cabinet.

Ce qui achève de donner à cet incident son caractère véritable, c'est la part qu'ont prise à la discussion qu'il motiva à la Chambre, des orateurs siégeant sur les bancs du centre droit, adversaires résolus du ministère Combes, mais partisans non moins résolus de l'alliance anglaise. Leur intervention inattendue sauva M. Delcassé, en mauvaise posture. M. Delcassé était fort embarrassé pour justifier sa subite volte-face, pour expliquer comment un incident, estimé tout d'abord par lui de trop minime importance pour faire l'objet d'une protestation, tirait, tout à coup, de ce seul fait qu'il avait été dénoncé à la presse par la franc-maçonnerie, une importance si démesurée qu'il suffisait à provoquer la rupture avec une puissance animée d'intentions manifestement conciliantes, et amie. Par

V. Edouard VII et le Catholicisme

quelle subite et incompréhensible évolution, lui qui s'était montré jusqu'à ce jour, le défenseur convaincu et irréductible du maintien de notre ambassade auprès du Vatican, se résolvait-il, tout à coup, à rappeler d'abord notre ambassadeur auprès du Saint-Siège, puis bientôt à retirer avec lui, tout le personnel de l'ambassade, à cesser complètement toute relation diplomatique et à fermer toute issue à leur rétablissement.

M. Delcassé était exposé à passer aux yeux de l'opinion publique pour un pleutre, trahissant ses convictions, désertant son devoir et sacrifiant les intérêts permanents du pays, dans une question d'une importance capitale, par crainte des aboiements de l'extrême gauche et des criailleries de la presse radicale socialiste.

Quand on vit des orateurs, que l'on n'était certes pas habitué à compter parmi les soutiens du ministère Combes, qui passaient même, et à bon droit, pour ses adversaires les plus ardents, se lever pour prendre la défense de M. Delcassé, pour couvrir sa conduite de leur haute approbation, sans esquisser même une timide protestation contre la précipitation irrémédiable de ses résolutions, la scène changea de face.

Aux yeux de cette assemblée, ignorante des choses diplomatiques, incapable de se rendre compte de la décision qu'elle se trouvait, à l'improviste, appelée à approuver, l'incident prit des proportions fantastiques. Devant la gravité de l'insulte, les distinctions de parti devaient s'effacer et, de tous les bancs de la Chambre, devait s'élever l'écho unanime de la réprobation contre ses auteurs, exprimée par la bouche même des adversaires les plus déclarés du cabinet. Du coup, M. Delcassé fut grandi à la hauteur d'un ministre patriote, soutenu, acclamé par le parlement tout entier, fidèle interprète des sentiments du pays, héroïque vengeur de l'honneur national outragé.

Cette mise en scène, préparée à l'avance, était parfaitement combinée pour impressionner les masses profondes du suffrage universel qui n'ont ni le temps, ni le sang froid nécessaires pour comprendre le sens réel et la portée des événements, mais qui se laissent toujours entraîner, sans résistance, par les effets de théâtre. Grâce à elle, la légende s'accrédita, une de ces légendes profondément ancrées et enracinées dans l'esprit populaire, contre lesquelles rien ne saurait prévaloir, qu'une atteinte à notre dignité nationale avait été préméditée et perpétrée dans l'ombre du Vatican. Que la Cour pontificale avait insulté la France et la République, nous avait tous outragés dans la personne du chef de l'Etat.

L'écho du coup de théâtre parlementaire fut répercuté par la presse entière. Depuis les feuilles collectivistes et jaurésistes jusqu'aux feuilles libérales et progressistes, toutes résonnèrent à l'unisson. L'occasion d'entonner un petit couplet patriotique, d'accord avec leurs confrères socialistes, devient trop rare pour que les journaux progressistes ne la saisissent pas avec empressement. Le spectacle était comique, en vérité, de voir les journaux hervéistes et antimilitaristes, ceux qui crachent journellement sur le drapeau, qui traînent l'honneur national dans la boue et ordonnent au soldat de tirer dans le dos de son général, s'exalter à la pensée qu'un prétendu outrage fait, à la dignité de la France, par une note diplomatique secrète pût, un instant, demeurer impuni. Cette seule proposition les faisait frémir d'horreur et rougir de honte. Ce qui était plus triste, c'était de voir les modérés emboîter le pas derrière eux.

Aux yeux du public prévenu, toutes les représailles contre le Vatican devenaient désormais légitimes.

Toutes les représailles, soit; à une condition, toutefois, c'est que nous ne trangresserons pas la limite que la raison elle-même impose aux représailles. Les représailles ne doivent jamais être poussées au point où elles compromettent les intérêts de la puissance qui les exerce.

Que notre ambassadeur auprès du Vatican fût rappelé, que le nonce du Pape à Paris reçût ses passeports, c'était, ce semble, un châtiment suffisant pour panser la blessure faite à notre amour-propre national en la personne de M. Loubet. C'était assez durement faire sentir à la Cour pontificale combien nous avions ressenti le manque de tact que nous lui reprochions. Fallait-il aller plus loin? Fallait-il, pour laver une injure dont l'existence même n'était nullement démontrée, abroger le concordat, enlever aux prêtre la subsistance, à eux allouée en compensation de la confiscation révolution-

V. Edouard VII et le Catholicisme 103

naire de leurs biens ? Fallait-il anéantir ce pacte synallagmatique, dans tous ses effets, sans aucune dénonciation diplomatique, sans aucun avis préalable, même officieux, à la puissance qui y avait apposé sa signature à côté de la nôtre et sur la foi de la nôtre ? Etait-il vraiment indispensable que la République française n'entretînt plus, auprès du Vatican, aucun représentant officiel ni même simplement officieux, pas même un chargé d'affaires ou un commis d'ambassade, qu'elle n'eût plus avec le Saint-Siège aucun rapport avoué, ni public, ni privé; que le Saint-Siège fût déclaré par elle une quantité négligeable et considéré comme n'existant pas ?

Non, certes, si on consultait les intérêts français, mais ce n'étaient pas les intérêts français que le gouvernement de la République consultait en ce moment.

Tout au contraire, il apparaissait, aux yeux même les moins clairvoyants, que les intérêts les plus graves, les plus pressants, tant à l'intérieur qu'à l'extérieur, commandaient à notre gouvernement d'entretenir avec le Pontificat romain des relations diplomatiques plus assidues que jamais et de se mettre en mesure d'exercer sur ses décisions une action aussi énergique et aussi prépondérante que possible.

A l'intérieur, la paix religieuse était déjà profondément troublée; si, comme c'était pour lui un devoir et une nécessité de premier ordre, le gouvernement voulait la rétablir et s'il espérait atteindre ce résultat en substituant le régime de la séparation au régime concordataire, force était d'entamer avec Rome des négociations pour liquider, d'accord autant que possible et à la satisfaction réciproque, les intérêts connexes que son application pendant un siècle avait fait naître et se développer, pour préparer, en même temps, par des ententes préalables, un terrain favorable au nouveau système de la séparation que nous voulions inaugurer, de manière à assurer son succès, en évitant les froissements de conscience et l'éveil des susceptibilités confessionnelles.

Que si nous ne rencontrions pas, de la part de la Cour de Rome, les dispositions conciliantes que nous étions en droit d'en attendre, si elle se montrait intransigeante, élevait des prétentions inconciliables avec l'esprit moderne, avec notre état social, avec nos institutions républicaines, nous aurions, au moins, atteint ce résultat d'avoir mis de notre côté l'opinion publique, et en France et dans le monde civilisé, ce qui est déjà un résultat appréciable.

Au dehors, la rupture avec le Saint-Siège ne peut que nous être préjudiciable au moment où l'Angleterre, l'Allemagne, l'Italie se précipitent avec une avidité chaque jour croissante, sur les États musulmans limitrophes de la Méditerranée, où nous voyons sans cesse reculer notre influence sous la pression de l'envahissement de nos rivaux, où l'Angleterre nous chasse de l'Egypte, l'Italie de la Tripolitaine, où l'Allemagne nous arrache ce Maroc qui nous avait été promis comme dédommagement de nos pertes, où nos possessions - mêmes de l'Algérie et de la Tunisie sont travaillées par des missionnaires étrangers excitant les arabes à la guerre sainte contre nous, où nous mettons nous-mêmes en péril, par le plus coupable des aveuglements, l'existence de nos écoles et de nos missions d'Orient. Jamais nous n'avons plus besoin d'un concours dévoué du Saint-Siège pour conserver les quelques positions où nous pouvons espérer nous maintenir.

Ce n'étaient donc pas les intérêts de la France qui poussaient notre gouvernement quand, sans vouloir rien voir, ni rien entendre, il poursuivait, à tout prix, une rupture brutale, complète et absolue avec le Vatican; c'étaient les intérêts de l'Angleterre et de F Italie qu'il servait. Il voulait faire du vote de la séparation de l'Eglise et de l'Etat, la carte forcée pour le Parlement Français. Comment, en effet, maintenir le régime concordataire, si l'on se refuse à engager aucune conversation avec le Saint-Siège, si on regarde la papauté comme inexistante.

Quand la guerre est déclarée, toutes les relations diplomatiques rompues, l'ambassadeur d'une tierce puissance est chargé de prendre en main la protection des nationaux et des intérêts permanents du pays; auprès du Vatican, notre Gouvernement n'a pris aucune précaution analogue, tant il avait à cœur de rendre impossible la continuation d'un *modus vivendi* quelconque.

Rétablissement en France du régime de la séparation des Eglises et de l'Etat n'entraînait nullement comme une consé-

V. Edouard VII et le Catholicisme

quence nécessaire, suivant une opinion fausse que l'on s'efforce perfidement d'asseoir chez les esprits ignorants, la rupture des relations diplomatiques avec Rome. Tout au contraire, les États, peut-être, avec lesquels le Saint-Siège entretient actuellement les relations diplomatiques les plus satisfaisantes sont ceux qui, dans l'ancien ou le nouveau continent, ont mis en vigueur le régime de la séparation des Eglises et de l'Etat, tels que la Belgique, le Brésil, la République des Etats-Unis de l'Amérique du Nord, etc. Partout où le catholicisme est respecté dans ses traditions, dans sa hiérarchie, dans son union indissoluble avec son chef visible sur la terre, aucune cause de conflit n'existe entre le Saint-Siège apostolique et les gouvernements.

Cette paix religieuse, dans le respect de la liberté de conscience et de la liberté des cultes n'était, certes, pas ce que voulaient les auteurs de la loi de 1905. Tout au contraire. Ce qu'ils voulaient c'est que, coûte que coûte, la France devînt schismatique à l'instar de l'Angleterre. Pour atteindre ce résultat, ils ont édicté une loi qui ne dépouille pas complètement le clergé et les fidèles catholiques, comme les lois de la Convention; elle leur laisse encore le bénéfice de certains avantages, précaires, il est vrai, et aléatoires, mais néanmoins appréciables. Seulement, elle subordonne l'octroi de ces avantages à certaines conditions et, dès le premier coup d'œil, il est visible que l'acceptation de ces conditions entraîne la rupture avec Rome.

Pour tout catholique, la Constitution hiérarchique de l'Église est d'origine divine. C'est Jésus-Christ lui-même qui l'a instituée et il l'a fait reposer à la base, comme il l'a couronnée au sommet, par l'autorité souveraine du Pontife Romain, son vicaire sur la terre. Ce pouvoir est exercé par le Souverain Pontife, à l'aide de délégués: les évêques, de subdélégués: les curés, desservants ou simples prêtres, chacun dans la sphère des attributions qui lui sont confiées.

La loi de 1905 fait table rase de cette Constitution et de cette hiérarchie. Du pouvoir pontifical, comme de l'autorité épiscopale ou sacerdotale, elle ne veut rien savoir. Elle ne reconnaît ni le pape, ni les évêques, ni les curés. Le pape est, aux yeux de ses auteurs, une puissance étrangère avec laquelle le gouvernement de la République ne peut ni traiter, ni même causer des affaires de France; les évêques, les curés sont des fonctionnaires de l'étranger, qui, à ce titre, ont, aux termes de nos lois, perdu la qualité de Français, et tombent, dès lors, sous l'application du pouvoir discrétionnaire d'expulsion dont le ministre de l'Intérieur et les préfets sont investis au regard des étrangers.

Le gouvernement de l'Eglise passe entre les mains d'associations privées, dites, d'un mot nouveau, cultuelles, soumises, en ce qui touche leur constitution, à toutes les règles qui président à la validité du contrat d'association. Or, il est, de l'essence même du contrat d'association, que l'association obéit, en toute chose, à la loi mobile des majorités. Ces associations ont, non seulement l'administration souveraine du temporel du culte, mais encore la direction absolue de l'exercice du culte, le droit exclusif de salarier le ministre du culte, de le choisir à leur gré ou de le congédier à leur bon plaisir, c'est-à-dire le spirituel comme le temporel.

Dès lors, le cynisme du calcul devenait évident. La pape ne pouvait pas sans abdiquer, sans profaner aux yeux du monde la mission sacrée dont il a été investi par l'Eglise universelle, accepter un organisme constitué sur ces bases. Il refuserait son assentiment à la formation des associations cultuelles. Il les condamnerait. Tout d'abord, clergé et fidèles s'inclineraient devant la décision du Souverain Pontife, mais en France, un gouvernement, qui ne craint pas de recourir aux violences révolutionnaires, dispose de tels moyens d'action que les auteurs de la loi espéraient arriver promptement à triompher de toutes les résistances et entraîner les masses catholiques, plus ou moins inconscientes, dans le mouvement schismatique. Au besoin, on ménagerait, dans une certaine mesure, les transitions. En agissant par promesses et corruption d'un côté, par menaces et intimidations de l'autre, en recourant au besoin à la persécution même la plus sauvage, en proscrivant et en exilant, on réussirait à accomplir ce tour de force, changer la religion de tout un peuple, du jour au lendemain, par un vrai tour de passe-passe, par le simple effet de l'adoption d'une loi dont le pays, voire même le

V. Edouard VII et le Catholicisme

Parlement, quand elle avait été votée, n'avaient saisi ni le sens, ni la portée véritables.

Ainsi, la France devait acheter le périlleux honneur de devenir l'alliée de l'Angleterre, non seulement de l'abandon de Terre-Neuve et de l'Egypte, du péril d'une nouvelle invasion allemande et d'un nouveau démembrement, mais encore d'un changement de religion, d'une conversion forcée au protestantisme.

Nous n'aurons plus le droit d'être libres-penseurs ou catholiques, croyants ou incroyants, athées ou théistes, tous il faudra nous engager dans les associations cultuelles si nous voulons avoir quelque part aux faveurs du gouvernement. Déjà, M. Trouillot, ancien élève des jésuites, qui a fait ensuite un stage plus ou moins brillant dans la libre-pensée, au cours d'une de ses harangues ministérielles a déclaré que « entre toutes les religions, la religion protestante était décidément celle qui avait ses préférences ». Cette conversion subite a fait grand bruit dans le monde des fonctionnaires, car l'exemple de M. Trouillot n'est pas de ceux qu'il soit permis de négliger quand on a en vue un rapide avancement.

Désormais, il ne sera plus permis d'aspirer au poireau, ou aux palmes académiques, ou au ruban rouge si l'on n'est membre, ou tout au moins souscripteur, d'une association cultuelle. Déjà, les professeurs de nos Facultés de droit sont mobilisés pour écrire des apologies de cet organisme nouveau et en faire ressortir les bienfaits aux yeux des populations émerveillées. Bientôt, quand l'Université aura le monopole de l'enseignement, le gouvernement lui fera rendre des arrêts pour condamner les bulles du Pape et le décréter d'hérésie. Ces arrêts de l'Université, joints à ceux du Conseil d'État statuant au contentieux, fixeront la foi en France. Gare aux libres-penseurs s'ils s'abstiennent de participer aux charges et aux cérémonies du culte officiel, leur refus sera mal vu, ils seront vite assimilés aux papistes, traités de cléricaux et de réactionnaires. Un pays qui abdique sa liberté de conscience et sa liberté religieuse ne saurait conserver longtemps la liberté de penser.

Dans toute cette révolution confessionnelle, je vois bien ce que gagneront l'Angleterre et l'Italie; il m'est impossible de voir ce que gagnera la France; par contre, je discerne clairement ce qu'elle perdra.

Dans le domaine de la politique extérieure, la puissance diplomatique ne peut reposer que sur deux éléments, ou la force des armes, ou la force des traditions. Quand une nation est triomphante, le prestige de ses victoires lui assure une autorité devant laquelle les Chancelleries étrangères, tant que l'éclat de ces victoires n'est pas terni, tant que leur effet demeure incontesté, s'inclinent avec plus ou moins d'empresse—ment. En dehors de ces hommages rendus à la force brutale, une nation n'obtient des autres puissances que ce que les traditions, reconnues et confirmées par une longue possession d'état, lui permettent d'exiger. Les traités, comme les conventions privées, ne valent que par l'interprétation qui leur est donnée et cette interprétation elle-même n'est fixée et authentiquée que par la tradition.

Cette vérité avait été reconnue jusqu'ici par tous les gouvernements qui se sont succédé en France, depuis 1789, par les deux monarchies et par les empires comme par les républiques. La Convention elle-même, au moment où elle s'appliqua, avec une sauvage énergie, à briser, à l'intérieur du pays, tous les ressorts de l'ancienne société, l'avait proclamée, plus haut et plus ferme que ses devanciers. Partout, au Vatican comme ailleurs, nos agents diplomatiques avaient reçu pour mission de parler le même langage que leurs prédécesseurs, de réclamer les mêmes droits, d'exercer les mêmes prérogatives. Leurs instructions leur prescrivaient de donner l'impression à toutes les puissances étrangères, sur tous les points du globe, que, quelles que fussent les vicissitudes de sa politique intérieure, la politique extérieure de la France restait une et indivisible; que c'était toujours la même France qui se trouvait en face d'elles et qui leur parlait, une France décidée à ne rien abdiquer des conquêtes morales ou matérielles de son passé, à ne renoncer à aucun de ses avantages, à aucun de ses privilèges, à aucune de ses revendications, résolue à ne déserter aucun de ses devoirs, a faire face à toutes ses obligations, quelle qu'en fût l'origine, à ne délaisser

V. Edouard VII et le Catholicisme

aucun de ses protégés, quelles que fussent leur confession religieuse ou leur race.

C'est à cette continuation de la personnalité de la France, à travers tous ses bouleversements et toutes ses révolutions, que notre pays a dû de ne pas voir décliner rapidement et s'annihiler notre rôle historique dans le monde, héritage de notre glorieux passé, de ne pas déchoir rapidement au rang de puissance de troisième ordre.

Aujourd'hui, par la rupture de nos relations avec le Saint-Siège apostolique, par le refus d'engager aucune conversation avec le Vatican, nous brisons brutalement les traditions de notre diplomatie. En Orient, en Extrême-Orient, dans les régions du monde vers lesquelles se tournent, en ce moment, les regards des puissances de l'ancien et du nouveau continent, jalouses de développer leur commerce et leur industrie comme leur influence politique, où leur effort de pénétration rivalise d'activité, où se ruent les convoitises et les ambitions, nous abandonnons les positions qu'une longue persévérance d'efforts combinés avec la Rome catholique nous avait conquises; nous délaissons nos protégés, nous laissons prendre le rang qui nous appartient, et dont s'emparent immédiatement des rivaux trop habiles pour nous le laisser jamais ressaisir.

Il est aisé de comprendre que le voyage de M. Loubet ait été accueilli, avec un égal enthousiasme, à Londres et au Quirinal. Il leur apportait, en don gratuit et inestimable, la part d'influence que la France, par l'effort assidu de sa diplomatie pendant des siècles, avait su s'acquérir en Orient et en Extrême-Orient et que nos jaloux voisins vont se partager.

Pour l'Italie et l'Angleterre, c'est une bonne fortune sur laquelle, en vérité, elles ne devaient pas compter.

L'Italie a immédiatement montré qu'elle comprenait toute la valeur de l'héritage que nous délaissions au profit de qui voudrait le ramasser. Immédiatement, elle s'est mise en mesure de le recueillir.

Le gouvernement de Victor-Emmanuel II a fait de grands efforts pour se rapprocher du Vatican. Aucun sacrifice pécuniaire ne lui a coûté pour conquérir la faveur de la congrégation de la propagande. Il a largement doté ses écoles confessionnelles en Orient, il a accordé de riches subsides à ses missions catholiques en Extrême-Orient.

Dans cette œuvre, éminemment patriotique, il a été secondé, avec un ensemble remarquable, par le pays tout entier. Le peuple italien, chez qui le sens politique est plus développé que chez nous, a compris, de suite, quel vaste horizon, notre désertion ouvrait aux ardeurs ambitieuses dont son cœur est embrasé. Le corps électoral, mieux avisé au delà qu'en deçà des Alpes, a deviné qu'une voie, nouvelle, inespérée, s'ouvrait aux destinées de son pays, que, par cette voie, il allait pouvoir atteindre, sans secousse, aux résultats que Crispi poursuivait follement, par une guerre fratricide contre la France: la maîtrise du négoce dans le bassin oriental de la Méditerranée, l'expansion mondiale de son commerce maritime, appelé, désormais, à occuper, sur les marchés de l'Orient, le rôle qu'occupait la France, aux jours de sa prospérité.

Aussitôt, l'axe de la majorité s'est déplacé dans le parlement comme dans le corps électoral, il est passé de gauche à droite. Les députés socialistes ou francs-maçons ont dû céder leurs sièges à des catholiques. Ce sont des chefs des partis de droite que Victor Emmanuel II appelle à la direction des affaires pour consolider le rapprochement avec le Vatican et négocier la transmission à l'Italie de l'héritage de nos pères répudié par notre gouvernement.

Au fur et à mesure que les congréganistes, que les directeurs et professeurs des écoles, les supérieurs des missions viendront à disparaître par la mort, l'âge ou la maladie, les Français seront remplacés par des Italiens, la langue française par la langue italienne, la clientèle politique et commerciale passera à l'Italie et jusqu'au nom de la France disparaîtra de régions entières où il était aimé et respecté.

Notre ministre du commerce s'imagine peut-être que, parce qu'il a manifesté publiquement sa sympathie pour le protestantisme, les missionnaires protestants vont cesser ou ralentir leur ardent prosélytisme pour le commerce anglais et contre le commerce français, que l'entente cordiale, que les embrassades multipliées entre Londres et Paris: calmeront leur francophobie invétérée. C'est la plus niaise des illusions.

V. Edouard VII et le Catholicisme 111

Du nord de l'Afrique jusqu'aux derniers confins de notre Indo-Chine, ils continueront à travailler contre notre existence comme puissance coloniale et ils mettront à profit l'affaiblissement que notre rupture avec Rome causera à l'expansion catholique, pour porter plus haut la prédominance de la protestante Angleterre.

Dans nos possessions baignées par la Méditerranée, qui se peuplent de plus en plus d'Italiens, de Maltais, d'Espagnols, tous catholiques romains, tous; pratiquants, souvent même fanatiques, les sources-vives du recrutement du clergé catholique français se trouvant taries par la loi de 1905, il n'y aura plus bientôt qu'un clergé italien, pour prêcher l'annexion à l'Italie. Entre l'action des missionnaires anglais qui, déjà, envahissent l'Algérie et la Tunisie, la Bible à la main et le dénigrement de la France à la bouche et qui réussissent plus, auprès des populations musulmanes, dans leur propagande contre la France que dans leur propagande pour la Bible et les prédications enflammées des prêtres italiens, on se demande, avec inquiétude, comment l'influence française pourra se maintenir, combien éphémère sera sa durée et illusoire son empire.

Comme le schisme en Angleterre date du règne de Henri VIII, le schisme en France datera du règne d'Edouard VII. Mais les conséquences de cette même révolution religieuse, pour ces deux pays, ne seront pas les mêmes; elles différeront du tout au tout. En faisant de l'Angleterre la grande puissance schismatique maritime, Henri VIII lui assurait un rôle à part et, grâce à l'activité de la propagande biblique, lui donnait un puissant instrument de pénétration. Dans les régions ou la question confessionnelle prime les autres, il mettait dans ses mains une arme précieuse pour arracher la clientèle aux deux grandes nations catholiques, l'Espagne et la France. Au contraire, dans ces mêmes régions, c'est-à-dire sur les deux continents asiatique et africain, la France schismatique perd toute raison d'être. Ni la clientèle catholique, ni la clientèle protestante n'iront à elle. Elles iront la première à l'Italie et la seconde à l'Angleterre.

C'est un titre de plus qu'Edouard VII acquiert à la reconnaissance de son peuple.

En vérité, quand je constate ces résultats et quand j'entends M. Clemenceau traiter les prêtres et les évêques français de fonctionnaires de l'étranger, je me demande si je rêve et si les mots ont perdu leur signification. Je me demande qui, en France, travaille à la destruction de la France au profit des puissances rivales, qui agit en bon et loyal fonctionnaire de l'étranger, si ce n'est M. Clemenceau.

La religion catholique impose, à ses adeptes, dans le domaine de la foi, une soumission absolue, mais elle leur laisse une liberté complète dans le domaine de la politique; la franc-maçonnerie exige de ses adeptes une soumission absolue dans les deux domaines dogmatique et politique. La religion catholique fait du dévouement à la patrie un devoir impérieux qui n'est primé par aucun autre devoir; la franc-maçonnerie exige la subordination du devoir patriotique au devoir maçonnique.

Il est absurde de dire à un homme que le gouvernement de la République lui-même a nommé évêque, qu'il a désigné d'office et sans qu'il la recherche pour cette mission délicate, qu'il est un fonctionnaire de l'étranger parce qu'il continue de remplir les fonctions que la France lui a confiées.

Il est inique de le menacer d'expulsion s'il critique la loi qu'on lui applique, quand tous les citoyens français ont non seulement le droit, mais le devoir de poursuivre la réforme de la loi lorsqu'elle lèse les intérêts dont le dépôt leur a été confié.

M. Clemenceau proclame la liberté des cultes, et en même temps, il déclare déchus de la qualité de Français les prêtres d'une religion par ce seul fait qu'ils obéissent au chef de cette religion et à sa constitution, en n'acceptant pas les dispositions d'une loi qu'ils estiment, à tort ou à raison, peu importe, eux aussi ont le droit de se tromper, créer des obstacles à l'accomplissement de leur mission.

Ces menaces resteront vaines, dit-on, j'aime à le croire; mais c'est déjà intolérable, qu'un ministre, qu'un chef de

V. Edouard VII et le Catholicisme 113

gouvernement se croie le droit d'injurier aussi gravement les ministres d'un culte, et par conséquent tous les citoyens qui suivent les enseignements de ces ministres. S'ils ont commis des délits, qu'il les poursuive; s'ils n'en ont commis aucun, il doit les respecter, eux et leurs croyances.

Si M. Clemenceau veut se rendre compte de ce que sont les agissements de ministres du culte, fonctionnaires de l'étranger, il n'a qu'à faire faire une enquête sur la propagande active des missionnaires anglais dans certaines de nos provinces de l'Ouest, dans les faubourgs de nos grands centres maritimes, notamment en Bretagne. Ces missions s'insinuent auprès des populations pauvres par la distribution de secours à domicile; elles installent des médecins qui donnent des consultations gratuites, des pharmaciens qui délivrent des remèdes gratuits, puis, peu à peu, commencent leur œuvre de prosélytisme et ce qu'elles prêchent surtout c'est le détachement de la France et l'annexion à l'Angleterre. C'est un genre de prosélytisme que les loges maçonniques se gardent de dénoncer.

Il est vrai, M. Clemenceau les considérerait plutôt comme des auxiliaires que comme des adversaires de sa politique. Son rêve n'est-il pas d'installer des pasteurs protestants dans les chaires de Fénélon et de Bossuet, et des prédicants anglais à Notre-Dame.

CHAPITRE

VI. Conclusion: La Dictature de Clemenceau

Ce que n'avaient pu Azincourt ni Poitiers, le génie d'Edouard VII l'a réalisé. L'antique rivale de l'Angleterre qui, tant de fois, balança sa fortune, n'est plus que son satellite. Non seulement comme l'Espagne, le Portugal et tant d'autres puissances secondaires, elle gravite dans son orbite, mais un rôle plus décisif lui est réservé; elle doit faire face sur le continent aux adversaires de la Grande-Bretagne, tandis que celle-ci les écrasera sur mer.

Le maharajah qui trône au palais de l'Elysée n'est destiné qu'à faire figure dans les cérémonies publiques, c'est un mannequin dont il tient les ficelles. Le chef réel du gouvernement est son homme. Il a, dans tant de circonstances, prouvé son exclusif dévouement à la politique britannique, qu'il lui offre autant, sinon plus de garanties, qu'un ministre résidant Anglais.

La Justice ne se rend pas encore au nom du roi d'Angleterre, mais, ce qui importe plus, elle se rend conformément à ses désirs. Je parle de la justice que rendent les juges civils. Les tribunaux militaires avaient manifesté quelques velléités d'indépendance. Ils vont être supprimés. La franc-maçonnerie surveille et espionne, pour son compte; les organisations révolutionnaires, sur un geste de sa main, se mobilisent en un instant. Nous avons la paix Britannique, celle qui règne dans l'Inde.

Devant l'énormité du résultat, l'esprit étonné s'interroge et se demande comment il a pu être atteint.

Depuis que nous sommes en République, deux hommes ont imposé leur volonté à l'Europe, Bismarck et Edouard VII. Combien différent les procédés auxquels ils ont eu recours pour obtenir une égale suprématie.

VI. Conclusion: La Dictature de Clemenceau 115

Bismarck a agi par l'audace et par la ruse, par le fer et par le feu; s'il n'avait pas été soutenu dans ses entreprises de spoliation par une armée toujours victorieuse, il aurait fini sa criminelle existence comme un brigand, pendu au coin d'un bois. Le succès gigantesque, la reconnaissance de la patrie, qu'il a aimée d'une force indomptable et d'un amour sans partage, l'absoudront peut-être un jour devant l'Histoire; ils l'ont divinisé devant ses contemporains, adorateurs de la force triomphante. S'il eût échoué, il eût été ravalé, dans l'opinion des mêmes hommes, au rang des pires criminels.

Edouard VII ne doit son triomphe qu'à lui-même, à sa profonde connaissance du cœur humain, à la sagacité avec laquelle il sait démêler les vices et les faiblesses des hommes et des peuples et s'en faire, contre eux, des armes plus dangereuses que les pires engins dont nous ont gratifiés les incessants progrès de la science moderne; à la persévérance infatigable dont il travaille à les subjuguer peu à peu pour les annihiler définitivement. Il n'emploie pas, contre ses adversaires, les forces matérielles écrasantes dont il dispose, il observe et épie leurs fautes; aucune n'est perdue dont il peut tirer parti pour l'accomplissement de ses desseins.

Des maladies mentales qui rongent la démocratie contemporaine dans les principaux Etats de notre continent, il a fait une étude approfondie et de cette force de désagrégation, qui est une cause permanente de faiblesse et de ruine pour les autres gouvernements, il a su faire un instrument de règne à son profit.

Il tient, en ses mains royales, l'outre des tempêtes révolutionnaires et il les déchaîne, à son gré, sur les pays qui, dans l'économie méthodique de ses vastes plans, doivent être livrés à la dévastation et à l'impuissance.

Au XVIe siècle, les principicules qui, sous des qualifications diverses, tyrannisaient les républiques italiennes, ne maintenaient leur pouvoir despotique que par le poignard et le poison. Ces procédés criminels et barbares répugnent essentiellement à la politique très chrétienne du roi d'Angleterre. Jamais cette politique n'assumerait la responsabilité morale de l'assassinat d'un individu, mais elle ne s'effarouche pas de l'assassinat d'un peuple, par l'inoculation du virus anarchique. Elle n'emprunte ses poisons ni au règne minéral ni au règne végétal, elle préfère avoir recours aux poisons intellectuels et moraux. C'est toujours par l'entremise des sociétés secrètes qu'elle opère, mais ses agents ne sont ni des sbires, ni des estafiers, ce sont des humanitaires, des sociologues, des pacifistes, jamais le sang de leurs victimes n'a souillé leurs mains pures; la délation et la diffamation se chargent de les débarrasser de ceux qui les gênent. L'effet est peut-être plus lent, mais il n'est pas moins sûr; en tout cas, le procédé est moins périlleux pour celui qui l'emploie.

Un empire, bâti sur ces assises de l'éternelle sottise humaine, paraît impérissable tant qu'il y aura des charlatans pour débiter des mensonges, des sophistes et des rhéteurs pour lancer des paradoxes et un peuple de gogos pour les croire, tant que la cavalerie de Saint-Georges pourra régulièrement fonctionner pour convaincre les incrédules.

La domination britannique, fondée sur l'abaissement intellectuel et moral des peuples chez lesquels elle s'exerce, provoque, au sein de ces nations, une désagrégation de toutes les forces sociales dont chacun peut constater les effets effrayants, en Russie, par la soudaineté et la généralité de leur explosion, en France, par leur continuité.

En France, le suffrage universel est lancé dans une voie où il ne paraît pas près de s'arrêter, au contraire, par l'effet de la force acquise, le mouvement se précipite. Il est à craindre que le peuple, si même par impossible, il venait à s'apercevoir qu'il est trompé par des intrigants et berné par des utopistes, qu'il glisse sur une pente fatale, ne trouve plus, en lui, les forces et les ressources nécessaires pour arrêter sa chute, ou même pour la ralentir et surtout pour remonter la pente...

Cette situation n'échappe pas à l'Angleterre. Elle lui cause de graves inquiétudes Elle se demande, et au point de vue militaire et au point de vue financier, quelle force de résistance nous serions encore en mesure d'opposer. Le rapport du général French ne l'a pas complètement rassurée à cet égard. Elle a conclu à l'incapacité d'un ministre civil pour diriger le département de la guerre. Etienne a été remercié et le général Picquart a été appelé à lui succéder. Picquart, d'après Cle-

VI. Conclusion: La Dictature de Clemenceau

menceau, était le seul général dont il pût se flatter de faire tolérer la présence à la tête du ministère de la guerre, par ses amis du parlement en faisant valoir à leurs yeux que ce n'est pas comme général qu'il est placé à la tête de notre armée, mais comme dreyfusard.

Clemenceau, d'autre part, est le seul homme en qui Edouard VII ait confiance pour mettre le cran d'arrêt dans le ressort qu'il l'a aidé à déclancher afin de faciliter son accession au pouvoir. Il ne se dissimule pas, toutefois, que la chose est difficile.

D'abord, le ministère Clemenceau peut-il se permettre de longs espoirs et de vastes pensées? Est-il assuré de quelque durée? Le chef du parti collectiviste, du parti qui, d'après toutes les vraisemblances, est appelé à prendre la succession des radicaux-socialistes quand ceux-ci auront épuisé leur rouleau, M. Jaurès a donné terme et délai au cabinet actuel jusqu'au jour où le dit Jaurès sera arrivé à démêler assez le fouillis nuageux qui s'agite dans son cerveau et à voir assez clair dans ses idées pour pouvoir les coucher, sur le papier, sous la forme d'une ou de plusieurs propositions de loi. Nous attendons ces propositions de loi avec une légitime impatience; mais nous craignons fort de les attendre longtemps. Pour que M. Jaurès nous fît nettement savoir ce qu'il veut, il faudrait qu'il le sût lui-même. Or, nous avons dû le constater maintes fois, plus il s'efforce de débrouiller ses idées et plus elles s'embrouillent, plus il veut faire la lumière dans son cerveau, plus l'obscurité s'y épaissit. De ce côté, donc, le ministère n'est pas menacé d'un péril urgent.

C'est plutôt du côté financier que le danger paraît imminent; sur ce terrain la situation est des plus inquiétantes. Il y a des échéances fatales, il y a des exigences inexorables auxquelles il sera bien difficile de faire face et de donner satisfaction.

Sur ce terrain au moins, Edouard VII pourra aider Clemenceau à sortir des plus pressantes difficultés. Il pourra lui faciliter un gros emprunt de liquidation du passé, destiné à servir de prélude à d'autres emprunts, plus lourds encore, pour la réorganisation de nos forces militaires. Car, enfin, il faut donner des arrhes et les premières arrhes que réclame l'Angleterre, c'est la reconstitution rapide et énergique de notre armée, portée à son maximum de puissance offensive et défensive.

A cet égard, l'Angleterre attend beaucoup de l'énergie de Clemenceau, mais elle devient nerveuse et impatiente déjà.

Le général Picquart propose la suppression des conseils de guerre en quoi il se montre plus soucieux le venger ses injures personnelles que de servir les intérêts présents de son pays.

Pour l'œuvre qui se prépare, il est indispensable le renforcer la discipline militaire. Tout le monde convient que, même pour le service de paix, elle est actuellement trop relâchée.

Supprimer les conseils de guerre, c'est affaiblir cette discipline déjà ébranlée, c'est amoindrir l'autorité et le prestige des chefs sur leurs soldats. Les armées de tous les peuples civilisés ont des institutions analogues. Aucune ne peut s'en passer, surtout dans la période de guerre et dans la période, plus délicate et difficile encore peut-être, de préparation de guerre où nous entrons maintenant.

Le monde a les yeux fixés sur notre nouveau dictateur. Parmi ses alliés comme parmi ses adversaires, il y a une grande curiosité qui va jusqu'à l'anxiété. Va-t-il se montrer un homme de gouvernement doublé d'un homme de guerre, un Napoléon Ier? Est-ce encore un fruit sec du journalisme, comme nous en avons tant vu dans ces dernières années, se hissant au sommet du pouvoir pour plonger de plus haut dans l'oubli ou dans le mépris public? Démolir et bâtir c'est deux, et, si Clemenceau a donné magistralement sa mesure comme démolisseur, si, à cet égard, personne ne met en doute ses capacités hors ligne, comme constructeur il a encore ses preuves à faire.

La première œuvre de construction qu'il avait à opérer, c'était la construction de son propre ministère. Le succès a été médiocre et il a plutôt accru les doutes qu'augmenté les espérances. Nécessairement, le ministre dont le choix était le plus intéressant pour les puissances étrangères était le ministre de la guerre. Je dois dire que le choix fait par M.

VI. Conclusion: La Dictature de Clemenceau 119

Clemenceau a causé un grand désappointement chez ses meilleurs partisans. On y a constaté une complète méconnaissance des impérieuses exigences de la situation actuelle de notre pays.

L'Italie, qui avait opéré un mouvement accentué de rapprochement vers la France et l'Angleterre, recule déjà et esquisse un retour vers l'Allemagne Ce serait, en effet, en cas de conflit et d'échec de la France, la nation la plus exposée à supporter le poids du ressentiment de ses anciens alliés et à payer cher les conséquences de sa défection. Elle veut bien seconder l'œuvre du Dreyfusisme et encenser Picquart comme son apôtre. Mais, administrant sagement ses finances, conduisant avec prudence et habileté sa politique extérieure et intérieure, elle ne se soucie pas de mettre en péril les résultats acquis et ceux qu'elle est en droit d'attendre de sa sagesse, en se compromettant dans une partie si grosse de dangereuses conséquences pour les puissances continentales qui la joueront. Elle refuse de s'associera une politique de casse-cou conduite par des inconscients. L'Angleterre, puissance insulaire, peut se payer cette aventure, une nation péninsulaire ne le peut pas.

Je n'ai pas hésité à rendre hautement justice à la merveilleuse habileté d'Edouard VII. J'ai constaté qu'il a porté la grandeur britannique, le prestige britannique au plus haut degré d'épanouissement qu'ils aient jamais atteint. Mais si le génie d'Edouard VII, a réussi à dissimuler la cause d'incurable faiblesse qui rend toujours précaire la position de l'Angleterre, il ne l'a pas supprimée.

Cette incurable cause de faiblesse, l'Angleterre en a fait le pénible aveu dans son traité d'alliance avec le Japon. Elle s'est sentie réduite à solliciter l'appui des troupes du Mikado pour protéger les frontières de son Empire des Indes. Hé quoi! Un empire de plus de cent millions d'habitants, qui compte dans son sein non seulement des boudhistes, ces pacifistes de l'Orient, incapables, j'en conviens, de se défendre, mais encore des populations musulmanes énergiques et guerrières, se proclame incapable de se protéger lui-même. Il s'avoue contraint, pour échapper aux attaques éventuelles dont il est menacé, de faire appel au concours d'une nation qui lui est infiniment inférieure et par le chiffre de la population, et par l'étendue du territoire, et par la richesse de ses produits. Plus de cent millions d'hommes, appuyés par les flottes invincibles, par les ressources inépuisables de la Grande-Bretagne viennent implorer aide et protection à un peuple relativement petit et pauvre de quarante millions d'habitants. Aide et protection contre qui? Contre la Russie! Qui pourrait prétendre que la Russie, dans l'état où elle est réduite après ses désastres de Mandchourie et les désordres intérieurs qui les ont suivis, constitue une menace pour la frontière septentrionale des Indes? Ce n'est pas la France, non plus, je le suppose, ni l'Allemagne? L'hypothèse d'une armée ottomane, aidée par l'Allemagne à la conquête des Indes, restera, pour longtemps, chimérique! C'est donc contre des Asiates qu'elle est obligée de faire appel à cette garantie et c'est à des Asiates qu'elle est obligée de la demander.

L'Angleterre n'est plus seulement une puissance insulaire, elle est une puissance continentale et une puissance continentale sans armée pour défendre ses territoires distribués sur tous les continents. Voilà sa faiblesse.

L'Angleterre est réduite à s'avouer à elle-même et à confesser publiquement qu'elle n'est désormais une grande puissance asiatique que par la grâce du Japon. Si elle est encore en Extrême-Orient, une force de premier ordre, c'est par l'alliance du Japon, ce n'est plus par son Empire des Indes, car cet Empire serait en péril si le Japon se refusait à combattre pour sa défense. Terrible aveu! Gros de conséquence et qui a eu un énorme retentissement dans tout l'Extrême-Orient. C'est le commencement de l'Asie aux Asiates.

Je veux croire les Japonais aussi fidèles aux traités qu'héroïques à la guerre, mais enfin ce sont des Asiates. Ils perdraient l'immense prestige que leurs victoires leur ont conquis chez tous les peuples de l'Asie, s'ils consentaient longtemps à se faire les gendarmes de l'Europe, s'ils réduisaient leur rôle à celui de garde-frontières des envahisseurs de l'Occident.

S'ils se sont momentanément résignés à accepter ce rôle impopulaire et ingrat, c'est pour obéir à une inéluctable

VI. Conclusion: La Dictature de Clemenceau 121

nécessité, pour asseoir leurs nouvelles conquêtes et pouvoir, par un emprunt contracté chez les nations occidentales, faire face aux dépenses de la guerre.

Par la force même des choses, qu'il le veuille ou qu'il ne le veuille pas, le Japon sera appelé à se constituer le champion de l'irrédentisme asiatique contre les conquérants européens, qu'ils se nomment Anglais, Français ou Allemands, peu importe. Et alors, je vous le demande: *Quis custodiet custodes*? Qui gardera ce vaste empire, incapable de se défendre et que l'Angleterre s'avoue hors d'état, à elle seule et sans concours d'un auxiliaire asiatique, de conserver.

L'alliance du Japon, l'écrasement de la Russie ont, à première vue, consolidé la situation de l'Angleterre en Extrême-Orient. Qu'elle y prenne garde, cette consolidation n'est qu'apparente et cette invulnérabilité n'est que précaire. L'une et l'autre ne dureront que ce que durera le bon vouloir du Japon.

Jusqu'ici, les puissances européennes, dans leurs rapports avec les peuples de l'Extrême-Orient, s'étaient attachées à maintenir intact le prestige commun que leur avait conquis de faciles victoires dues à la supériorité de leur armement. Quelles que fussent leurs rivalités commerciales et politiques, elles avaient eu la prudence de se présenter toujours aux grands empires asiatiques, comme un faisceau fortement uni, pour faire respecter les droits de la civilisation européenne, la suprématie de la race blanche sur la race jaune.

Il a plu à l'Angleterre de prêter son concours à la destruction de ce prestige, de cette foi en la supériorité de la race blanche. Elle s'est réjouie de voir un petit peuple asiatique, de quelques millions d'habitants, battre à plate couture et sans rémission le plus grand empire militaire de notre continent, donner au monde la démonstration que quelques jaunes bien armés et bien disciplinés pouvaient, à coup sûr, venir à bout de millions de blancs. C'est une leçon de chose qui a été parfaitement comprise dans tout l'Orient, dont chacun s'est promis de faire son profit. L'Angleterre en ressentira, à son tour, les effets. En Asie, l'Angleterre n'est pas la puissance insulaire contre laquelle notre effort s'est brisé en Europe.

Elle est une puissance continentale vulnérable au premier chef.

Après les victoires de Salamine et de Marathon, les républiques grecques ont passé longtemps pour invincibles. L'opinion s'est ancrée chez tous les peuples du bassin oriental de la Méditerranée, que tout roi qui osait se mesurer avec les Hellènes marchait à une défaite certaine. Grâce à cette conviction générale, elles ont pu conserver intacte leur liberté. Le jour où, aveuglées par de mesquines rivalités, elles ont fait appel à la phalange Macédonienne, le prestige a été détruit; elles ont été rapidement asservies et leur rôle a été fini dans le monde. La félonie reste rarement impunie.

L'alliance offensive et défensive entre la France et l'Angleterre, dont on mène si grand fracas depuis quelque temps, si elle est conclue ou si elle se conclut, donnera-t-elle à l'Angleterre la force et la sécurité que ses partisans se plaisent à lui attribuer ?

Je ne le crois pas.

Tout d'abord, il importe de remarquer que, par suite de la position géographique de notre pays, l'alliance de la France ne pourra jamais rendre à l'Angleterre les services éminents que lui a procurés l'alliance de l'Autriche, au cours de sa lutte contre Napoléon.

Quand l'armée de Napoléon, campée à Boulogne, menaçait les côtes de l'Angleterre, la subite intervention de l'Autriche, à la tête d'une coalition, arrachait Napoléon et son armée au littoral de la Manche, l'obligeait à marcher sur Vienne et à laisser respirer l'Angleterre. Quand Napoléon, victorieux, entrait dans Vienne, derrière l'Autriche, il trouvait l'Allemagne, il trouvait la Russie; l'infatigable diplomatie de l'Angleterre lui suscitait toujours de nouveaux ennemis, dressait contre lui de nouvelles coalitions, lançait de nouvelles armées et l'obligeait à poursuivre incessamment de nouvelles conquêtes, dont chacune l'écartait davantage des rivages d'Albion; tandis qu'il poursuivait ses ennemis à travers les steppes de la Russie et les sierras de l'Espagne, l'Angleterre n'avait pas à redouter son apparition sur ses côtes.

VI. Conclusion: La Dictature de Clemenceau

Dans l'hypothèse d'une guerre entre la France et l'Angleterre d'un côté, l'Allemagne de l'autre, qu'arriverait-il ? Nous pouvons espérer la victoire, c'est notre devoir; mais notre devoir est aussi d'envisager le cas où la fortune des armes nous trahirait encore. Dans ce cas, notre allié ne pourrait pas espérer voir se détourner de lui les coups de son ennemi. Tout au contraire, chacune de ses victoires rapprocherait Guillaume de l'Angleterre; chaque pas de son armée triomphante la conduirait vers Boulogne et Calais où elle n'aurait qu'à attendre les ténèbres d'un brouillard favorable pour réaliser les projets de Napoléon. Qu'est-ce que l'Angleterre aurait gagné ?

Guillaume II, victorieux, entrerait à Paris. Il dicterait ses lois aux vaincus, et, imitant l'exemple de Napoléon, de ses ennemis de la veille, il ferait ses alliés du lendemain. Je ne vois pas l'Espagne et l'Italie l'obligeant par une puissante diversion à abandonner sa nouvelle conquête et aller poursuivre jusqu'au fond des péninsules italique et ibérique l'écrasement de ses ennemis. Non, il resterait maître absolu du pays vaincu et il utiliserait, avec son génie organisateur et son activité dévorante, toutes les forces de notre pays pour doubler les siennes.

Ce n'est pas l'occupation de la presqu'île du Cotentin ou de la Bretagne par quelques milliers d'Anglais qui changerait la face des choses.

Sans doute, les flottes britanniques resteront maîtresses des mers. Mais les cuirassés ont beau être protégés, ils ne sont pas invulnérables, Que de dangers les harcèlent dans une passe aussi étroite que la Manche et sur l'eau et sous l'eau et dans l'air et sur terre. Il y a les canons des côtes, les torpilleurs et les contre-torpilleurs, les submersibles et les sous-marins, sans compter les ballons dirigeables, et les mines flottantes et tant d'autres engins dont le rayon d'action va sans cesse croissant, dont la puissance destructive n'a pas dit son dernier mot.

L'Angleterre devra s'avouer qu'elle n'est plus protégée que par quelques coques de fer d'une épaisseur déterminée et d'un nombre limité. Pour Guillaume II ce ne sera plus qu'un sacrifice de temps et d'explosifs. Car il ne se contentera pas, comme on aime à se le figurer en Angleterre, d'un triomphe sur la France pour poser les armes, il ne s'arrêtera que lorsqu'il pourra récupérer sur le commerce anglais et sur la marine anglaise, les pertes que l'Angleterre aura infligées à son commerce et à sa marine.

A un autre point de vue, l'Angleterre se fait de non moindres illusions sur la France qu'elle a devant elle, sur la France avec qui elle a ou elle va traiter. Ce n'est pas la France d'autrefois celle avec qui elle a jadis glorieusement lutté, cette France n'existe plus. Pour sa large part, agissant comme une force corrosive infatigable, l'Angleterre a contribué à la détruire. Elle renaîtra, peut-être un jour, de ses cendres, sous la leçon éducatrice du malheur, qui, quelquefois, comme un feu purificateur, consume toutes les tares. Les peuples ont de ces élans merveilleux de résurrection. Mais il ne dépend pas du bon plaisir de nos voisins d'outremanche de hâter ce mouvement et de le faire naître au moment précis où il sertie mieux leurs intérêts. Il ne dépend pas d'eux d'allumer ou d'éteindre le feu sacré à leur fantaisie.

Après nos désastres de 1870, pendant un quart de siècle, la France a travaillé sans relâche à la reconstitution de ses forces militaires. « Il faut être forts, disions-nous tous d'une commune voix, si nous voulons rester libres; si nous voulons échapper à la guerre toujours suspendue sur nos têtes, ne pas demeurer à la merci des entreprises audacieuses d'une grande monarchie militaire. Il faut être inexpugnables si nous ne voulons pas voir de nouveau le sol de la patrie souillé par la présence d'armées étrangères, la France démembrée de nouvelles provinces, appauvrie par le paiement d'une nouvelle rançon, si nous ne voulons pas travailler perpétuellement, comme des esclaves, pour enrichir par les milliards, fruits de nos sueurs, le luxe de nos vainqueurs. »

A cet égard, il n'y avait pas, sur tout le territoire, une note dissonnante, à quelque parti que l'on appartînt, vers quelque point de l'horizon politique que l'on orientât ses préférences ou publiques ou secrètes, que l'on fût monarchiste ou bonapartiste, républicain modéré ou socialiste, tout le monde était d'accord sur ce point unique, mais sur ce point capital, qu'il

VI. Conclusion: La Dictature de Clemenceau

fallait, avant tout, rivaliser d'efforts pour rendre la France, plus invulnérable que jamais aux coups de l'étranger. Tous, en effet, comprenaient également, par conviction raisonnée chez les uns, par instinct spontané chez les autres, que le salut de la France, le maintien de son indépendance et de sa sécurité, de son immunité au regard de l'invasion étrangère, étaient la condition première, pour le présent, de la conservation des progrès accomplis et, pour l'avenir, de la réalisation des progrès espérés.

Alors tous proclamaient hautement que le service militaire était le premier devoir du citoyen, que la loi ne devait à aucun prix tolérer que nul, quel qu'il fût et sous quelque prétexte que ce fût, pût enseigner qu'il est permis de se soustraire au strict accomplissement de cette obligation primordiale; que l'égalité de tous les enfants d'une même patrie devant cette grande nécessité sociale du service militaire était la première condition de leur égalité devant la loi civile et la loi politique, la première base et la justification nécessaire du droit électoral conféré à tous, du suffrage universel et de l'universelle aptitude a tous les emplois publics. Tout le monde reconnaissait qu'en dehors de l'accomplissement de ce grand devoir, le plus noble et le plus beau de tous parce qu'il élève l'homme au-dessus de lui-même et l'amène à faire le sacrifice de son individualité comme de ses affections les plus chères pour le salut commun, parce qu'il est la plus parfaite expression de la solidarité sociale, sur laquelle reposent la société moderne, issue de la Révolution française et tout l'avenir du progrès des peuples, il n'y a plus que servitude, honte et misère!

Alors toute école était un foyer ardent de patriotisme. Le maître mettait sa gloire à enseigner aux enfants que le premier devoir, celui qui prime tous les autres et auquel il faut, au besoin, tout sacrifier jusqu'à la vie, jusqu'aux saintes affections de la famille, c'était le devoir envers la patrie. L'instituteur français avait lu, avait entendu répéter que l'instituteur allemand avait été le véritable artisan de nos défaites, il plaçait sa légitime fierté à devenir, à son tour, l'artisan du relèvement de la France et des réparations nécessaires, à faire pénétrer dans l'esprit de ses élèves, un souffle de courage, d'abnégation, d'héroïsme, pour les rendre plus forts que les enfants des peuples voisins par la force morale, par le respect de la discipline volontairement acceptée, non comme un frein mais comme un soutien. Il s'attachait, avec une noble passion, à leur faire comprendre que tout Français, en dehors des dons naturels dont il peut avoir été gratifié par la nature, des biens qu'il peut recevoir de ses parents, tient de sa seule qualité de Français, un patrimoine de civilisation, d'intelligence, d'amour de la liberté, de traditions glorieuses, plus précieux que tous les autres et qu'il ne doit ni aliéner, ni laisser entamer, à aucun prix, sous peine de déchéance.

L'armée, rempart du territoire national, de notre honneur, de notre travail, de tous nos biens, non seulement des biens matériels, que certains ne possèdent pas et que ceux mêmes qui les possèdent peuvent perdre du jour au lendemain, mais de ce bien immatériel, dont malheureusement les peuples n'arrivent à apprécier toute la valeur que lorsqu'ils l'ont perdu, la liberté, était respectée et aimée de tous. La nation, le parlement ne reculaient devant aucun sacrifice pour la rendre égale en force morale et, autant que possible, sinon par le nombre, au moins par le perfectionnement des armements, en force matérielle avec celles des peuples voisins qui nous enceignent d'une ceinture de fer et de feu, de poudre sèche et d'épées aiguisées.

Tout le monde comprenait que les âges primitifs sont passés où il suffisait au laboureur de saisir d'un bras vigoureux le soc de sa charrue, de redresser le tranchant de sa faux pour s'en faire des armes redoutables, courir sus à l'envahisseur et lui faire mordre la poussière. Il apparaissait aux yeux les moins clairvoyants que pour se servir utilement des armes modernes si savantes, si délicates, si perfectionnées, le jeune soldat a besoin de recevoir une instruction prolongée, d'acquérir une dextérité de maniement d'arme, une justesse de coup d'œil, une souplesse de mouvement qui nécessitent un enseignement particulier, une préparation spéciale, un entraînement continu; qu'exposer aux effets meurtriers du tir à longue

VI. Conclusion: La Dictature de Clemenceau

portée des hommes qui n'ont pas appris, par des exercices méthodiques suffisamment multipliés, à profiter de tous les accidents du sol, de tous les replis de terrain pour s'abriter et se protéger d'abord, s'avancer ensuite par bonds combinés, surprendre enfin l'ennemi et le déloger victorieusement de ses positions, c'est les vouer à une mort aussi certaine qu'inutile. On ne songeait pas alors à réduire le temps de service militaire, de trois ans à deux ans, pour l'amener bientôt à n'être plus que d'un an. On ne travaillait pas à rendre complètement illusoires et sans efficacité réelle pour l'instruction des hommes les périodes d'appel des soldats de la réserve, à faire de la territoriale une simple armée sur le papier. Celui qui aurait, à cette époque, proposé de substituer à l'armée régulière une milice ou une garde nationale, aurait passé pour un fou ou pour un criminel qui voulait faire faucher stupidement la fleur de la population de son pays par les balles étrangères.

La conviction générale était qu'une des causes d'infériorité de nos armes en 1870 avait été la supériorité d'instruction, d'homogénéité et de solidarité de l'état-major allemand sur l'état-major français. On voulait avoir un corps d'officiers travailleurs, sérieusement instruits, n'attendant plus leur avancement de la faveur et de la courtisanerie, mais seulement du mérite, de la valeur personnelle, constatés par les chefs directs et responsables. On aurait considéré comme un traître celui qui aurait proposé de faire dépendre la carrière des officiers de notes dues à leur servilité envers des politiciens sans scrupules, de leur assujettissement à une société secrète; qui aurait remis leur sort entre les mains d'hommes étrangers à l'armée, ignorants des choses militaires, imbus de préjugés sectaires et d'une déplorable manie de méfiance et d'exclusivisme. On aurait voué à l'indignation publique celui qui aurait déclaré qu'à ses yeux l'officier digne de la protection du gouvernement de la République, ce n'était pas celui qui avait su s'acquérir l'estime et l'affection de ses chefs, mais celui qui avait profité des abandons de la camaraderie pour trahir ses camarades, pour épier le secret de leurs convictions ou de celles de leur famille et les dénoncer; qui s'était fait un marchepied à un avancement rapide de l'anéantissement de leurs espérances et de la destruction de leur avenir.

Cette France a été fauchée. Il n'en reste plus que des vestiges épars et sans cohésion. La vieille cité a été prise d'assaut, livrée au pillage et rasée; sur le sol on a fait passer la charrue et le sel a été semé.

Au patriotisme s'est substitué l'internationalisme; à l'esprit guerrier, le pacifisme; au sentiment du devoir envers le pays, l'antimilitarisme; à la discipline, l'hervéisme.

A la tête de la nation et à la tête de l'armée sont les deux hommes qui, chacun dans la sphère de son activité et de ses moyens personnels, ont le plus contribué à cette transformation. Vous-mêmes, nos chers alliés, vous avez applaudi, des deux mains, à cette métamorphose. Vous l'avez encouragée, dans la mesure de vos forces, vous l'avez secondée.

Aujourd'hui, que vous envisagez l'éventualité de l'utilisation de notre concours militaire, vous êtes effrayés d'avoir si bien réussi. Vous en paraissez tout surpris. Vous croyez donc que c'était pour rire que le général André travaillait à la désorganisation et à la démoralisation de notre armée. Non, non, c'était très sérieux. Aujourd'hui vous voulez faire machine en arrière! Eh bien, soit; mais alors prescrivez à votre proconsul de traiter enfin sérieusement les choses sérieuses, de ne pas s'escrimer ridiculement contre les canons du pape, qui ne nous menacent pas, et de se mettre en mesure de riposter à ceux de l'Allemagne, qui nous menacent.

Vous voulez que la France soit le soldat de l'Angleterre et que nous assumions les risques de la guerre sur le continent, pour que vous recueilliez les avantages du triomphe sur mer, eh bien, soit encore. Mais à la condition que vous imposerez à ceux que vous vous applaudissez de voir à notre tête et dont vous avez de toutes vos forces contribué à assurer le triomphe, l'obligation de nous mettre en mesure de supporter la lutte sans trop de désavantage et avec de sérieuses chances de succès. Pour cela, vous le savez, il n'y a pas de temps à perdre. Il faut concentrer toutes nos forces pour la préparation militaire. Elle doit absorber tout notre effort social et toutes nos ressources financières. A ce prix seulement elle peut être à la hauteur de la tâche à accomplir.

Si vous permettez à votre proconsul de continuer l'œuvre, qu'il a poursuivie jusqu'ici, de désorganisation de nos forces vives et de dilapidation de nos deniers, vous savez où nous marchons: pour la France, au plus lamentable des désastres; pour vous, à la plus dangereuse des déconvenues.

DU MÊME AUTEUR

Avant l'encyclique: LES ASSOCIATIONS CULTUELLES, brochure grand in-4°, prix.. .   1 fr.

Après l'encyclique: LA LIBERTÉ DES CULTES,
brochure grand in-4°, prix   0.50

LA RÉFORME DE LA LOI SUR LA SÉPARATION DES ÉGLISES ET DE L'ÉTAT, brochure grand in-4°, prix   0.50

LA GRÈVE GÉNÉRALE DES BUDGÉTIVORES,
brochure in-16, prix   0.30

Der größte Verbrecher an der Menschheit

im zwanzigsten Jahrhundert

König Eduard VII von England

Eine Fluchschrift
von
Reinhold Wagner
Oberstleutnant a. D.

Verlag Karl Curtius Berlin W
1914

Sur les pages suivantes, quelques commentaires d'un observateur allemand de l'an 1914 sur les intrigues du roi Edouard VII.

L'essai est intitulé,
« Le plus grand criminel contre l'humanité du XXème siècle : le roi Edouard VII ; une calomnie. »

Curieusement, les Anglais vont quand-même se venger de cette injure, en installant Herr Hitler qui va arracher le titre du « plus grand criminel contre l'humanité » pour l'Allemagne.

Webster Tarpley cite Reinhold Wagner dans son propre essai « Demiurge malicieux de la guerre mondiale » dans ce volume-ci.

Der größte Verbrecher an der Menschheit, den bisher das zwanzigste Jahrhundert gesehen hat, war

König Eduard VII. von England.

Denn e r ist es gewesen, E r ist es gewesen, der den jetzigen Weltkrieg angestiftet hat.

Er war die Verkörperung der grenzenlosen Selbstsucht und Gewissenlosigkeit des Engländertums.

Als Thronfolger war er in der Politik nicht hervorgetreten, schon aber brütete er über Plänen gegen diejenigen, die ihm für England gefährlich zu sein schienen. Das waren während des Burenkrieges Rußland und Deutschland.

Rußland hatte seine Macht in Zentral-Asien so ausgedehnt, daß es Afghanistan und Indien bedrohte,

und in Ostasien war es bis zum eisfreien Ozean vor-
gedrungen.

Deutschland ferner hatte zum tiefen Verdruß aller Engländer sich zu einer Kolonialmacht entwickelt: in Ostafrika, Südwestafrika, Togo und Kamerun, Neu-Guinea, Samoa, und schließlich in Kiautschou den schönsten Hafen der Welt erworben.

So etwas konnte sich England doch nicht gefallen lassen.

Als der Burenkrieg zu Ende ging, suchte der Prinz von Wales den Friedensschluß zu beschleunigen, was ihm als ein Beweis seiner allgemein friedlichen Gesinnung nachgerühmt wurde; tatsächlich war es ihm aber nur darum zu tun, die in Südafrika gebundenen Kräfte Englands im Hinblick auf seine bald zu erwartende Thronbesteigung verfügbar zu machen.

Daß er, zur Regierung gekommen, im Jahre 1902 lebensgefährlich erkrankte, und dadurch seine Krönung um ein Jahr verzögert wurde, hinderte ihn nicht, den gegen Rußland gefaßten Plan ins Werk zu setzen. Rußland sollte auch dafür gezüchtigt werden, daß es während des Burenkrieges eine europäische Koalition gegen England zustande zu bringen versucht hatte. Selber die Züchtigung Rußlands zu übernehmen, war aber König Eduard, den Grundsätzen englischer Politik entsprechend, weit entfernt. Japan wurde dafür gewonnen und gegen Rußland ausgespielt.

Die Folge war der mehrjährige russisch-japanische Krieg, der zum stillen Vergnügen der Engländer beide Staaten für längere Zeit entkräftete, im besonderen aber den Russen den schon gewonnenen Zugang zum eisfreien Ozean wieder nahm.

Sobald König Eduard auf den Ausbruch des Krieges in Ostasien und darauf rechnen konnte, daß Rußland eine längere Reihe von Jahren nicht imstande sein würde, in einen europäischen Krieg einzugreifen, trat er im August 1903 persönlich die erste der Reisen an, die er dann alljährlich unternahm, um die Ausführung seines Planes zur Ueberwältigung D e u t s c h l a n d s vorzubereiten. Ihm auf diesen Reisen im einzelnen zu folgen, würde uns zu weit führen; erwähnt sei nur, daß er den eigentlichen Zweck seiner Reisen fast immer zu verhüllen suchte.

Gleich zuerst ging er nach Lissabon, unter dem Vorwande eines Höflichkeitsbesuches, um sich ein paar portugiesische Divisionen zur Verstärkung einer englischen Landungsarmee zu sichern. Von da erschien er plötzlich zur See in Rom, um dem Deutschen Kaiser,

dessen Besuch dort längst angekündigt war, zuvorzu=
kommen, Italien vom Dreibund abwendig zu machen
und durch Aussicht auf Erwerbungen auf der Balkan=
halbinsel zu ködern. Hauptziel dieser Reise war aber
Paris, wohin er nun von Rom aus den Rückweg nach
England unauffällig nehmen konnte. In Paris wurde
dann die noch in der Asche glimmende Revancheluft
der Franzosen wieder angefacht, und sie gingen ihm
wider Erwarten schnell ins Netz, obwohl auf den Wan=
gen mancher französischen Patrioten noch der Zorn und
die Scham über die Schmach brannte, die England
bei Faschoda den Franzosen zugefügt hatte.

In den folgenden Jahren war Italien wiederholt
das Ziel seiner Reisen.

Auf diplomatischem Wege fing er auch Spanien
ein. Sogar eine Nichte wurde an den König von
Spanien verkuppelt und mußte sich zum Abscheu der
protestantischen Engländer dazu bequemen, katholisch
zu werden. Durch das englische Ehebett sollte das
einst so stolze Spanien abgehalten werden, im Kriegs=
falle französische Streitkräfte an der Pyrenäengrenze
festzuhalten und die Engländer aus Gibraltar zu ver=
treiben, was mit der jetzigen Artillerie sowohl vom
Norden her, als auch von Westen über die Bai von

Algeciras hin möglich sein würde. Den Norwegern wurde nach ihrer von England betriebenen Trennung von Schweden als König ein dänischer, mit einer englischen Prinzessin vermählter Prinz aufgehalst. Dänemarks war der König von selber sicher, da es wie Frankreich seine Revanche für 1864 haben wollte.

Die Rekognoszierungsreise der englischen Flotte an der jütländischen und deutschen Küste, unter dem Deckmantel freundschaftlicher Besuche, sollte die geplanten Kriegsunternehmungen vorbereiten.

Endlich, Ende Mai 1905 von Italien wieder über Paris nach London zurückkehrend, schien dem König Eduard die Birne reif zum Schütteln. Mit dem ehrgeizigen Streber Delcassé, dem französischen Minister des Auswärtigen, hatte er längst weitgehende Verabredungen getroffen, und in den Tagen kurz vor und nach dem 1. Juni stand die Entscheidung über Krieg und Frieden auf der Schärfe des Messers. König Eduard hatte es so eilig, daß er bei der Rückkehr nach London, um Zeit zu gewinnen, seine Minister sich nach Dover entgegenkommen ließ. Delcassé aber hatte seine Verabredungen mit Eduard vor den übrigen französischen Ministern geheim gehalten, und als er sie nun enthüllen mußte, fuhr diesen doch der Schrecken durch die Glieder, daß Frankreich unmittelbar vor einem Kriege mit Deutschland stehe, denn es ergab sich, daß Frankreich nur mangelhaft gerüstet war, und es mußten sofort, beiläufig bemerkt, 200 Mill. Franken aufgenommen werden, um den bringendsten Schäden abzuhelfen. Die Folge war, daß Delcassé aus dem Ministerium ausscheiden mußte.

So war der europäische Frieden noch einmal gerettet und der erste Sturmversuch König Eduards auf Deutschland vereitelt.

Ganz ohne Wunde war aber Deutschland nicht davon gekommen, denn der große Herero-Aufstand in Südwest-Afrika, der im Januar 1904 zum Ausbruch kam, war das Werk Englands gewesen.

Der zweite Akt im Plane König Eduards, Deutschland zu überwältigen, beginnt mit dem Erscheinen der Denkwürdigkeiten des deutschen Reichskanzlers Fürsten Hohenlohe im Jahre 1906. Darin wurde von einem Gespräch des Fürsten mit Zar Nikolaus berichtet. Hohenlohe äußerte, die Engländer fürchteten immer für Indien, worauf der Zar erwiderte: „Wer soll ihnen denn Indien nehmen? Wir werden doch nicht so dumm sein!"

Man traute seinen Augen nicht, wußte dieser Zar

nicht, einen wie großen Trumpf Rußland gegen England in Händen hatte, indem es die Engländer wegen Indiens bedrohte? War er so mangelhaft unterrichtet, daß er nichts von dem weltgeschichtlichen Gegensatz wußte, in welchem sich Rußland zu England in allen den fernen und nahen Orient betreffenden Fragen, wenigstens seit der Regierung Nikolaus I., befunden hatte? im besonderen nichts von dem Schrecken, der England ergriffen hatte, als die Russen 1885 von Merw bis Pendschab vorstießen und Herat gefährdeten?

Wenn dieser Zar Nikolaus jetzt eine Bedrohung Indiens durch Rußland für eine Dummheit erklärte, so war damit offenbar das ganze Verhältnis Englands zu Rußland auf eine durchaus veränderte Grundlage gestellt und von solcher Anschauung des Zaren wohl noch mehr zu Gunsten Englands zu erwarten.

Wirklich ging denn auch dieser so wohlunterrichtete und scharfblickende Politiker höchst gefällig auf den englischen Leim!

Schon im September 1907 kam ein Vertrag zwischen England und Rußland zustande, welcher angeblich die Feststellung der Interessensphären beider Staaten in Persien bezweckte, durch den aber England nicht nur Afghanistan und Indien schützte, sondern tatsächlich auch schon Rußland vom indischen Ozean absperrte. Den letzten Zugang Rußlands zum eisfreien Weltmeere hatte somit der Zar den Engländern preisgegeben.

König Eduard versäumte nicht, eine so günstige Atmosphäre für seine weiteren Pläne auszunutzen. Hatte er schon geglaubt, mit Frankreich und Dänemark allein Deutschland überwältigen zu können, so lag nun der Gedanke nahe, auch Rußland dafür zu gewinnen und dadurch Deutschland mit dem verbündeten Oesterreich-Ungarn vollständig einzukreisen. Denn wenn der Zar gewonnen war, so konnte auch auf den König von Italien, durch dessen montenegrinische Gemahlin, wohl trotz des Dreibundes gerechnet werden.

Nach Vorbereitung des Terrains in Petersburg durch die Diplomatie und wahrscheinlich auch durch zarte Frauenhände begab sich daher König Eduard selbst nach Rußland, um in zweitägiger Zusammenkunft zu Reval am 9. und 10. Juni 1908 den Zaren persönlich zu bearbeiten.

Dazu diente besonders das Verhältnis Bosniens und der Herzegowina zur österreichisch-ungarischen Monarchie.

Zwar hatte Kaiser Alexander II. schon vor seinem Kriege gegen die Türkei 1877 bei der Zusammenkunft mit Kaiser Franz Joseph zu Reichstadt diesem, wenn er neutral bliebe, jene beiden türkischen Provinzen zugesichert, und infolge des Berliner Kongresses war Oesterreich-Ungarn schon seit 30 Jahren in deren tatsächlichem Besitz, so daß kein unterrichteter und vernünftiger Mensch erwarten konnte, sie würden von Oesterreich-Ungarn nach 30jähriger Kulturarbeit wieder aufgegeben werden.

Zar Nikolaus aber war anderer Meinung, und um so reizbarer, als leicht vorauszusehen war, daß Kaiser Franz Joseph die definitive Einverleibung der beiden türkischen Provinzen in seine Monarchie nicht erst dann vollziehen würde, wenn sich Rußland von der Schwächung durch den japanischen Krieg wieder ganz erholt hatte.

Dem König Eduard konnte es nicht entgehen, welche Vorteile hieraus für ihn zu ziehen waren.

Mit Oesterreich-Ungarn allein würde Rußland wohl fertig werden, nicht aber, wenn Deutschland an dem defensiven Bündnis von 1879 mit Oesterreich festhielt. Würde Deutschland jedoch sich wegen der beiden türkischen Provinzen in einen Krieg mit Rußland und dann auch selbstverständlich mit Frankreich stürzen wollen? Wenn nicht, so war das deutsch-österreichische

Bündnis von 1879 gesprengt und Deutschland stand in der Folge ganz isoliert da; hielt aber Deutschland an dem Bündnis fest, so war leicht vorherzusehen, daß der Zar Nikolaus in ihm seinen hauptsächlichsten Feind erblicken, seinen ganzen Ingrimm gegen Deutschland richten und für König Eduards Pläne gewonnen sein würde. So geschah es denn wirklich, daß Kaiser Franz Joseph im Oktober 1908 Bosnien und die Herzegowina seiner Monarchie endgültig einverleibte und Kaiser Wilhelm sich fest an seine Seite stellte.

Für diesmal blieb der Frieden noch erhalten, aber die russisch-englische Entente cordiale war den **Plänen des Königs Eduard entsprechend, besiegelt.**

Ob schon in Reval ausdrücklich abgemacht war, Deutschland zu **täuschen**, bleibe dahingestellt, jedenfalls ist dies später planmäßig geschehen, und als der Urheber des Planes König Eduard anzusehen, denn er hat den Anfang damit gemacht.

Alle die Jahre hindurch seit seiner Thronbesteigung hatte er den Antrittsbesuch in Berlin unterlassen. Endlich um Neujahr 1909 kündigte er ihn an. Freilich, ohne die Begleitung seiner dänischen Gemahlin, der dabei nicht ganz wohl gewesen sein dürfte.

Dennoch wurde der Besuch als Zeichen guter Beziehungen zu England in Berlin mit Befriedigung aufgenommen, und diese Befriedigung steigerte sich noch bei der Einwohnerschaft, als der König, um sich populär zu machen, in kluger Berechnung den Empfang am Brandenburger Tor durch einen Besuch der Stadt Berlin im Rathause erwiderte, wofür es noch keinen Präzedenzfall gab.

Der Empfang am Brandenburger Tor ist aber durch eine Photographie festgehalten: Da sitzt der König ganz nachlässig in das Polster des Wagens zurückgelehnt und sieht auf den am Wagenschlage stehenden Oberbürgermeister mit so spöttischem Lächeln herab, als wollte er sagen: „Das Völkchen merkt den Teufel nie, und wenn er es beim Kragen hätte!"

König Eduard erlebte zwar noch den Gegenbesuch des Zaren Nikolaus in Spithead am 2. August 1909, wo die „Bande der Freundschaft noch enger geknüpft" wurden, aber nicht mehr den Ausbruch des von ihm angestifteten Weltkrieges. Er starb am 7. Mai 1910. Sein Sohn Georg V. aber trat durchaus in seine Fußtapfen, nur war er noch nicht so hart gesotten, wie sein Vater, denn er scheute sich offenbar doch, seinem Vetter, dem Deutschen Kaiser, unter die Augen zu treten, und ihm seinen Antrittsbesuch zu machen. Es wäre ihm vielleicht zu schwer geworden, „sein Gesicht zu wahren", wie die Chinesen zu sagen pflegen. Die perfide Täuschung des Deutschen Kaisers fortzusetzen, blieb daher dem Zaren Nikolaus vorbehalten.

Noch war in Deutschland die Meinung vorherrschend, daß der Zar auf Kaiser Wilhelm nachhaltig erbost sei; da kam Er am 4. November 1910 zu einem Besuch nach P o t s d a m — wohl zu merken, nach Potsdam.

Daß er damit die Wiederherstellung freundlicher Beziehungen demonstrieren wollte, war um so klarer, als er die Reise nicht nach Nauheim fortsetzte, wo sich damals seine Gemahlin zur Kur befand. Der d e m o n s t r a t i v e Charakter des Potsdamer Besuches war so augenfällig, daß schon damals weniger vertrauensselige Leute den Verdacht einer absichtlichen T ä u s c h u n g schöpften.

Von England aus wurde die Täuschung durch die von Zeit zu Zeit wiederholte trügerische Ankündigung eines Besuches des englischen Königspaares in Berlin betrieben. Selbst der junge Prinz von Wales wurde zur Täuschung ausgebeutet. Bald sollte er, der nach der Thronbesteigung des Vaters schleunigst nach Paris geschickt war, „um zu studieren", einen Besuch in Potsdam machen, bald auch an einer deutschen Universität studieren wollen.

Da als Hauptgrund der Spannung zwischen England und Deutschland allgemein die beiderseitige Verstärkung der Flotten erschien, gab man in England vor, eifrig eine Vereinbarung hierüber zu erstreben. Die Verhandlungen waren natürlich ergebnislos, für England aber nützlich, weil Optimisten dadurch gefangen und Zeit gewonnen wurde.

Deutschland mußte hingehalten werden, bis die drei Ententemächte zum Kriege vollständig gerüstet waren, und genaue Erwägungen der tatsächlichen Verhältnisse hatten ergeben, daß dies erst zu Ende des Jahres 1915 der Fall sein würde.

Würde es gelingen, die Täuschung **bis dahin** fortzusetzen? Vielleicht! — weil Deutschland unablässig den **Frieden wollte** und an Heimtücke nicht glauben mochte.

Da kam durch unterirdische Kräfte mit der Ermordung des österreichisch=ungarischen Thronfolgers der Stein plötzlich ins Rollen, für die gegen Deutschland verschworenen Staaten wenigstens 1½ Jahr zu früh.

Jener Brief des Zaren Nikolaus, der von freundschaftlicher und friedlicher Gesinnung überfloß, während schon gleichzeitig die Mobilmachung der gesamten Land- und Seestreitkräfte Rußlands befohlen wurde, zeigte den Abgrund, an welchem Deutschland gestanden hatte, und wurde sofort mit dessen Kriegserklärung gegen Rußland beantwortet.

Seine Friedensliebe betätigte aber Kaiser Wilhelm noch durch einen letzten Schritt, indem er behufs räumlicher Beschränkung des Krieges seinen Bruder an den geliebten Vetter jenseits des Kanals sendete.

Nun mußte England Farbe bekennen.

Wer aber die englische Politik seit dem Regierungsantritt Eduard VII. offenen Auges verfolgt hatte, konnte sich nicht wundern, daß sich der Brandstifter vor Vergnügen die Hände rieb, als er nach langjähriger Arbeit sein Werk vollendet und die Flammen hoch emporlodern sah.

Einst hatte der russische Militärbevollmächtigte, Graf v. Schuwalow, zum Fürsten Bismarck gesagt: „Vous avez le Cauchemar d'une coalition" — „Sie haben die Vision und wir Koalition!" — und wirklich hatte Bismarck daran gedacht, daß Deutschland, wie einst Friedrich der Große, gegen eine europäische Koalition um seine Existenz würde kämpfen müssen.

Nun ist diese Vision Wirklichkeit geworden!

Wie hatte es dahin kommen können, da doch das Ziel König Eduards von vorn herein zu erkennen gewesen war? Deutschlands Welthandel sollte vernichtet, seine Kriegsflotte zerstört, und seine Kolonien sollten ihm genommen werden.

Selbst wenn dies gelang, konnten denn die Staaten, die in Eduards Netze gegangen waren, in der Ueberwältigung Deutschlands auch für sich einen, das Risiko überwiegenden Vorteil erblicken? —

Englands eigenes Risiko war zu der Zeit, als Eduard während des Burenkrieges seine Pläne faßte, nicht größer als seit Jahrhunderten in allen früheren europäischen Kriegen, die immer zu seinem Vorteil ausgeschlagen waren. Es im eigenen Hause anzugreifen, hatte schließlich selbst Napoleon aufgegeben.

Auf seiner Insel lief also England keine Gefahr, so lange seine Kriegsflotte die Ueberlegenheit behauptete, auch dann nicht, wenn seine Verbündeten auf dem Festlande geschlagen wurden. Konnten sie dann wenigstens wirksame Hilfe von England erwarten? Keineswegs, denn Englands Heer ist zu schwach; vor allem muß jeder Verbündete Englands darauf gefaßt sein, von England im Stiche gelassen zu werden. (Anmerkung: Die Iren müssen darauf gefaßt sein, daß ihnen Home rule wieder genommen wird, sobald England es nicht mehr für nötig hält, ihnen zu seiner Sicherheit Zugeständnisse zu machen.) Heißt England doch schon seit mehr als einem Jahrhundert **das perfide Albion**.

Die Niederlage seiner Verbündeten würde England nicht hindern, als einen vermeintlich leichten und sichern Gewinn die Vernichtung des deutschen Welthandels und die Wegnahme der deutschen Kolonien einzustreichen.

Nur zur Befriedigung seiner Habgier und Herrschsucht und nebenbei — es muß einmal offen gesagt werden — aus einer kleinen persönlichen Bosheit gegen den Neffen auf dem deutschen Kaiserthron hat Eduard VII. die ganze Welt in Brand gesetzt und alle Furien des Krieges entfesselt. **England ist der Feind aller.** Es mag sich aber vorsehen. Jetzt ist es nicht mehr so unangreifbar wie ehemals durch seine Flotte, und überall liegen die Keime der Auflehnung gegen England zur Entwicklung bereit.

Deutschland aber mag des Dichterwortes eingedenk bleiben:

„Wenn zwischen Hammer und Amboß nur eins zu wählen dir freisteht,
Dann nicht lange geschwankt, kräftiger Hammer zu sein!"

———

www.ingramcontent.com/pod-product-compliance
Lightning Source LLC
Chambersburg PA
CBHW051750040426
42446CB00007B/303